实践育人探索
——广西大学社会实践育人纪实

谢能重 主编

东北师范大学出版社
·长春·

图书在版编目（CIP）数据

实践育人探索：广西大学社会实践育人纪实/谢能重主编. —长春：东北师范大学出版社，2024.3
ISBN 978-7-5771-1181-0

Ⅰ.①实… Ⅱ.①谢… Ⅲ.①高等学校－人才培养－研究－中国 Ⅳ.①G649.2

中国国家版本馆 CIP 数据核字（2024）第 056848 号

□责任编辑：李晓影　　□封面设计：优盛文化
□责任校对：张成材　　□责任印制：许　冰

东北师范大学出版社出版发行
长春净月经济开发区金宝街 118 号（邮政编码：130117）
电话：0431—84568017
网址：http：//www.nenup.com
东北师范大学音像出版社制版
河北万卷印刷有限公司印装
河北省石家庄市栾城区裕翔街
未来科技城 165 号 1 区 8 号楼 B 座一层
2024 年 3 月第 1 版　2024 年 3 月第 1 次印刷
幅面尺寸：170 mm×240 mm　印张：18　字数：308 千
定价：98.00 元

本书编委会

主　　编：谢能重
副主编：陈晓江　韦兴剑　陈　霄　梁　琪
编　　委（按姓氏笔画排序）：于　娜　马丽娟　王海希
　　　　石建有　申孟鑫　冯莎莎　伍小羽　庄元玲
　　　　刘梦娟　孙晓黎　李　诺　李丽娜　李道洋
　　　　张　静　陈　宏　陈李君　陈星宇　罗　波
　　　　周　嫱　秦凤微　莫国志　黄文静　银　宁
　　　　梁宇彬　程　锐　虞文茜　赫英娜

前　言

坚持理论教育与实践相结合，引导大学生通过社会实践提高实践能力、树立家国情怀，是高校开展大学生思想政治教育的重要目的。习近平总书记对青年大学生走出校园，到社会大课堂中实践锻炼寄予厚望。2022年五四青年节前夕，习近平总书记到中国人民大学考察，寄望青年："希望广大青年用脚步丈量祖国大地，用眼睛发现中国精神，用耳朵倾听人民呼声，用内心感应时代脉搏，把对祖国血浓于水、与人民同呼吸共命运的情感贯穿学业全过程、融汇在事业追求中。"

广西大学始终坚持贯彻落实立德树人的根本任务，坚持为党育人、为国育才的初心使命，广泛开展大学生社会实践活动，充分发挥社会实践在大学生思想政治教育中的重要作用。大学生社会实践作为学校实践育人的重要平台，是学校实现"有社会责任、有创新精神、有实践能力、有法治意识、有国际视野"的"五有"领军型人才培养目标和德智体美劳"五育并举"目标的重要组成部分。2008年广西大学将创新实践学分（含社会实践学分）计入本科生的必修学分。广西大学的社会实践注重与时代主题结合、与专业特色结合、与第一课堂教学结合、与地方需要紧密结合，凸显社会实践的高度、广度、深度、效度，成效显著。广西大学连续多年获评全国大中专学生志愿者暑期"三下乡"社会实践活动优秀单位，每年有多个团队获评全国重点团队。

为总结经验、学习交流，本书对广西大学社会实践的经验做法进行了总结归纳，对社会实践的工作机制进行了整理，重点总结了2017年至2023年广西大学的社会实践工作，集合了这几年社会实践团的工作总结、调研报告。受新冠疫情影响，2020年广西大学的社会实践活动以分散开展为主，因此本书中未呈现团队总结和调研报告。

我们希望本书的出版为各高校的社会实践工作提供参考。因能力有限，本书中难免有不妥之处，敬请指正。

本书编写组

2023年10月

目 录

第一章　广西大学社会实践育人探索 ········· 1
　第一节　社会实践育人目标导向 ········· 1
　第二节　社会实践育人体系 ········· 3
　第三节　社会实践组织实施要求 ········· 4
　第四节　社会实践育人经验总结 ········· 5

第二章　广西大学社会实践组织实施机制 ········· 7
　第一节　暑期社会实践组织实施机制 ········· 7
　第二节　寒假社会实践组织实施机制 ········· 14

第三章　广西大学社会实践工作总结集萃 ········· 18
　第一节　广西大学暑期社会实践工作概况摘编 ········· 18
　第二节　广西大学部分重点团队实践总结 ········· 23

第四章　广西大学暑期社会实践精品活动拾萃 ········· 68
　第一节　喜迎十九大　青春建新功 ········· 68
　第二节　青春大学习　奋斗新时代 ········· 78
　第三节　青春心向党　建功新时代 ········· 87
　第四节　永远跟党走　奋进新时代 ········· 97
　第五节　喜迎二十大　永远跟党走　奋进新征程 ········· 105
　第六节　学习二十大　永远跟党走　奋进新征程 ········· 115

第五章　广西大学社会实践调研报告荟萃 ········· 123
　第一节　文化传承视角下N县黑衣壮影像传播的问题及对策研究 ········· 123
　第二节　预防未成年人犯罪实证分析 ········· 129
　第三节　"访湘江战役遗址，学中央红军精神"调研报告 ········· 134

第四节　关于岑溪市糯垌镇崩岗的调查研究 …………………… 140

第五节　"壮美广西　美丽乡村"调研报告 ………………………… 147

第六节　乡村振兴战略下G市Q区专业化乡镇干部
　　　　队伍建设研究 ………………………………………………… 159

第七节　那坡县油茶发展调研报告 ………………………………… 172

第八节　关于"青年JZ　聚力青年"——CZ市JZ区建设青年发展友好
　　　　型区域的调查研究 …………………………………………… 179

第九节　守护北海红树林，展现青春力量，助力蓝碳生态系统保护 …… 201

附录　广西大学社会实践媒体报道摘编 ……………………………… 209

第一章　广西大学社会实践育人探索

长期以来，广西大学（简称"西大"）高度重视社会实践，广泛开展社会实践活动，充分发挥社会实践在大学生思想政治教育中的重要作用，引导广大青年学生在实践中深入学习贯彻习近平新时代中国特色社会主义思想，深刻领悟"两个确立"的决定性意义，增强"四个意识"，坚定"四个自信"，做到"两个维护"。广西大学的社会实践是学校实现"有社会责任、有创新精神、有实践能力、有法治意识、有国际视野"的"五有"领军型人才培养目标和德智体美劳"五育并举"目标的重要组成部分。广西大学的社会实践注重与时代主题结合、与专业特色结合、与第一课堂教学结合、与地方需要紧密结合，凸显社会实践的高度、广度、深度、效度，帮助广大青年学生了解国情，认识社会，提升实践能力，增强社会责任感，全面提高素质，坚定理想信念，使广大青年学生坚定不移地听党话、跟党走，争当有理想、敢担当、能吃苦、肯奋斗的新时代好青年。

第一节　社会实践育人目标导向

广西大学社会实践以习近平新时代中国特色社会主义思想为指导，积极践行社会主义核心价值观，引导广大青年学生深入社会，用脚步丈量祖国大地，用眼睛发现中国精神，用耳朵倾听人民呼声，用内心感应时代脉搏，厚植对祖国血浓于水、与人民同呼吸共命运的情感，在社会实践中"受教育、长才干、做贡献"，深刻体悟"中国共产党为什么'能'、马克思主义为什么'行'、中国特色社会主义为什么'好'"，坚定共产主义远大理想和中国特色社会主义共同理想，增强做中国人的志气、骨气、底气，为夺取新时代中国特色社会主义伟大胜利贡献磅礴青春力量。

一、坚持落实立德树人根本任务

学校注重将立德树人融入社会实践，以习近平新时代中国特色社会主义思想为指导，全面贯彻党的十九大、党的二十大精神，紧紧围绕"建设壮美广西　共圆复兴梦想"，凝心聚力建设新时代中国特色社会主义壮美广西。学校坚持以立德树人为根本，以加强学生思想政治引领和价值引领为核心，增进广大学生政治认同，培植家国情怀，提高道德修养，增强法治意识，提升文化修养，充分发挥社会实践第二课堂的作用，将社会实践与第一课堂、与思想政治教育工作相结合，把课堂上的教化与灌输，转化为在社会实践中用脚丈量、用眼观察、用耳倾听、用心体悟，深入了解世情、国情、社情、民情，把个人小我融入社会大我，深入践行社会主义核心价值观，深化爱国主义教育，涵养家国情怀，增进青年学生对中国特色社会主义的道路认同、理论认同、制度认同，将立德树人的内涵内化到学生的思想和行动中，切实做到知和行的统一。

二、努力实现服务人才培养目标

长期以来，学校社会实践始终坚持服务人才培养中心工作，以培养"有社会责任、有法治意识、有创新精神、有实践能力、有国际视野"的"五有"领军型人才为目标，积极开展德智体美劳"五育并举"人才培养工作，广泛组织社会实践活动，引导广大学生在社会实践中提高思想认识，强化社会责任意识，提升综合能力和素质，在奉献和服务中成长成才，大力弘扬爱国主义精神，将爱国之志化作报国之行。近年来，学校通过组织党史学习实践团、理论宣讲实践团、发展成就观察实践团、乡村振兴实践团、民族团结实践团、社会调研实践团等专项团队，广泛开展理论宣讲、打卡红色教育基地、社会调研、支农支教、优秀传统文化传播、寻访优秀校友等活动，切实在社会实践这个第二课堂上扎实开展人才培养活动。

三、坚持学以致用服务社会

学校充分发挥综合性大学的学科优势、人才优势，在社会实践中坚持以服务经济社会发展为导向，立足广西实际，切实做好服务工作。长期以来，学校积极引导各学院依托专业优势扎实、深入开展服务工作，形成了不少助力脱贫攻坚的优秀团队和典型案例。农学院农学博士团赴区内各地开展助脱贫农业技术培训，动物科学技术学院特色养殖博士团赴北部湾经济区开展特色养殖推广与基层实际帮扶，林学院生态学博硕士研究生赴区内各地开展共创和谐生态、建设美丽广西实践，等等。学校社会实践团的足迹遍布区内各地，为助力广西的脱贫攻坚与乡村振兴贡献了西大学子的智慧和力量。尤其是自广西大学对口帮扶广西百色市那坡县六个村以来，每年的寒暑假，广西大学都专门组建多支社会实践服务团深入六个村开展支农、支教，以定点帮扶的六个村为圆心，不断拓展辐射其他乡镇，在那坡县建成大学生社会实践基地，为那坡县脱贫攻坚和乡村振兴做出了贡献。

第二节 社会实践育人体系

2001年，学校将创新实践活动（包含社会实践活动）、课外科技活动等纳入教学计划；2002年，学校设置创新实践学分；2008年，创新实践学分成为每个学生的必修学分。

一、以学分制构建社会实践课程体系

2008年，创新实践成为每个学生的必修课，每个学生需要修满2学分才能毕业，其中社会实践学分是创新实践学分的重要组成部分。经过多年的探索，广西大学形成了学校教务处设计制订教学计划、校团委指导实施、指导教师参与实践的施教体系，学生自主设计实践内容、团队与个人并行实践的学习体系，以及学生撰写实践报告、指导教师批阅审查、校团委核准、学校教务处备案的学分认证体系。

二、以"四种类型"构建社会实践长效体系

在暑期"三下乡"传统社会实践模式下，学校不断开拓创新，努力打造多元化的社会实践形式，逐步构建了"学校搭建平台式""学生自主组织式""政府搭建平台式"和"社会主体搭建平台式"四个类型，涵盖了寒暑假社会实践、志愿服务、社区服务等多种形式，服务内容涉及科技创新、支农、支教、社会调查、企业帮扶、文化宣传、法律援助、公益活动等，促进了社会实践活动的长效开展。

三、以"三种能力"构建社会实践分层实施体系

学校根据不同年级学生成长特点及培养目标，制订了以思想政治教育为主，以培养大一、大二年级本科生的社会认知能力，锻炼大二、大三年级本科生的社会服务能力，培养大三、大四年级本科生的创业就业能力为重点的社会实践分层实施体系。思想政治教育和社会认知能力培养旨在引导学生体

悟社会，培育学生的爱国主义和集体主义精神；社会服务能力培养旨在提升学生实践和服务社会的水平；创业就业能力培养旨在提高学生的专业技能和专业实践能力、就业能力和创业能力。

四、以"走出去，迎进来"构建社会实践创新体系

学校的社会实践活动不仅活跃于区内，还坚持"走出去，迎进来"，拓展社会实践活动空间，创新社会实践模式。2007年至2019年，学校与台湾大学联合开展社会实践活动，双方互派学生参加对方的活动，走出了一条大学生社会实践的新路子。双方互派学生累计250多人次。此项活动创新了社会实践的模式，促进了海峡两岸学子之间的交流，增进了两岸学子的友谊，受到社会各界的广泛好评。2011年该项目荣获全国高校校园文化建设优秀成果奖。2021年以来，学校积极与区内高校联动，组建多支联合实践团队，彼此优势互补，强强联合，不断提升学生社会实践的服务力，同时，加强与广西各市县的合作，积极参与区外有关项目，使学校社会实践活动走进地方、走出广西成为常态。

五、以责任制构建社会实践安全保障体系

为确保社会实践活动顺利、安全、富有成效地开展，学校层层落实安全责任制。一是各学院团委书记会议和校学生干部会议，布置落实开展暑期社会实践活动的相关安全保障事项。二是获得校级立项的团队队长会议，要求各团队严守纪律，抓好安全，保证效果。三是社会实践团队成员会议，对每个成员进行安全教育和活动实施内容培训。四是要求各个团队及其成员分别签订"团队守则承诺书"，要求各团队每天向值班教师报告活动开展情况，实行"零报告"制度。五是要求每个参加社会实践活动的学生认真参与活动，做到活动前有策划、活动中有报告、活动后有反馈。这些措施构建了"学生个人—社会实践团队—学院团委—学校团委"四级联动和"培训加承诺""零报告"的保障体系。

第三节 社会实践组织实施要求

长期以来，学校高度重视社会实践育人工作，形成了学校党委领导、学校团委组织实施、学校各部门协调配合、社会各方大力支持、指导教师全程

参与、实践团队具体开展的社会实践组织实施体系。为更好地发挥实践育人的实效,广西大学社会实践力求做到"四个相结合"。

一、将实地实践观察与思想认识提升相结合,突出活动导向性

学校坚持从思想政治引领出发设计实践活动,广泛开展以理论宣讲和党史学习为重点的理论宣传实践活动,在题材上要内涵深刻,形式多样,意义深远;在成效上要有所启迪、有所激励,避免走马观花,引导和帮助青年学生在实践中形成更加理性客观、全面正确的思想认识。

二、将统一组织实施与立足实际开展相结合,增强活动实效性

学校围绕活动主题,把握学生特点,形成既有全校范围统一组织分层实施,又有各学院、各学生团队结合实际自主开展的工作局面,同时侧重就近就地安排,选定合适的团队,鼓励广大青年学生积极参与活动。

三、将线下活动开展与线上积极传播相结合,扩大活动影响力

学校在广泛组织的基础上,注重将青年学生在观察上和认识上的积累、在实践和调研中的成果转化为富有意义、内容生动、易于传播的宣传产品,通过各类媒体平台推广,提高活动的知名度和辐射力。

四、将"三下乡"与"返家乡"相结合,体现活动融合度

学校着眼于优化持续有效的实践育人工作,把"三下乡"社会实践活动与"返家乡"社会实践活动组织协调、相互融合,形成方向统一、相辅相成的工作形势,共同发挥好组织引导大学生认识国情民情、提高认识和融入社会的素质能力等方面的作用。

第四节 社会实践育人经验总结

学校总结长期以来的社会实践育人工作,形成了"四结合"的好做法,收到了"四度"的良好效果,形成了"四维一体"的立体环绕工作格局。

一、注重与时代主题结合,提升社会实践高度

学校把握时代主题,以国家乡村振兴、青春心向党、"美丽广西"等为导

向，将社会实践放在学校落实"立德树人"根本任务的重要环节，组织学生深入基层、深入农村开展形式多样的实践活动，通过开展调查研究、实地宣传、基层服务等活动引导学生了解国情、民情、区情、社情，在实践中"受教育、长才干、做贡献"，发挥实践育人功能，培养学生的社会责任感和使命感。

二、注重与专业特色结合，拓宽社会实践广度

学校社会实践注重专业化、长效化、制度化，将社会实践与专业特色和优势紧密结合，让学生在脚踏实地的实践中深入理解专业理论知识。各实践服务团利用学科优势，分赴区内外的农村、社区、工厂、企事业单位等，结合自己的专业知识设计多元化的实践活动内容和形式，将社会实践与专业优势特色紧密结合，让学生在脚踏实地的实践中应用专业理论知识，提升学生解决问题的能力。

三、注重与第一课堂教学结合，增加实践内容深度

学校融通第二课堂社会实践与第一课堂课程教学，提升教师、学生参与度，推动社会实践全方位、全过程育人。通过立项支持，学校广泛组织青年大学生参与社会实践，促进课堂学习与实践锻炼联通互通。学校选派"青马工程"培训班学员赴当地政府机关、职能部门开展不少于4周的实岗挂职政务实习，使学员了解基层实情，助力乡村振兴。

四、注重与地方需要紧密结合，提高社会实践效度

学校社会实践注重与地方社会经济发展需要紧密结合，充分发挥高校智库作用。实践团在实践地结合当地自然地理、民族民俗风情、历史文化脉络等因素，运用自身专业知识对当地生活条件优化、产业经济调整、教育养老服务、乡村发展规划、垃圾处理等提出诸多可行性建议，力图既展现乡情美景，又突出地域特点，既传承历史文化、凝结乡愁眷恋，又跟上时代节拍、融入现代生活，为当地的经济社会发展提供智力支持。

第二章 广西大学社会实践组织实施机制

广西大学社会实践活动坚持以项目化形式，支持团队奔赴区内外各地的基层开展理论宣讲、科技支农、教育扶贫、调研走访、文化演出等多种形式的暑期社会实践活动，形成本硕博及全校学生全覆盖、自治区内外相结合、注重学习与实践相互促进的良性机制。

第一节 暑期社会实践组织实施机制

一、指导思想

广西大学暑期社会实践活动坚持以习近平新时代中国特色社会主义思想为指导，统筹推进"五位一体"总体布局，协调推进"四个全面"战略布局，深入贯彻习近平总书记在广西考察时的重要讲话精神，贯彻落实习近平总书记关于青年工作的重要思想，引导和帮助广大青年学生上好与现实相结合的"大思政课"，在社会课堂中"受教育、长才干、做贡献"，在观察实践中全面提高素质，坚定理想信念，不断提升实践能力，增强社会责任感，争当有理想、敢担当、能吃苦、肯奋斗的新时代好青年，深刻领悟"两个确立"的决定性意义，增强"四个意识"，坚定"四个自信"，做到"两个维护"。学校根据中共中央宣传部、中央文明办、教育部、共青团中央、全国学联等部门通知精神和自治区党委宣传部、自治区文明办、自治区教育厅、共青团广西区委、广西学联有关要求，结合学校实际组织开展学生暑期社会实践和志愿服务活动。

二、总体原则、思路

（一）紧扣主题主线，聚焦为党育人

学校紧紧围绕深入学习贯彻习近平新时代中国特色社会主义思想，坚持正确的政治方向，聚焦为党育人主责主业，引领学生用脚步丈量祖国大地，用眼睛发现中国精神，用耳朵倾听人民呼声，用内心感应时代脉搏，厚植学生对祖国血浓于水、与人民同呼吸共命运的情感，深刻领悟"两个确立"的决定性意义，增强"四个意识"，坚定"四个自信"，做到"两个维护"。

(二) 遵循实践规律，把准活动定位

学校遵循新时代大学生认知、成长特点和教育规律，准确把握暑期社会实践活动，帮助大学生了解国情，观察社会的功能定位，更加精准、更有针对性地开展实践育人活动。

(三) 坚持效果导向，就近就便实施

实践活动在题材上要内涵深刻、形式多样、意义深远，在成效上要有所启迪、有所激励，学校应侧重就近就地安排，选定合适的团队，鼓励广大青年学生积极参加社会实践，着眼于优化持续有效的实践育人工作，将"三下乡"社会实践活动与"返家乡"社会实践活动组织协调、相互融合，形成方向统一、相辅相成的工作形势，积极引领大学生体悟国情、社情、民情，增强社会化本领。

(四) 加强系统谋划，联动校园内外

学校坚持同高等教育改革有机衔接、一体推进，善于用校园外的组织体系和资源解决校园内的问题，加强校地联动、项目联动、品牌联动，整合资源，共建共享，形成实践育人合力；坚持以线上线下相结合的方式开展实践活动，不断创新工作载体，强化典型引领，注重运用网络新媒体对学生实践过程和成果进行展示、宣传和推广。

三、重点团队的组建

学校根据上级团组织的部署，结合学校实际，每年着重引导各学院、各学生组织组建理论宣讲、党史学习、乡村振兴、发展成就观察和广西"青空间"关爱保护等团队。

(一) 党史学习实践团

党史学习实践团持续深入学习贯彻习近平总书记关于党史学习教育的重要论述，推进党史学习教育常态化、长效化，持续深化建党百年激发的爱党爱国爱社会主义热情，继续组织青年学生感受党的百年奋斗重大成就，传播党的百年奋斗历史经验，依靠丰富的红色资源，开展寻访红色足迹、重温红色记忆、采访红色人物、挖掘红色故事、感受红色文化等形式多样的活动，以重要时间节点为契机深化仪式教育，引导学生弘扬伟大建党精神，让红色

基因、革命薪火代代传承。

(二) 理论宣讲实践团

理论宣讲实践团认真学习宣传贯彻党的十九大、党的二十大精神，组织学生走进基层、边远地区、社区、农村、军营等，精心设计并开展有内涵、有人气的宣传教育活动，引领广大青年学生更加深刻地领悟"两个确立"的决定性意义，更加信心满怀地紧跟党的核心、人民领袖奋进新征程、建功新时代；结合学习贯彻习近平新时代中国特色社会主义思想主题教育，把理论学习、调查研究贯通起来，坚持读原著学原文悟原理，坚持多思多想、学深悟透，全面学习领会习近平新时代中国特色社会主义思想的科学体系、精髓要义、实践要求，做到整体把握、融会贯通。

(三) 发展成就观察实践团

发展成就观察实践团聚焦党的十八大以来党和国家取得的历史性成就、发生的历史性变革，以中国大地为课堂，以脱贫攻坚重大历史性成就、全面建成小康社会决定性成就等为现实教材，组织学生在国情考察、社会观察、调查研究、学习体验、志愿服务中感受祖国大地、社会民情，引导大学生深入感悟党的领导、领袖领航、制度优势、人民力量的关键作用，坚定紧跟党奋进新征程的信心、决心。

(四) 乡村振兴实践团

乡村振兴实践团深入贯彻落实习近平总书记关于"三农"工作的重要论述，引领学生将课堂学习与乡村实践紧密结合，发扬实事求是精神，掌握密切联系群众的方法，脚踏实地，"自找苦吃"，为加快推进农业农村现代化、全面建设社会主义现代化国家贡献青春力量。乡村振兴实践团要深入乡村一线，特别是国家乡村振兴重点帮扶县，广泛实施教育关爱、爱心医疗、科技支农、基层社会治理、生态文明建设等领域的重点项目，支持乡村产业发展，修缮基础设施，改善乡村环境，促进乡风文明，完善乡村公共服务体系，宣传乡村振兴故事。

(五) 广西"青空间"关爱保护实践团

广西"青空间"青少年综合服务平台是广西共青团组织管理的公益性、综合性服务场所，是在一定区域内团组织联系青少年、开展活动和整合各类资源的载体与依托。"青空间"关爱保护实践团为各地"青空间"服务范围内的青少年提供特色暑假课程、课业辅导等志愿服务。

四、专项活动策划

学校每年暑期社会实践在组建重点团队基础上,根据上级团组织的安排,结合学校实际,分别设立全国专项、自治区专项和学校专项,使各学院、各学生组织在策划项目、组织活动时更有针对性。

(一)全国专项、自治区专项

"三下乡"社会实践活动联合有关方面组织开展专项活动,主要包括:深入学习贯彻习近平总书记关于青年工作的重要思想,引导广大青年学生走进乡土中国深处,厚植爱农情怀,练就兴农本领,在乡村振兴大舞台上建功立业;以"强国有我,青春有为"为主题,组织学生重走习近平总书记的考察路线,跟随总书记的脚步开展实地调研学习活动,在切实感受祖国发展变化的生动实践中升华爱国情怀,勇担时代责任,贡献青春力量;组织学生深入全国各地新时代文明实践中心(所、站),开展学习实践科学理论、宣传宣讲党的政策、践行核心价值观、丰富文化生活等主题的实践活动,践行社会主义核心价值观;组织学生广泛参与关爱行动"七彩假期"志愿服务活动,以农村留守儿童、城市随迁子女等儿童群体为主要服务对象,聚焦思想引领,突出实践育人,为党培育共产主义接班人;组织学生聚焦生态文明环境保护,广泛开展绿色科考、生态宣讲、粮食节约等环保活动;组织学生有序开展医疗现状调研、卫生政策宣讲、康复知识普及、急救技能培训、云端问诊治疗和中医药传承实践等活动,助力"健康中国"战略实施;面向有关民族地区、欠发达地区等,结合学生专业特长,开展普通话推广、学业辅导、自护教育等形式的志愿服务活动;组织学生进乡村、进社区开展惠民展演、艺术创作、体育健身等形式的社会实践活动;组织学生开展特色产业调研、当地资源开发、安全生产教育、就业创业等实践活动,服务地方经济发展。

(二)学校专项

(1)"小我融入大我,青春献给祖国"主题教育实践活动。围绕学习贯彻习近平新时代中国特色社会主义思想,尤其是习近平总书记关于青年工作的重要思想,组织青年大学生深入红色教育基地、重大历史事件发生地、改革开放前沿阵地,开展形式多样的宣讲报告、座谈交流、文艺会演、知识竞赛等活动。

(2)与区内高校联合开展实践活动。组织实践团队重走习近平总书记在广西的考察路线,循着习近平总书记的足迹,厚植广西青年爱广西的情怀;

组织实践团队打卡红色基地,赓续伟大建党精神;组织实践团队助力乡村振兴,把青春奋斗融入祖国发展事业;组织实践团队开展区情观察、特色产业调研;等等。

(3) 开展"西大学子边关行"社会实践活动。组织各学院社会实践团队赴边境市县开展"西大学子边关行"活动,组织学校学子深入南疆国门城市,围绕边境文化旅游、工业、农业等重点产业项目和乡村振兴项目等参观、调研,促进高校青年学子更直观深入地了解边境市县的发展机遇,了解相关支持政策及就业创业发展环境。

(4) 实施广西大学大学生实习"扬帆计划"。加强与区内各地企事业单位的联系与合作,在暑假期间组织大学生进行政务实习、企业见习。

(5) 实施大学生"返家乡"社会实践计划。学生按照家乡所在县区提供的实践工作岗位开展政务实践、企业实践、乡村振兴、公益服务、社区服务、兼职锻炼、文化宣传等活动,既能锻炼自己的能力,又能更加了解自己的家乡。

(6) 助力那坡乡村振兴专项活动。结合学校定点帮扶县那坡的乡村振兴工作,激发青年大学生的志愿服务热情,使学生将所学的专业知识和社会实践相结合。开展实地调研、支教服务、义务维修、文艺下乡等实践活动;组织学校对口支援的那坡的6个村的初中生、小学生开展"大手拉小手"游学参观活动等。学校通过这些活动引导广大学生切实服务乡村振兴、中华民族共同体建设,把学习奋斗的具体目标同民族复兴的伟大目标结合起来,用实际行动诠释当代青年的责任与担当。

(7) "挑战自我 共创青春"培育专项活动。结合"挑战杯"竞赛,申报与科学前沿、社会政治经济文化各方面发展密切相关的新课题。结合"挑战杯"竞赛红色专项活动组织学生开展寻访红色足迹、重温红色记忆、采访红色人物、挖掘红色故事、感受红色文化等形式多样的活动,感受党的红色精神伟力,引导青年返回家乡看变化、重走故地看新颜、深入乡村看振兴、走进一线看发展,以实际行动学习宣传贯彻党的十九大、党的二十大精神。

(8) 推普助力乡村振兴社会实践志愿服务活动。结合教育部语言文字应用管理司、共青团中央青年发展部共同开展的"推普助力乡村振兴"全国大学生暑期社会实践志愿服务活动,加大国家通用语言文字推广力度,服务筑牢中华民族共同体意识,助力乡村振兴战略实施,通过发放问卷、访谈、座谈等方式开展推普实情调查、"推普技能+"培训、"典耀中华"读书行动、繁荣发展乡村语言文化等活动。

(9)开展爱校荣校、榜样校友寻访专项活动。组织实践团队重走西大搬迁之路,厚植爱校荣校情怀;在加强区内校友会建设的背景下,开展走访区内外校友活动,增进在校学生与校友之间的双向交流,让在校学生与学校优秀校友零距离接触,让学校优秀校友通过在校学生了解母校发展情况。

五、主要活动方式

(一)坚持"全面发动、重点组队、点面结合、层层深入"

学校将"三下乡"与"返家乡"相结合,采取团队集体活动、个人分散活动相结合的方式,支持学生到区外开展社会实践活动;学校鼓励邀请专业教师加入团队,鼓励跨学校、跨院系、跨专业、跨年级组队,鼓励研究生与本科生联合组队。学校将重点支持一批与学科专业结合紧密,与经济社会发展、热点难点问题结合程度高、前瞻性强的实践项目,力争形成一批有深度、有成效、有较高学术理论水平的实践成果。学生既可以参加有组织的社会实践活动团队,又可以以个人形式参加社会实践活动。

(二)学校分级确立一批社会实践活动团队并予以立项,根据级别给予相应的经费支持

校级社会实践活动采用项目申报形式,由各学院、各学生组织结合自身情况选定主题进行申报,校团委组织评审和论证,最终分重点项目、一般项目立项。重点项目团队应配备1~2名指导教师,其中至少一名专业教师,另一名可为专业教师指定的相关专业的研究生。指导教师要热心参与学生社会实践活动,能从专业视角帮助学生完成实践选题,修改完善实践计划;能全程带领学生深入实践一线,为学生的实践活动提供科学指导;能帮助学生进行实践总结,指导学生形成质量好、水平高、专业性强的实践成果。在暑期社会实践的立项评比中,指导教师的参与度将作为重要评分标准。

(三)学院立项

各学院可结合实际情况,组织学院内部的项目申报、评选,确定学院支持项目并予以立项支持。

六、活动实施步骤

暑期社会实践活动主要分三个阶段进行:

(一)准备和动员阶段

6月中下旬至7月上旬,校团委、各学院、各学生组织认真做好社会实践

活动的宣传发动、项目谋划、评审立项等工作，并开展相应的培训和安全教育活动。

（二）具体实施阶段

7月中上旬至8月底，各社会实践团队和广大学生深入开展社会实践活动，务实创新，力求出成果、出效益。

（三）成果展示与经验交流阶段

9月，校团委负责策划和组织相关实践活动成果展示和经验交流活动，展示全校大学生暑期社会实践活动成果。

七、活动相关要求

（一）突出实践育人

各学院、各学生组织要高度重视"三下乡"社会实践活动的组织开展，充分发挥"三下乡"社会实践活动的育人作用，不断扩大工作覆盖面，组织引领青年学生在社会实践中"受教育、长才干、做贡献"，使学生成为德智体美劳全面发展的社会主义建设者和接班人。

（二）广泛动员

全校研究生、本科生要积极投身于暑期社会实践和志愿服务活动，学生党员、"青马工程"培训班学员、入党积极分子和所有受资助的学生在暑假期间至少参加一次社会公益活动。

（三）凝练品牌，加强推广

各实践团队在活动中广泛使用"三下乡"标识，切实提升"三下乡"社会实践活动的品牌美誉度和社会影响力。

各学院、各学生组织充分利用微博、微信等新媒体和校园媒体、校外媒体等，对活动中的优秀个人和事迹进行宣传报道，鼓励实践团队和广大学生将看到的、体验到的、参与的及时通过微博@广西大学共青团（新浪）微博，参与相关话题互动；学生通过微信与好友分享，校团委将通过@广西大学共青团（新浪）和"西大团学小微"微信平台集中推送同学们社会实践中的精彩片段、深刻感悟，并适时开展相关评比活动。

（四）严格管理，守住风险底线

各学院对开展社会实践活动的学生进行安全教育，做好离校请假手续审批工作，制订相关安全措施，指定专人及时掌握学生的去向和动态，做好学生、家长、实习实践单位的安全责任落实工作，防患于未然。各学院团委要切实担负起主体责任，始终把参加实践活动的师生的身体健康和生命安全放在第一位，依法依纪依规组织各项实践活动；要加强过程管理，选派优秀教师指导实践，坚守意识形态和安全稳定底线；要注意天气变化和自然地质条件，做好突发情况的应对预案与处置工作。

（五）做好总结，形成特色

各学院要根据经济社会发展形势和条件，根据青年学生新的思想行为特点和成长发展需求，主动从社会实践活动的内容设计、组织方式、运行机制等方面进行探索创新，并及时做好普遍性、规律性的总结提炼，开展活动的有关情况和实践课题成果及时报送校团委。

第二节　寒假社会实践组织实施机制

广西大学寒假社会实践活动坚持以习近平新时代中国特色社会主义思想为指导，深入学习宣传党的十九大、党的二十大精神，在亲身体验中开展党史学习，在服务奉献中厚植家国情怀，在实践锻炼中受教育、长才干、做贡献。广西大学开展寒假"返家乡"社会实践活动，旨在引导大学生充分感受家乡变化，铭记党的奋斗历程，增强服务人民、回报家乡的责任感、使命感。

一、活动方式

鼓励青年学生寒假返乡之际"就近就便"，以线上线下相结合的方式，在家乡开展社会实践和志愿服务活动，提出解决问题的意见和建议，形成实践调研成果。

二、活动内容

（一）开展党的十九大、党的二十大精神宣讲活动

学生利用寒假返乡和家人、亲友团聚的时刻，开展党的十九大、党的二十大精神宣讲活动，引导广大基层群众了解内容、把握实质，以铸牢中华民族共同体意识为主线开展实践活动，与党史学习教育结合起来，讲好中国故事，讲好中国共产党故事，讲好新时代中国特色社会主义故事，进一步加深对习近平新时代中国特色社会主义思想的认识，培养青年学生和广大人民群众对中国特色社会主义的道路认同、理论认同、制度认同。

（二）积极参加政务实践、企业实践

学校一方面按照学生家乡所在县团组织公布的岗位，组织学生深入地方党政机关、事业单位一线，承担具体工作，开展政务实习；另一方面通过大学生专业方向与家乡所在地企业岗位需求的双向匹配，组织学生参与家乡企业实际工作。

（三）共抗疫情，勇担青春使命

在新冠疫情期间，学校注重引导青年学子在做好自我防护的前提下，就近就便到乡村、社区报到，助力当地相关部门开展防疫工作，做好疫情防控、科普宣传、心理辅导等服务类工作，担任社区疫情防控的"宣传员""保障员""突击队员""心理师"，为疫情防控工作贡献青春力量。

（四）振兴乡村，践行青春担当

学校鼓励青年学子围绕新时代全面建设社会主义现代化国家和乡村振兴的伟大成就，关注家乡建设和发展状况，开展基层调研、考察研习、政策宣讲和社会服务活动；发扬志愿服务精神，到家乡基础教育薄弱、教育资源匮乏的地区，以关爱留守儿童为重点，开展课业辅导等专题志愿活动；结合专业特长开展科技兴农、义务教育帮扶、劳动志愿服务、美丽乡村建设等活动，助力乡村振兴。

（五）开展伟大成就观察调研

学校组织青年学生返家乡看身边变化、学身边榜样、听亲身故事，切实感受社会主义现代化建设，特别是党的十八大以来相关领域发生的巨大变化、取得的伟大成就，在实践中深入理解领会习近平新时代中国特色社会主义思想的精神实质和丰富内涵，深刻领悟"两个确立"的决定性意义，增强"四个意识"，坚定"四个自信"，做到"两个维护"。

（六）用微视角展示培育和践行社会主义核心价值观的故事

学校鼓励广大青年学生在寒假期间深入人民群众，走进社会基层，关注社会，了解社会，服务社会，增长才干，在实践中积极培育和践行社会主义核心价值观。大学生要做社会主义核心价值观的宣传者、倡导者和践行者，在寒假期间用心发现、感受反映社会主义核心价值观的故事，拍一张（组）反映社会主义核心价值观的场景的照片，记录发生在自己身边的体现社会主义核心价值观的事，并说说感悟，把这些故事、场景、感悟，通过随手拍、微视频、微评论发到微博、微信上。

（七）用新媒体宣传优秀传统文化

学校鼓励广大青年学生在寒假，特别是春节期间，做个有心人，切身体会中华民族五千多年的文明史，感受源远流长、博大精深的优秀传统文化；积极开展社会调查活动，深入调研一个优秀传统文化活动，积极组织（参与）一次村（社区）里的春节文化活动，写一篇关于优秀传统文化的有质量的调研报告或心得体会，深度挖掘、体会各地、各民族关于春节的文化内涵，探寻中华民族的节日、年俗、风土、人情，在实践观察体验中继承和创新优秀传统文化，弘扬民族精神与创新精神，培养爱国主义情感。学生可以拿起手中的移动设备拍摄照片、视频，为家乡的优秀传统文化代言。

（八）开展爱校荣校主题实践活动

学校号召广大青年学生积极开展爱校荣校主题实践活动，鼓励同学们回到母校和师弟师妹们分享自己在西大的故事，描述西大美丽的校园，推荐西大优秀的教师，宣传西大悠久的历史和发展的成就，让师弟师妹们感受西大的魅力；号召全体西大学生寻访广西大学发展历程中在自己的家乡留下的发展足迹，走访一位校友，倾听、记录校友讲述的西大往事，给校友讲述西大近几年取得的成就，品味校友的奋斗历程，宣传弘扬校友的先进事迹和取得的成绩。

三、相关说明

返家乡的寒假社会实践活动以就地、就近、就便为原则，以学院团委指导、学生自主开展为主，鼓励学生在本县区域内小规模开展相应活动，在确保安全的前提下，可以以线上线下相结合的形式开展活动，不得跨地区前往自然灾害频发地区开展社会实践活动，可邀请本地其他高校大学生一起参与活动。

四、活动要求

（1）各学院应广泛发动大学生开展返家乡的个体社会实践活动，做好指导和宣传发动工作。学院团委在寒假期间主动与学生联系，进一步加强指导和跟进工作，各学院新学期开学后要提交本学院学生开展寒假社会实践活动情况统计表和工作总结。

（2）学生党员、学校"青马工程"培训班学员、入党积极分子应结合实际参加一次活动。

（3）实践活动结束后，各学院团委要按照创新实践学分的要求，组织参加实践活动的学生完善相关手续，提交调研报告、新闻通讯、采访笔记、心得体会，以及有关图片、资料等，并做好登记表及其他材料的收集、整理、备案工作，以备学生毕业时申请创新实践学分。各学院、学生组织要积极组织学生参加优秀的调研报告、心得体会、新闻通讯、采访笔记的评比活动，并提交参评的材料。

（4）在各项实践活动过程中，要始终把安全工作置于首位。各学院团委要对学生进行安全教育，引导学生增强安全意识，并制订相关应急预案，确保各项安全措施落实到位，做好安全防范工作，确保参加活动学生的安全。

（5）各学院于下学期开学后提交一定数量的高质量的调研报告、新闻通讯或其他作品，校团委将组织评选活动，对获评优秀作品的团队给予一定的经费支持。

第三章　广西大学社会实践工作总结集萃

2017年至2023年，广西大学以项目化立项社会实践团队491个，其中获得国家级、自治区级立项项目48项，连续多年被评为全国大中专学生志愿者暑期"三下乡"社会实践活动优秀单位。2017年"广西大学美丽那坡·生态乡村社会实践团队"和"广西大学唯理社实践团"等获评全国重点团队；2018年"广西大学学习近平新时代中国特色社会主义思想青年宣讲团"等7支团队获评全国重点团队；2019年"广西大学动物科学技术学院赴钦州北部湾经济区暑期社会实践团"等5支团队获评全国重点团队；2020年广西大学国际学院乡村振兴调研团获评全国优秀团队；2021年"广西大学新闻与传播学院'寻红色记忆，传百年薪火'暑期社会实践队"等4支团队获评全国重点团队；2022年"广西大学马克思主义学院'百年青运跟党走　逐梦奋进新征程'理论宣讲实践团"等3支团队获评全国重点团队。广西大学的社会实践活动受到中国青年网、人民网、广西电视台、广西日报等多家主流媒体的关注和报道。

第一节　广西大学暑期社会实践工作概况摘编

（一）喜迎十九大　青春建新功
——2017年广西大学暑期社会实践概况

2017年广西大学暑期社会实践深入学习宣传贯彻党的十八大和十八届三中、四中、五中、六中全会，以及习近平总书记系列重要讲话精神，引导广大青年大学生积极投身基层建设，学校组织开展了以"喜迎十九大　青春建新功"为主题的暑期社会实践活动。广大青年学子以深入基层、服务群众为宗旨，用实际行动奏响暑期社会实践主旋律，积极践行社会主义核心价值观，凝聚青春正能量，共促"中国梦"早日实现，以优异成绩和良好风貌迎接党的十九大胜利召开。

2017年暑期社会实践组织策划了"纪念建军90周年"教育实践活动、"美丽广西·生态乡村"实践团、"四个全面"观察团、理论普及宣讲团、"科技支农"帮扶团、文化艺术服务团、寻访榜样校友实践团、爱校荣校主题实践、结合专业特色的主题实践和志愿服务等活动，活动形式丰富多样，紧扣时代主题，注重学习与实践的相互促进。学校以项目化立项团队82个，其中"广西大学美丽那坡·生态乡村社会实践团队"和"广西大学唯理社实践团"获评全国重点团队；"广西大学美丽那坡·生态乡村社会实践团队"获评广西壮族自治区高校工委社会实践示范项目；获评团中央"井冈情·中国梦"专项1项、"农科学子助力脱贫攻坚"专项3项、"丝路新世界·青春中国梦"专项1项、"红色基因代代传·青春喜迎十九大"专项1项、"印象长白山·筑梦十三五"专项1项；获评广西壮族自治区司法厅、团区委联合专项1项、团区委专项1项；"林学院生态学博硕团赴北海市宣讲团"等5支团队获评广西壮族自治区重点团队。

（二）青春大学习　奋斗新时代
——2018年广西大学暑期社会实践概况

2018年广西大学暑期社会实践深入学习贯彻习近平新时代中国特色社会主义思想，根据上级团组织有关工作通知精神，紧紧围绕深入学习贯彻党的十九大精神，组织开展了以"青春大学习　奋斗新时代"为主题的暑期社会实践活动。本次社会实践活动贯穿整个假期，积极引领教育广大青年学生勇做担当民族复兴大任的时代新人，以实际行动助力精准扶贫，服务乡村振兴战略，切实在感受改革开放40年取得的新成就新面貌的生动实践中受教育、长才干、做贡献。

广西大学2018年暑期社会实践，以深入学习贯彻党的十九大精神为圆心，以纪念改革开放40周年、广西壮族自治区成立60周年、广西大学建校90周年为半径画好社会实践同心圆。按照上级团组织要求，根据学校实际，在广泛动员基础上，组建全国、区级、校级重点团队，深入基层开展社会实践活动，严格按照要求，积极组织开展重点团队申报工作。主要开展了理论普及宣讲团、国情区情观察团、依法治国宣讲团、科技支农帮扶团、教育关爱服务团、文化艺术服务团、爱心医疗服务团、美丽广西实践团等8类团体活动。

经过广泛发动，严格遴选，定向申报，全校立项77项，立项项目按照自治区专项、助力那坡脱贫攻坚专项、重点项目、一般项目A类、一般项目B

类、自筹项目分级分类资助。其中,"学新时代理论 扬十九大精神——广西大学青马班习近平新时代中国特色社会主义思想理论普及实践团"等10个项目获评全国专项,"我的一带一路——广西大学土木建筑工程学院暑期社会实践团"等11个团队获评全区重点项目。

(三)青春心向党 建功新时代
——2019年广西大学暑期社会实践概况

2019年广西大学暑期社会实践深入学习贯彻习近平新时代中国特色社会主义思想,根据上级团组织有关工作通知精神,学校团委积极组织开展了以"青春心向党 建功新时代"为主题的暑期社会实践活动。本次社会实践活动贯穿整个假期,紧紧围绕深入学习贯彻党的十九大精神,结合庆祝新中国成立70周年、纪念五四运动100周年等主题开展。

经过广泛发动、评选,全校立项64项,立项项目按照自治区专项、助力那坡脱贫攻坚专项、重点项目、一般项目A类、一般项目B类、自筹项目分级分类资助。其中"广西大学动物科学技术学院赴钦州北部湾经济区暑期社会实践团"等5支团队获评全国重点团队;"一带一路谱新篇,青年建功新时代——广西大学研究生委员会赴北部湾暑期实践团"等9支团队获评广西壮族自治区重点团队。

(四)脱贫攻坚 "青"力"青"为 乡村振兴 青年先行
——2020年广西大学暑期社会实践概况

2020年广西大学暑期社会实践深入学习宣传贯彻习近平新时代中国特色社会主义思想,学习贯彻党的十九大和十九届二中、三中、四中全会精神,贯彻落实习近平总书记关于青年工作的重要思想和对广西工作的重要指示精神,引领广大青年学生在全面建成小康社会的决胜阶段增强"四个意识"、坚定"四个自信"、做到"两个维护",在助力脱贫攻坚、服务乡村振兴战略的伟大实践中受教育、长才干、做贡献。根据上级团组织有关工作通知精神,学校组织开展了以"脱贫攻坚,'青'力'青'为,乡村振兴,青年先行"为主题的暑期社会实践活动。本次实践活动受新冠疫情影响,学生以个体形式返回家乡,开展助力脱贫攻坚和乡村振兴的实地调研,重点聚焦打赢脱贫攻坚战、投身乡村振兴战略。

根据上级团组织通知要求,以及学校实际情况和疫情防控需要,在广泛动员基础上,学校统一下发实践活动通知,鼓励学生个体返乡开展实地调研,深入基层开展社会实践活动。广西大学严格按照要求，积极组织开展活动。主要围绕产业振兴、人才振兴、文化振兴、生态振兴、组织振兴开展调研实践活动。参与群体覆盖本科生、硕士生、博士生3个层面约4 300人次，收到调研报告130份；活动内容依据参与群体特点各有侧重，本科生注重观察、体验式教育；硕士生和博士生注重提供专业化服务。

（五）永远跟党走　奋进新时代
——2021年广西大学暑期社会实践概况

2021年广西大学暑期社会实践深入学习宣传贯彻习近平新时代中国特色社会主义思想，学习贯彻党的十九大和十九届二中、三中、四中、五中全会精神，深入贯彻习近平总书记在广西考察时的重要讲话精神，贯彻落实习近平总书记关于青年工作的重要思想，引导和帮助广大青年学生上好与现实相结合的"大思政课"，在社会课堂中受教育、长才干、做贡献，在观察实践中学党史、强信念、跟党走，努力成为担当民族复兴重任的时代新人，以实际行动庆祝中国共产党成立100周年。根据上级团组织有关工作通知精神，学校组织开展了以"永远跟党走　奋进新时代"为主题的暑期社会实践活动。

2021年全校立项86项，立项项目按照重点项目A类、重点项目B类、一般项目、自筹项目分级分类。其中"广西大学新闻与传播学院'寻红色记忆，传百年薪火'暑期社会实践队"等4支团队获评全国重点团队；"广西大学唯理社赴毛泽东故乡'探寻星火发源之地'暑期社会实践团"等5支团队获评广西壮族自治区重点团队。

（六）喜迎二十大　永远跟党走　奋进新征程
——2022年广西大学暑期社会实践概况

2022年广西大学暑期社会实践深入学习宣传贯彻习近平新时代中国特色社会主义思想和党的十九届六中全会精神，贯彻落实习近平总书记关于青年工作的重要思想，深入学习习近平总书记在庆祝中国共产主义青年团成立100周年大会上的重要讲话精神，引导和帮助广大青年学生上好与现实相结合的"大思政课"，在社会课堂中受教育、长才干、做贡献，坚定信念听党话、跟党走，迎接党的二十大胜利召开。根据上级团组织有关工作通知精神，学校组织开展了以"喜迎二十大　永远跟党走　奋进新征程"为主题的暑期社会实践活动。实践活动贯穿整个假期，引领教育广大青年学生勇做担当民族复兴大任的时代新人，以实际行动助力精准扶贫、服务乡村振兴战略，紧紧围绕"建设壮美广西 共圆复兴梦想"的总目标、总要求，凝心聚力建设新时代中国特色社会主义壮美广西。

2022年全校立项93项，立项项目按照重点项目A类、重点项目B类、一般项目、自筹项目分级分类。其中"广西大学马克思主义学院'百年青运跟党走 逐梦奋进新征程'理论宣讲实践团"等3支团队获评全国重点团队；"广西大学海洋学院'传承红色文化 建设海洋强国'党史学习教育实践团"等5支团队获评广西壮族自治区重点团队。

2022年暑期社会实践打造了多校、多学科专业学生组队，构建集成式社会实践模式，发挥广西大学在广西高等教育中的排头兵作用，加强与区内高校的合作。广西大学与广西科技大学、桂林电子科技大学、梧州学院等高校组建了6支实践团队，通过跨校、跨院系、跨专业、跨年级组队，以团队合作的方式共同完成社会实践任务，有利于立足扎实的学科背景和专业优势进行资源共享、优势互补，依托社会实践基地助力社会实践优化提升。实践团队广泛做到"专业教师＋共青团干部"共同指导，提升社会实践质量，探索促进高校共青团干部与专业课专任教师共同参与大学生社会实践活动，实现优势互补。

（七）学习二十大 永远跟党走 奋进新征程
——2023年广西大学暑期社会实践概况

2023年广西大学暑期社会实践深入学习宣传贯彻习近平新时代中国特色社会主义思想，全面贯彻落实党的二十大精神，切实发挥共青团作为广大青年在实践中学习中国特色社会主义和共产主义的学校的作用，引导和帮助广大青年学生在与现实相结合的"大思政课"中受教育、长才干、做贡献，引领学生立志做有理想、敢担当、能吃苦、肯奋斗的新时代好青年。广西大学组织开展了以"学习二十大 永远跟党走 奋进新征程"为主题的暑期社会实践活动。

2023年全校立项92项，立项项目按照重点项目A类、重点项目B类、一般项目、自筹项目分级分类。其中"'国之重器'科技强国观察家——物理学院赴广东江门暑期社会实践团"等6支团队获评校级重点A类项目；"'追随领袖足迹，汲取振兴力量'——广西大学经济学院/中国—东盟金融合作学院学生赴柳州暑期社会实践团"等22支团队获评校级重点项目B类。

2023年实践团队围绕党的二十大精神宣讲、乡村振兴调研、发展成就观察、党史学习教育等开展实践活动，重点打造与区内外高校联合开展实践活动、"西大学子边关行"实践活动、大学生实习"扬帆计划"、助力那坡乡村振兴实践活动等，引导和鼓励广大青年学生奉献社会、服务人民、服务乡村振兴、建设壮美广西。

第二节 广西大学部分重点团队实践总结

2017年广西大学农学院博士团赴那坡暑期社会实践活动总结

2017年7月10日，广西大学农学院博士团一行16人来到了广西壮族自治区百色市那坡县，在随后的4天时间里，博士团成员在那坡县达腊村第一书记的带领下开展了"扶贫调研兴产业，科技助农谱新篇"的主题调研活动。博士团成员对那坡县的10个村，80余户进行了入户调研，采集到最真实、最可靠的数据和信息。活动期间，博士团成员进行了两场支农活动，分别是达腊村的养蚕技术指导，念头村的灵芝菌种植技术专访，并为达腊村彝族文化博物馆和念头村小学分别捐赠一套投影仪设备。

一、走进乡土乡村，服务广西，励志成才

广西大学农学院博士团充分发挥农学院专业特色优势，深入广西大学对口帮扶的那坡县6个村，开展农技人员培训、农业科普宣传、先进农技推广、为农民提供"田间地头"的生产实践指导等服务活动，助力精准脱贫。博士团成员在学习中收获、在奉献中提高、在实践中成长，将书本上学到的理论知识与社会实践结合起来，实现了实践育人的目标，为精准扶贫贡献力量。

广西大学农学院博士团成员依据自身专业特点，结合农村实际生产需要，经过多年精心打造，逐渐形成了具有本专业特色的博士团"三下乡"品牌活动。博士团"三下乡"社会实践活动能够让博士团成员将书本上学到的知识与社会实践结合起来，以活动为载体，提高理论知识的实际运用能力，把最新的科技知识"撒播"到田间地头，把最新的观念带到群众中，实现产学研、农科教的结合，满足农村经济发展对科技知识的需求；同时，该实践活动能够使学生加深对社会的了解，充分认识到肩负的历史重任，更加自觉地投身到为人民服务的社会实践中去，助力"三农"，助力脱贫攻坚。

图 3-1　广西大学农学院博士团暑期"三下乡"出征仪式

二、"扶贫调研兴产业，科技助农谱新篇"主题调研活动

以"走进乡土乡村讲述扶贫故事"为导向，广西大学农学院博士团在2016年开展的工作的基础上，通过走访、交流入户、发放问卷等形式，开展农业产业化扶贫跟踪活动，寻找扶贫工作中的亮点、感人故事和致富带头人，以及制约农户脱贫的主要原因、农业技术上所需的支持，形成文字记录。鼓励贫困户积极就业，消除"等、靠、要"的依赖思想，为那坡县城乡镇农业产业扶贫方针的制订提出更为合理的方向，最后形成调研报告，为那坡县的扶贫开发工作建言献策。

三、"科技支农大讲堂"——专家献计助脱贫技术培训

博士团为那坡县达腊村、念头村种养大户举办了农业知识技能讲座，播放种植、养殖相关影像资料，组织现场咨询会、技能培训，捐赠投影仪和农业相关产业的书籍资料等，向农民传播现代农业生产管理新理念"互联网+农业"的思维模式，讲解现代农业背景下的土地流转经营管理模式及"农业时代的新星"青年农场主的成长过程，以科技武装农民，从思想层面彻底改变原来陈旧、落后的观念，指导当地农民利用互联网开拓农产品销售的渠道，提高经济效益。博士团通过开办农业知识培训班，提供远程信息服务、现场技术指导等方式，传播推广现代农业实用技术，帮助农民解决农产品销售难

等实际问题。

图 3-2 专家进行农业技术指导

四、开展科技支农，助力知识和技术脱"贫"

本次博士团暑期社会实践组织开展了座谈交流、田间指导、技术咨询、知识讲座、现场培训、实地考察、入户调研等活动，活动内容丰富、形式多样；开展了2场座谈会、1场专题讲座、1场专业培训，80多人得到了技术指导，近百人直接与博士团成员交流专业知识。博士团在村里开展座谈会、科技讲座、现场咨询会以及技能培训，传播现代农业生产管理新理念"互联网＋农业"的思维模式，讲解现代农业背景下的土地流转经营管理模式，对症下药，有针对性、有目的性地传授知识和技能，使农民学到"真本领"，做到知识和技术的"脱贫"。本次活动相较往届更注重实地调研指导，将理论知识运用到实际中，给予农民最直接的帮助。根据当地的主栽作物和生产需求，相关专家及博士团成员跟随农户到田间地头和生产基地，了解当地种植情况、栽培技术、遇到的问题，针对实际情况提出更具体的栽培方法、病虫害防治措施等建议，更具有针对性和实际效益；此外，博士团还进行了入户调研，根据调研数据分析了致贫的根本原因，制订了长期扶贫方案。

图 3-3 博士团调研小分队在基地调研现场

五、"扶贫济困送温暖，农院学子送爱心"关爱活动

博士团根据前期对村民的走访和入户交流、调查的情况，建立贫困户档案，形成"一对一"精准扶贫方案。博士团开展了网络众筹活动，为一户特别贫困的家庭送关怀，为实际改善其处境提供了生活物资和精神帮助。博士团资助的家庭户主41岁，是广西那坡县德隆乡念头村念头屯人，正当壮年的他身患尿毒症，每月要去医院透析两次以上，父母年迈多病，两个儿子有小儿麻痹症，只能坐在轮椅上，全家几乎是靠健康的妻子劳动养活。博士团还为达腊村彝族文化博物馆、念头村小学各捐赠一套投影仪设备。

图3-4 资助农户　　图3-5 捐赠投影仪

在调研的过程中博士团虽然遇到了许多问题，比如雨天路滑、泥石流等，但是他们还是克服了困难，完成了任务，开展了两场技能培训讲座，进行了两次田间地头指导，形成了一篇调研报告，实践活动取得了明显的成效。专家和博士团成员根据自己多年的研究技术经验，将一些先进的科学生产技术教授给农民，并尽可能地帮他们解决农业生产问题，促进地方农业经济建设和发展。活动过程中博士团成员也发现了自身知识欠缺和经验不足的问题，并获得了启发，对将来的科研方向和努力目标有了更明确的认识，各方面的能力都得到了锻炼。

2018年广西大学法学院"法航行动·依法治国宣讲团"暑期社会实践活动总结

"以知促行，以行促知，知行合一"是当代大学生涵养自身、锻炼能力应当遵循的基本原则。为学以致用、提升能力，法学院"法航行动·依法治国宣讲团"于2018年7月至8月赴南宁金陵镇开展了一系列"走基层关爱弱势群体"活动；赴防城港围绕"东盟＋法律援助"的主题开展暑期调研活动。此次调研活动主要有三方面内容：一是宣讲团成员通过相关活动更好地深入

到法律实践的各个环节，更加切实、全面地了解与法律援助相关的法律实践状况及相关问题；二是以系列实践活动为法学学子提供一个交流学习的平台，使法学学子能够以行促知，收获感悟，深化学习认知；三是通过调研，与各单位沟通交流，互帮互助，寻找契合点，促进彼此在法学实践中的项目合作。

图 3-6 广西大学法学院"法航行动·依法治国宣讲团"

一、赴南宁市金陵镇普法宣讲系列活动

根据广西壮族自治区法律援助中心的数据，劳动报酬类、工伤赔偿类仍是法律援助的重点。贫困户及脱贫务工人员遇到涉法问题时不知道如何解决，不知道去哪里解决，也没有经济实力解决，他们迫切需要获得法律上的援助。精准扶贫的有效开展，法律扶贫必不可少，法学学子在行动。

一是宣传相关法律法规，解答法律问题。结合实际解读劳动保障、婚姻家庭等方面的法律法规及政策知识，提高基层群众理解和运用法律法规及政策的能力。宣传党和国家有关务工人员就业创业、子女教育、医疗卫生、住房保障、文化生活等方面的法律法规和政策举措。维护弱势群体，特别是农村贫困户的合法权益。对贫困户签订的买卖合同、劳动合同、产业发展、农村土地承包经营权流转、农村扶贫搬迁安置等进行法律把关，防范和降低法律风险。

二是宣传法律救济方法和途径。向广大群众介绍调解、仲裁、诉讼等解决矛盾纠纷的法律途径和方法，帮助基层群众增强对法律的信任，树立对公平正义的信心，自觉依法理性表达利益诉求。

此次系列活动一共发放了 1 200 余册宣传资料，并为 40 余名群众有针对

性地提供了法律咨询。

图 3-7 实践团在金陵镇文体广场定点宣讲

二、赴防城港就"东盟—广西"法律服务问题开展调研活动

第一站：广西南港律师事务所

2018年8月6日，活动团队赴广西南港律师事务所，和南港律师事务所的校友们开展了调研座谈会。双方就法科学子以后的发展方向问题展开了讨论。双方就法科学子课外实践的重要性达成一致共识，并认为可以加强合作，给学院学子提供一个学习、实践的平台。

图 3-8 调研广西南港律师事务所

第二站：防城港市司法局

2018年8月7日活动团队赴防城港市司法局。防城港市司法局领导对司法局的基本工作情况，特别是法律援助方面的情况做了详细的介绍：防城港市共有法律援助机构5个，各级法援机构在职人员共7人，具有法律职业资格的有2人。在法律援助机构注册的法律援助律师共12人，全市共成立69个法律援助工作站，法律援助联络员392人（含行政村、社区的联络员）。在案件受理上，从2017年6月1日至2018年6月，全市各级法律援助机构共受理法律援助案件488件，其中刑事案件238件，民事案件244件，行政案件6件；办结案件223件，其中刑事案件121件，民事案件99件，行政案件3件，为当事人挽回或者取得经济利益653.6万元。

图3-9 调研防城港市司法局

第三站：防城港市民政局

2018年8月7日活动团队赴防城港市民政局。民政局工作人员对落实弱势群体基层法律援助服务的工作情况进行了详细的介绍。主要介绍了援助流浪乞讨儿、留守儿童、特困人员、孤儿收养与帮扶等方面的工作情况。民政局工作人员针对孤儿帮扶工作的特殊现实情况与法律文件规定方面的一些难点问题进行了咨询，双方做了探讨交流；团队成员对留守未成年犯罪问题进行了解；民政局在留守儿童宣讲方面，主要通过模拟法庭、小品改编表演、其他有教育意义的节目表演等形式来进行，还会定期组织心理辅导讲座、技能培训活动等关爱与保护留守儿童。

实践育人探索
——广西大学社会实践育人纪实

图3-10 调研防城港市民政局

三、收获与不足

(一)了解基层现状,加深对社会现实面貌的认识与理解

通过这次实践活动,青年大学生走出校门,走出城市,深入基层,近距离地与不同行业的不同人群接触,了解了他们的状况和需求,对他们遇到的法律问题提供法律咨询与法律援助、开展学术调查。通过这次宣讲调研活动,青年大学生对基层弱势群体在社会中的处境有了更深的了解,对弱势群体面临的迫切的问题与困惑的来源有了更深的感悟,对弱者权益保护的必要性问题有了进一步的体会。

(二)组织宣讲培训,探索公益法律服务的未来发展之路

本次实践活动组织了各种形式的交流活动,让青年大学生对弱势群体的现状有了进一步的了解。在法律理论与实践方面有深刻见解的行政执法人员、律师为大学生们讲授了相关知识,传授了实务经验,解答了困惑。同学们了解到弱势群体在法律纠纷中难以维护自身合法利益的原因与解决方法,学到了与弱势群体利益息息相关的实务知识。

(三)创新宣讲新形式,探索建立长效合作渠道

为丰富本次系列活动,活动团队创新了宣讲的形式,采用"法律宣传+集体游戏"的形式,向小学生传递健康向上的法律正能量。活动团队针对小

学生的特点，设置合理的宣讲活动环节，向农民工朋友的子女讲授了《中华人民共和国未成年人保护法》《中华人民共和国预防未成年人犯罪法》等有关未成年人的法律知识。有趣的游戏和有奖问答吸引了小学生参与活动，扩大了本次宣讲活动的对象范围。在法宣活动中，活动团队引导来访群众扫描广西大学法律援助中心微信二维码，构建了新型的网络法宣联络新机制。广西大学法律援助中心微信公众号针对弱势群体权益法律问题做了许多专题推送，弱势群体可以随时通过微信公众号寻求法律援助。

（四）丰富实践经验，提升青年大学生的法律实践能力

在本次宣讲活动中，同学们提高了法律实务水平，丰富了实践经验。为了更好地解答弱势群体的疑惑，更深入地开展相关调研活动，活动团队不断探讨相关法律条文的内涵，寻求维护弱势群体权益的新路径。例如，每次宣讲和调研之后团队成员都进行总结与反思，不断扩大服务人群范围，完善活动形式，深化活动主题。同学们将所学运用到实践中，为弱势群体提供免费、方便的法律咨询，开展深入、切实的调查研究活动，也更加明确了法律宣讲的重点与方向。

此次活动有亮点、有成绩，但想要取得更大的进步，反思不足是必不可少的。团队成员总结了以下几个方面的不足：一是重视度不高，个别工作人员，特别是未能全面参与法治宣讲全过程的人员对法治宣传工作认识不足，重视不够；二是广度不深，宣讲对象覆盖面小，宣讲活动只在个别地方开展，边远乡镇开展得较少；三是深度不够，个别法治宣讲活动未能达到预期效果。

2019年广西大学动物科学技术学院服务北部湾经济区养殖行业暑期社会实践活动总结

不忘初心，坚定跟党走，励志勤学，刻苦磨炼，在激情奋斗中绽放青春光芒，奋力向前行。广西大学动物科学技术学院"北部湾经济区"特色养殖暑期社会实践团，八年如一日，从书香校园到养殖一线，从科技下乡到脱贫攻坚，始终秉持"奉献、友爱、互助、进步"的志愿服务精神，把专业学习与服务乡村振兴相结合，把青春散播在新时代的"三农"发展上。

为深入贯彻落实乡村振兴战略，进一步实现养殖帮扶和养殖类创业帮扶，广西大学动物科学技术学院暑期社会实践团此前已连续七年到北部湾经济区开展养殖行业志愿服务工作。2019年7月，实践团积极响应"走进社区、走

进乡村、走进基层,为他人送温暖、为社会作贡献"的号召,紧紧围绕"推广特色养殖,助力脱贫攻坚"的目标,整装再出发,赴位于钦州市的北部湾经济区开展第八年推广地方特色养殖与基层实际帮扶系列活动。实践团一行包括优秀本科生、研究生和指导老师,共16人。

图 3-11 实践团出征合影

一、红树林特色海鸭生产打开创收的阀门

钦州红树林水清、岸绿、滩净、湾美,素有"护岸卫士、鸟类天堂、鱼虾粮仓"的美誉,孕育了种类繁多的鱼、虾、贝类等海产品,是沿海农民饲养海鸭的天然场所。2012年钦州市钦南区海鸭蛋成功获准国家地理标志保护产品,钦州市康熙岭镇作为海鸭蛋主产区,以养殖海鸭为优势产业和特色产业。一直以来,海鸭蛋都是北部湾名副其实的"致富金蛋"。

为了探究当地农民脱贫创收的秘密,实践团来到了钦州市康熙岭海鸭养殖基地。养殖基地负责人介绍说,海鸭并非海上野生的鸭子,而是本地产的麻鸭,麻鸭体型大,生长发育快,产蛋率高。这些麻鸭饲养在遍布红树林的海滩上,以海滩上的鱼、虾、蟹、贝为食,与海浪为伴,以海滩为家,全天放养,产出的海鸭蛋自然品质很高。

产品单一和品牌效应不强是其发展的短板。如何在这片大地上生产出不一样的海鸭蛋,把海鸭蛋做出新花样?这是广西大学动物科学技术学院实践团的"新农人"一直以来的梦想。产业发展规模小、疾病增多、环境污染严重，传统养殖业的弊病"刺痛"了实践团成员。

作为"新农人"代表，实践团的使命就是改变这一处境，并使产业回归到尊重自然、科学养殖的轨道上。"你们看，科技就是我们这个基地的生命力。"实践团导师说。发展新农业就要通过科技和自然农法，让活力养殖回归。在这样的思维的影响下，"品牌""自然""高端"成为钦州康熙岭养户们生产中的关键词。

在实践团的推动下，养户积极改善养殖环境，与广西大学动物科学技术学院合作，推行生态养殖。"传统农业同质化太严重，'新农人'一定要找到差异化发展路线，主动出击，独立思考。"实践团指导老师说。新养殖时代最关键的就是用科技改变传统养殖方式。"新农人"要有乡村匠人的情怀，具备前瞻性思维和眼光，提升"三农"水平和竞争力。这是历史发展的机遇，也是"新农人"的责任。

二、挥洒青春汗水，让志愿服务深入扶贫一线

"青年时代，选择了吃苦也就选择了收获，选择奉献也就选择了高尚。青年时期多经历一点摔打、挫折、考验，有利于走好一生的路。"习近平总书记的教诲激励着实践团的同学们。

为充分了解钦州地区养殖户用药情况、养殖模式及存在问题，实践团到钦州钦南区利洋水产药房、桂养海洋水产技术有限公司等进行实地调查访问。

通过实地调查，实践团发现养殖户迫切需要技术支持，对于实践团的设点服务表示欢迎。团队指导教师对实践团成员说："服务养殖户，是我们要关心的问题，要想养殖户所想，才能从根本上为他们解决问题。"实践团在进行技术服务时养殖户常常因言语不通而不理解实践团成员，为此实践团成员们亲身示范，让养殖户能清楚明白如何进行养殖管理。

实践团在钦州市利洋水产药店设置养殖技术服务咨询点，利用专业知识耐心地为当地水产养殖户进行一对一的技术咨询服务，同时悉心为养殖户准备了可以借鉴的有关常见虾蟹疾病防治处理等内容的小手册。经过与养殖户的交流，实践团提高了解决问题的能力，增强了专业技能，让青春在志愿服务中绽放了光彩。

实践育人探索
——广西大学社会实践育人纪实

图 3-12 实践团在药店设点提供技术咨询服务

"志愿服务是一份初心，更是一份坚守。动物科学技术学院暑期社会实践团队连续八年不忘初心，牢记使命，坚守在养殖一线。只有真正进行面对面的沟通，养殖户才深刻明白现代技术的发展之迅速及自己的养殖需求。他们对新型养殖技术的渴望不言而喻，这更让我明白了志愿服务的意义所在。我们会牢记使命，砥砺前行，继续为养殖领域的发展贡献一己之力。"实践团团长黄庆勤同学说道。

三、数字化科技兴农，不断探索新时代"三农"创新发展

实践团在巴沙鱼养殖基地调研，发现上百亩的鱼塘仅需要3个人管理运营，养殖基地已经实现自动化投料、换水、检测水化学指标，先进的养殖模式使人力成本大幅度降低。

在与养殖基地负责人的交流中，实践团了解到当地的巴沙鱼常因病变而出现大规模死亡的情况。为此指导教师提出："防重于治"、"养殖重在养水"、"养水先要改底"、"菌藻平衡"、解毒、免疫抗应激等诸多措施。

养殖户听了之后对实践团说："我听不懂你们这些概念、理念，该有的养殖设施我都有，就缺乏解决问题的人才，我相信你们能解决这些问题。"

实践团根据养殖户的需求，结合专业知识对症下药，从引水用水、用料用药、生产规划等多方面进行考量，提出快速降解水中残饵、鱼虾排泄物等有机污染物，增加溶解氧，降低水中氨氮、硫化氢，调节水体酸碱度，活化水质，从根本上净化养殖水体，创造适宜的养殖环境等解决方案。实践团还建议养殖户减少常规养殖过程中消毒剂及抗菌类产品用量，减少药物污染，降低成本，实现巴沙鱼的绿色健康养殖。

图 3-13 实践团在巴沙鱼养殖基地合影

四、"渔光一体"农业可持续发展新技术

实践团一行来到钦州康熙岭 20MW "渔光一体"光伏发电项目基地开展调研。据了解，钦州康熙岭 20MW "渔光一体"光伏发电项目已被列为国家能源局首批"互联网＋智慧能源试点项目"。该项目充分考虑当地鱼塘、虾塘众多的特点，采取绿色智能水产养殖与光伏发电结合的方式，将太阳能光伏发电与通威"365"养殖模式结合，在水面上架设光伏电池板，水面下养殖鱼虾，实现了"水下产出绿色水产品，水上产出清洁能源"，提高了农业生产中的资源利用效率。

图 3-14 实践团成员与技术人员进行"渔光一体"模式讨论

实践团覃丽鑫同学感慨："渔光一体"于养殖户，提供了全方位、全过程、全时间的服务链；于资源，实现了对国土资源的高效复合利用，对推动太阳能光伏产业和传统渔业跨界整合、创新发展，助推产业扶贫具有重要意义。

五、实践出真知，将专业课堂设在养殖一线

实践团来到钦州大蚝养殖示范地进行实地调研，指导教师在基地开展现场教学，将专业课堂设在养殖一线，从养殖基地的水质、钦州大蚝的生长特性，到育苗阶段、育肥阶段的注意事项，一一向实践团成员做了深入细致的讲解。

动物科学技术学院历来重视对学生实践能力的培养，认为"口头说出，笔下写出，不如身上做出"，积极引导学生将教研学习与生产实践相结合，将生产实践与历史担当相融合，真正让学生在学习中提升价值。

实践团深入调研了钦州大蚝的养殖模式。钦州市政府扶持并引导贫困群众发展大蚝养殖，建设大蚝天然采苗基地和大蚝养殖示范区，结合养殖发展生态旅游增收致富，致力打造"大蚝之乡"特色品牌。

图 3-15 实践团在观察大蚝养殖的生长状况

八年来，动物科学技术学院坚持将服务"北部湾经济区特色养殖"和"党员志愿者服务队"的队旗传递到一届又一届志愿者手中，带领他们在实践中认真学习、充分调研、扎实服务，在实践中受教育、长才干、做贡献。

2021年广西大学土木建筑工程学院"壮美广西，美丽乡村"乡村风貌提升暑期社会实践活动总结

一、活动背景

2018年9月，中共中央、国务院印发了《乡村振兴战略规划（2018—2022年）》，提出了"产业兴旺、生态宜居、乡风文明、治理有效、生活富裕"20字总要求。2019年8月，中共中央印发了《中国共产党农村工作条例》，其中明确提出，"加快推进乡村治理体系和治理能力现代化，加快推进农业农村现代化，让广大农民过上更加美好的生活"。习近平总书记强调："以更有力的举措、汇聚更强大的力量，加快农业农村现代化步伐，促进农业高质高效、乡村宜居宜业、农民富裕富足。"2021年7月7日至8日，时任广西壮族自治区党委书记、自治区人大常委会主任的鹿心社来到兴宾区小平阳镇青岭村牛辽屯，实地考察乡村风貌提升工作情况时强调，要坚持统一规划，实事求是从本地实际出发，更好发挥农民群众的主体作用，整治好存量、管控好增量，完善乡村风貌提升和巩固长效机制，通过连点成线、由线及片、从片到面，因地制宜打造具有桂风壮韵的特色乡村。

中国要强，农村必须强；中国要美，农村必须美。为响应号召，广西大学土木建筑工程学院"壮美广西，美丽乡村"乡村风貌提升暑期社会实践活动应运而生。实践活动旨在通过调研探索启发，延伸思考和创新实践，以专业优势助力乡村发展背景下的综合规划考量，彰显乡村多元价值，推动农民、农业和农村的整体风貌的提升。

二、实践团简介

2021年7月22日至24日，由建筑学专业、城乡规划专业的本科生、研究生及指导老师组成的实践团一行14人，赴来宾市兴宾区开展"壮美广西，美丽乡村"乡村风貌提升调研实践活动。实践团分为产业振兴、生态宜居、乡村文化三个小分队开展调研，各小分队通过走访村屯、实地考察、文献查阅、座谈交流等多种方式，各尽所能、各展所长，以"基层治理"为主题，在来宾市兴宾区不同乡镇调研"美丽来宾"乡村建设情况，为地方建设发展建言献策，用实际行动助推"美丽广西"乡村建设活动。

实践育人探索
　　——广西大学社会实践育人纪实

图 3-16　来宾市负责人介绍来宾市乡村风貌提升战略

图 3-17　实践团在小平阳镇元凌村合影

图 3-18 实践团在凤凰镇牛角村合影

图 3-19 凤凰镇党委主要负责同志介绍龙旺村发展情况

图 3-20　蒙村镇政府主要负责同志带领实践团参观铁象村村史馆

三、调研过程及思考

（一）坚持因地制宜，以特色优势产业发展乡村

产业振兴分队在调研中发现，来宾市曾是广西甘蔗种植主要区域，甘蔗是来宾的特色农作物，更是地区象征之一。由于政策规划，来宾部分地区的蔗田已改为水田。产业振兴分队根据当地情况拟定产业振兴方案，参考麦田画及秘鲁的纳斯卡地画，将甘蔗田结合当地文化特色规划种植区域，开发"甘蔗种植地画"，通过旅游业提升农业产值。在此基础上，将甘蔗糖厂工业结合旅游业发展甘蔗农家乐，开发周边产品，以"体验手工制糖"等项目吸引游客，既弘扬古法手艺，又能增收。基于部分村落已经建成"知青下乡文化基地"，分队成员对其他村的基于文化产业的乡村旅游提出"深挖根魂"理念，大力挖掘村落的历史，以传统文化保障文化旅游的可持续发展。

（二）落实多项并举，以生态宜居环境赋能乡村

生态宜居分队在调研过程中发现农村住房建设、路网建设等逐渐规范化，但仍存在"生态环境治理欠缺""绿化舒适度较低""部分环保举措有待落实"等问题。针对这类问题，分队成员制订了一套相对完备的设计改善方案供有关人员参考。生态宜居分队为提高人居环境状况，提出了多点式的景观绿化节点设计方案，形成村内绿化网络，降低路面和墙面反射的热感，提高空间活力，强化村庄内的生活氛围。为提高乡村生活垃圾处理能力，生态宜居分

队重新对垃圾的收集、囤放与运输方式进行规划，改善村落整套排污系统。针对旧房改造问题，生态宜居分队提出了选用刚度和强度更好的钢结构建房，或者使用现浇面屋顶；同时提出"留改拆"并举、突出历史风貌保护和文化传承等方案。

图 3-21 龙旺村乡村风貌

图 3-22 牛辽村乡村风貌

实践育人探索
——广西大学社会实践育人纪实

图 3-23 实践团参观村庄排水系统（牛角村）

图 3-24 农房特色风貌改造后的房屋（牛辽村）

（三）探索文化动力，以文化艺术根基建设乡村

乡村文化分队在兴宾区以"可挖掘历史文化"的多少为标准分别进行调研。对于牛辽村和元凌村这类故事性不足的村落：对危房、废旧厕所、牛棚进行三清三拆。通过改动建筑立面的色彩和屋顶形式增加壮族文化底蕴和实用性；采用三微建设，如小果园、小园林、小菜园等，增加田园惬意的气息。对于牛角村、龙旺村、铁象村和河长村这类文化保护程度较好的村落，需要

的是在现代化新农村的基础上，更大程度地突出古朴和自然。乡村文化分队实地入村采访村主任和村民，了解到了各个村子的感人却鲜为人知的村落历史故事和极富内涵的象征意向。乡村文化分队根据这些历史故事，设计了村貌提升方案，以乡村旅游市场需求为导向，以乡村休闲度假为品牌方向，以"农业＋文旅＋产工业"为核心发展理念，优化资源配置，将乡村打造成集"休闲观光、餐饮住宿、产品加工、科普教育、养生度假"于一体的田园综合体，实现生态效益、经济效益与社会效益。

图3-25 由村民绘制的河长村风景壁画

图3-26 铁象村知青小院

图 3-27 铁象村将军墙遗址

图 3-28 龙旺村三微改造

图 3-29 牛角村公共空间

《"美丽广西"乡村建设重大活动规划纲要（2013—2020）》中对"美丽广西"活动的缘起做过这样的描述："没有农村的小康，就没有全区的全面小康。改善乡村人居环境，统筹推进城乡发展，事关农民安居乐业，事关农业可持续发展，事关农村社会和谐稳定。"此次调研，成员们根据已掌握的专业知识针对三个乡村风貌的提升制订了专门的设计方案，并制作了两个调研视频供有关人员参考。通过本次调研，成员们提升了专业能力，用扎实的专业技术和饱满的热情投身到祖国的乡村风貌建设的事业中，推动乡村振兴战略，助推乡村美丽"中国梦"。

图 3-30 实践团在龙旺村合影

实践育人探索
——广西大学社会实践育人纪实

图 3-31 实践团在铁象村合影

图 3-32 蒙村镇政府主要负责同志介绍河长村风貌提升情况

2022年"沿着院士足迹,扎根八桂大地,建设壮美广西"广西大学桥梁建设及理论宣讲调研团总结

为深入学习贯彻习近平总书记在庆祝中国共产主义青年团成立100周年大会上的重要讲话精神,引导和帮助同学们在社会课堂中受教育、长才干、做贡献,努力成长为担当民族大任的时代新人,广西大学土木建筑工程学院团委联合新闻与传播学院以"庆祝建团百年,喜迎二十大"为契机,结合国家"十四五"远景规划,利用两院师生的专业知识,引导广大团员青年追寻院士足迹,深入广西大学教授、中国工程院院士郑皆连主持修建的桥梁现场,用脚步丈量大国工程,用眼睛发现院士精神,用内心感应时代脉搏,走进中学、走入社会开展理论宣讲,践行"请党放心,强国有我"的青春誓词。

图3-33 实践团出征仪式

一、调研概括

团队成员包括博士研究生、硕士研究生、本科生,共120多人,他们分别前往河池、贵港、来宾、梧州等地对郑皆连院士主持修建的天峨龙滩特大桥、平南三桥、马滩红水河特大桥、梧州西江大桥等11座大桥开展收集资料、调研实践、交流座谈、就地采访、科普宣讲、撰写报告、总结汇报、志愿服务等工作,充分挖掘大桥建设背后的故事。桥梁调研团队将调研路线分为三条支线,分别为贵港线、柳州线、河池线。其中贵港线包括平南三桥、

贵港西江大桥、梧州西江大桥；柳州线包括马滩红水河特大桥、来宾大桥、河东大桥、蒲庙大桥；河池线包括天峨龙滩特大桥（在建）、茅以升公益桥——院士桥、南宁三岸邕江大桥。

调研团队在广泛听取桥梁运营人员对桥梁维护工作的介绍及对周边市民采访调查的基础上，对各调研项目进行了周详的考察，并参与了桥梁运营和施工同志的座谈会，对桥梁的施工与管理、运营与维护等问题进行了深入的研讨和交流。

以茅以升公益桥——院士桥现场为例，调研团以走访的形式对纳洞村村民进行采访，并与村委会干部开展座谈会，对上述问题进行研讨和交流。调研方法可归纳为以下五种：

（1）现场走访。走访茅以升公益桥——院士桥、周围村庄及纳洞村村委会，通过观摩拍照、现场讨论、答疑、小结会，了解施工工艺、施工机械和施工现场环境。

（2）查阅资料。通过查询当地政府提供的工程资料、国家相关的标准规范、中国知网、相关网络报道等资料信息，参照类似的工程，针对乡村桥梁带来的影响及不足之处对不同对象准备不同的采访稿。

（3）个别采访。通过对村小学教师索文芳、小卖部老板索文东、村民谭秀捌、纳洞村小学六年级学生索芊芊等不同职业、不同年龄段的村民进行个别采访，了解茅以升公益桥——院士桥的修建对纳洞村村民的积极影响。

（4）开展座谈会。通过与纳洞村村委开展座谈会，深入了解茅以升公益桥——院士桥修建的缘由、建造过程、后期维护等信息。

（5）研究与讨论。研究与讨论贯穿整个调研活动的全过程。调研团发现问题即向施工单位请教并与其展开讨论。

（一）贵港线调研情况

2022年7月19日上午，调研团抵达贵港西江大桥并就地对桥梁管护单位和贵港西江大桥开展调研。贵港西江大桥于1981年5月正式建成通车。该桥为钢筋混凝土箱型拱桥，全长786.3米，是连通郁江南北的"便民桥"。贵港西江大桥的建成，解决了市区交通依赖渡船的问题，连接起国道324线，使贵港市"水公铁"联运立体交通网络初具雏形。作为广西境内西江中游第一座公路大桥，该桥设计科学、严谨，在历经1994年、2001年两次郁江特大洪水的冲击后，仍岿然不动。这座桥不仅凝聚了老一辈桥梁建设者的智慧和心血，也成为郑皆连院士躬耕在拱桥建设领域中追求"精品"的生动写照。

第三章　广西大学社会实践工作总结集萃

图 3-34　调研团师生抵达贵港西江大桥

当日下午，调研团马不停蹄赶到梧州市政工程管理处就梧州西江大桥管理养护、运营情况、维修历史等进行座谈，对梧州西江大桥进行调研。1990年，梧州西江大桥在郑皆连院士主持下建成。作为市区主要交通要道，与一般桥梁相比，梧州西江大桥具有跨度大、流量大、交通量大、重载车辆多等特点。

图 3-35　调研团师生与梧州市政工程管理处工作人员座谈交流

实践育人探索
——广西大学社会实践育人纪实

三十年间，梧州西江大桥桥面、上部结构、下部结构均遭受了不同程度的损伤，还曾受到两次严重的货船撞击。在这样的情况下，梧州西江大桥仍然屹立不倒，并继续承担着无数梧州人民的交通出行的任务，足可见该桥的坚固和稳定。

2022年7月20日上午调研团前往平南县"世界第一拱"平南三桥，在大桥附近对桥梁建设总工程师进行了采访。平南三桥建成通车于2020年12月28日，该桥全长1 035米，主桥跨径575米，刷新了世界拱桥跨径记录。

桥梁建设者向调研团介绍了桥梁建造的两大难题。首先是地基不牢无法满足桥梁建造条件。对此，郑皆连院士和团队潜心钻研，首创"圆形地连墙＋卵石层注浆加固"非岩地基推力拱桥基础方案，解决了地基不牢的问题。其次是桥梁建造使用的15 000千吨的钢材，对钢结构的加工、精度、安装提出了巨大挑战。面对这样的技术难题，郑皆连院士带领团队将研究走在设计、施工前面，深入施工现场进行技术指导和调研，运用基于影响矩阵原理的"过程最优，结果可控"扣索一次张拉计算理论，使9 000吨拱肋合龙精度控制在2毫米。

图3-36 平南三桥全景

平南三桥获得"中国钢结构金奖年度杰出工程大奖"，这是广西首次获得此项大奖，也是全国首个获得此项大奖的桥梁类项目。

（二）柳州线调研情况

2022年7月19日，柳州线调研团队来到位于广西来宾市绕城路段的马滩红水河特大桥，该桥于2018年12月5日建成通车并投入使用。在大桥上，队员们采访了大桥养护站副站长,围绕桥梁的历史、构造、管养维护方法、注意事项,以及资金、人力、科技投入等进行了调研。

图 3-37 马滩红水河特大桥全景

当天,调研团还来到来宾大桥周边,对来宾市民进行了群访,几乎所有受采访的市民都提到"修了桥以后,生活出行便利了许多"。来宾大桥由郑皆连院士设计修建,于1978年建成通车,大桥连接了来宾市东西城区,是一代来宾人心目中出行便利的重要地标,直到2008年来宾市才迎来第二座桥梁的建成。来宾大桥是广西第一座无支架施工的箱型拱桥,也是当时全国同类型桥梁中规模最大的钢筋混凝土箱型拱桥。

图 3-38 横跨来宾市东西部的来宾大桥

（三）河池线调研情况

2022年7月20日，调研团对位于广西天峨县龙滩大坝上游6千米处，南丹至天峨下老高速公路的控制性工程之——天峨龙滩特大桥的项目部进行了采访。作为首座突破600米跨径的拱桥，天峨龙滩特大桥建成后将成为世界最大跨径拱桥。

要完成世界拱桥跨径从500米至600米的历史性突破，施工团队必须面对拱座基础施工、大体积混凝土浇筑、主拱肋梁的制造运输及安装、缆索吊装斜拉扣挂系统、管内混凝土灌注、拱肋外包混凝土浇筑六大施工重难点。为突破难关，郑皆连院士及其团队全程走在设计与施工前面，全面指导该桥的建设，攻克施工过程中一个又一个难题，确保工程如期进行。

图3-39 建设中的天峨龙滩特大桥

"科"之大者，为国为民。调研团当天又走进广西壮族自治区河池市天峨县六排镇纳洞村，对茅以升公益桥——院士桥所在村落进行了走访。该桥由中国工程院郑皆连、秦顺全两位院士捐资修建而成。茅以升公益桥——院士桥的修建改变了纳洞村交通闭塞、村民出入困难的状况，使纳洞村村民的日常生活更加便利，并对纳洞村壮族特色蚂拐文化的传播起着促进作用。

图 3-40 茅以升公益桥——院士桥全貌

调研团围绕由郑皆连院士主持设计修建的多座大桥进行调研，通过了解桥梁历史背景、运维情况、对当地社会发展的重要意义，聆听桥梁故事，学习感悟、弘扬与传承郑院士"科之大者，为国为民的爱国精神；勇攀高峰，精益求精的工匠精神；竭忠尽智，淡泊名利的奉献精神；甘为人梯，奖掖后进的育人精神"。

二、宣讲情况

在学习感悟郑院士精神的同时，调研团将调研资料充分凝练，在广西平南县平南四中开展了"匠心筑桥"思政宣讲和桥梁知识科普"三下乡"社会实践活动。

图 3-41 "匠心筑桥"思政宣讲

调研团向 110 名初三学生进行了桥梁知识科普，简述了中国桥梁发展史，并分享广西大学郑皆连院士设计建造雅鲁藏布江藏木特大桥、平南三桥、天峨龙滩特大桥等一系列大跨度、高难度拱桥的故事，将郑皆连院士的工匠精神、家国情怀融入拱桥故事，传播给青少年。

图 3-42　调研团成员辅助同学们制作桥梁模型

调研团通过理论宣讲结合动手实践的方式，举办"大手牵小手"搭桥建模比赛，旨在通过动手搭建让同学们感受到筑桥魅力。同学们就模型的结构设计、受力问题，粘接问题进行请教，最终合力完成受力稳固的拱桥模型。这次活动使青少年在思考设计及动手制作中培养科学态度和科学精神。

与此同时，调研团还带领同学们实地参观平南三桥，在现场感受以郑皆连院士为代表的桥梁科技工作者勇攀高峰、精益求精的工匠精神和为国为民、心系民生的家国情怀。

图 3-43　调研团成员带领同学们参观平南三桥

本次调研活动先后得到人民网、光明日报、中国日报、广西日报、各地级市电视台等广大媒体共 10 次报道，形成了一份 4 万余字的桥梁调研报告，四个调研视频，两份科普文案和一系列照片。调研团圆满完成了 2022 年暑期大学生"三下乡"实践活动，以实际行动将"创新创造、奋勇争先、全面一流"的广西大学"双一流"精神和郑皆连院士的"拱桥故事"讲深、讲透，打造了广西大学桥梁科普基地特色品牌，为建设土木工程世界一流学科和服务广西经济社会贡献青春力量，以优异的成绩迎接党的二十大胜利召开。

2023 年"感知中国·壮美广西行"中外大学生暑期社会实践项目总结

党的二十大报告强调，要增强中华文明传播力影响力，坚守中华文化立场，讲好中国故事、传播好中国声音，展现可信、可爱、可敬的中国形象，推动中华文化更好走世界。习近平总书记给北京大学的留学生们回信时说，中国有句俗语：百闻不如一见。欢迎你们多到中国各地走走看看，更加深入地了解真实的中国，同时把你们的想法和体会介绍给更多的人，为促进各国人民民心相通发挥积极作用。

为学习贯彻党的二十大精神和落实习近平总书记给北大留学生回信时发出的邀约，广西大学国际学院积极响应共青团中央 2023 年"中外大学生社会实践周"活动的号召，2023 年暑假期间，将来自中国、越南、老挝、缅甸、柬埔寨、巴基斯坦、斯里兰卡等 10 国家共 29 名中外大学生（19 名留学生，10 名中国学生）组成社会实践队，开展为期 6 天的"感知中国·壮美广西行"中外大学生暑期社会实践活动。实践团跟随习近平总书记的步伐，重温习近平总书记广西考察的路线，深入革命纪念馆、农村、企业、民族博物馆等地参观、考察、调研、学习。

一、走进桂林山水 感知生态文明建设，推动绿色发展

广西大学中外大学生社会实践团第一站游览了桂林市城标象山景区。同学们沿着习近平总书记走过的路线，于漓江之畔细细品味"桂林山水甲天下"的美誉。习近平总书记于 2021 年到象鼻山公园考察时说："桂林山水甲天下，天生丽质，绿水青山，是大自然赐予中华民族的一块宝地，一定要呵护好。"实践团成员在象鼻山公园里与游客们讨论桂林生态环境保护的成果。老挝留学生戚谭伟同学说："绿水青山就是金山银山，我深刻感受到了中国在绿色发展中的持续用力，推动绿色发展的理念。"第二天，实践团来到位于桂林市阳

朔县的杨堤码头，考察漓江流域综合治理、生态保护等情况。近年来，桂林市大力推进漓江"治乱、治水、治山、治本"，打造一江碧水，两岸青山。越南留学生王氏越英同学表示："杨堤码头的生态环境被保护得非常好，让我对'绿水青山就是金山银山'有了更深刻的理解，我毕业回国后也要利用我在中国学到的有关生态文明的知识，帮助我的国家更好地保护生态环境。"

图3-44 广西大学中外大学生实践团在象鼻山公园聆听讲解

图3-45 广西大学中外大学生实践团在桂林市阳朔县杨堤码头合影

二、走进红军长征湘江战役纪念园 感悟红色文化内涵

广西大学中外大学生社会实践团来到了位于桂林市全州县的红军长征湘

江战役纪念园，瞻仰"红军魂"雕塑，参观纪念馆。1934年底，几万名红军将士血染湘江两岸的湘江战役是事关中国革命生死存亡的重要历史事件。实践团在讲解员的引导下，观看纪念园里的展品，聆听革命烈士的英勇事迹。在得知烈士陈树湘的英勇事迹后，留学生们在他的画像前久久徘徊，满怀敬仰之情，对中国的革命精神感到震撼和敬佩。也门留学生塔利表示："中国红军长征时都做出了巨大牺牲，也正是这些义无反顾的革命精神为我们现在看到的繁荣昌盛的中国打下了坚实的基础。"2021年4月25日，习近平总书记在参观红军长征湘江战役纪念园时说："革命理想高于天，理想信念之火一经点燃就会产生巨大的精神力量。"中国学生在红军长征湘江战役纪念园中切身感受着革命精神的力量。中国学生何梓仪表示："每一代人都有每一代人要走的长征路，每一代人都要走好自己的长征路，我们作为新时代的新青年，更应该不忘历史，传承历史红色精神，做一个有担当、有责任的新青年。"

图3-46 广西大学中外大学生社会实践团在全州县红军长征湘江战役纪念园聆听讲解

实践育人探索
——广西大学社会实践育人纪实

图 3-47 广西大学中外大学生社会实践团在全州县红军长征湘江战役纪念园聆听讲解

图 3-48 巴基斯坦的生物化学与分子生物专业的博士留学生王韩在全州县红军长征湘江战役纪念园阅读区翻阅书籍

图3-49 老挝的经济学专业博士留学生田兰
在全州县红军长征湘江战役纪念园阅读区翻阅书籍《可爱的中国》

三、走进桂林全州县才湾镇毛竹山村 感知乡村振兴发展成就

广西大学中外大学生社会实践第三站来到桂林市全州县才湾镇的毛竹山村。在改革开放初期，毛竹山村村民生活普遍困难，近年来，随着脱贫攻坚的胜利、乡村振兴战略的逐步实施，毛竹山村凭借引进葡萄种植成功脱贫，从前贫苦的毛竹村变成了如今富裕的"葡萄村"。同学们跟随南一村妇联副主席王青的步伐，深入葡萄棚，近距离观察了不同品种的葡萄的生长状态，对当地因地制宜的发展政策使得乡村旧貌变新颜的举措深感佩服。2021年4月，习近平总书记在广西考察时说："现在从整个国家来讲，实现了全面小康，接下来要走推进共同富裕、建设现代化的道路。在这条道路上，农村就是要推进乡村振兴，方方面面都还要芝麻开花节节高。"如今的毛竹山村，蜿蜒崎岖的山间小路，风景如画，村民们脸上洋溢着幸福的笑容。斯里兰卡的留学生卢米妮赞叹道："毛竹山村充分利用当地农业资源，积极探索乡村振兴道路，发展葡萄产业，促进农民增收，使得村庄的面貌焕然一新，村民的居住环境大幅改善，我认为这是中国脱贫攻坚成果与乡村振兴有效衔接的一个缩影。"

实践育人探索
　　——广西大学社会实践育人纪实

图3-50　印度的公共管理专业的硕士留学生佳伟在阅读毛竹山村的文字介绍

图3-51　广西大学中外大学生暑期社会实践团深入毛竹山村葡萄园考察

第三章 广西大学社会实践工作总结集萃

图 3 - 52 广西大学中外大学生暑期社会实践团在毛竹山村合影

图 3 - 53 桂林市青年联合会秘书长杨梅与中外大学生社会实践团全体成员在桂林北站合影

四、走进柳工集团 感知中国式现代化工业发展

广西大学中外大学生社会实践团第四站来到了位于柳州市的广西柳工集团有限公司,参观了柳工自主生产的挖掘机,在公司展厅了解了广西柳工的发展状况,随后参观了挖掘机装配厂。参观过程中,巴基斯坦的留学生法鲁克对广西柳工生产线大型挖掘机的产能体现的中国速度感到惊讶。最后实践团来到研发实验中心参观。参观结束后,共青团广西柳工集团有限公司委员会组织了柳工集团的专家、青年代表们与中外大学生社会实践团的师生们开展座谈交流,柳州市青年联合会秘书长余升出席了座谈会。座谈会上,中外

· 61 ·

大学生积极提问，问题涉及产品制造、新能源、创新技术等，柳工集团的专家和青年代表们都一一耐心解答，现场气氛热烈。2021年，习近平总书记考察广西柳工集团时说："高质量发展，创新很重要，只有创新才能自强、才能争先，在自主创新的道路上要坚定不移、再接再厉、更上层楼。"本次座谈交流促进了中外学生对中国式现代化的理解。孟加拉国的留学生伊辛表示："通过本次的参观学习，我了解到柳工集团在加强科技创新、赋能高质量发展中的不懈努力，对中国的创新精神深感敬佩。"

图3-54 广西大学中外大学生暑期社会实践团在柳工集团参观考察，聆听讲解

图3-55 柳工集团的专家、青年代表们与中外大学生实践团师生开展座谈交流

第三章　广西大学社会实践工作总结集萃

图 3-56　柳州市青年联合会秘书长余升与柳工集团的青年代表、广西大学中外大学生社会实践团师生合影

五、考察螺蛳粉生产厂　感知地方特色产业，推动特色产业高质量发展

广西大学中外大学生社会实践团第五站来到了广西螺霸王食品有限公司和广西善元食品有限公司，考察广西特色产业螺蛳粉生产厂，感知地方特色产业，推动特色产业高质量发展。螺蛳粉是柳州特色美食，柳州政府致力于推进螺蛳粉品牌化、标准化、规模化、产业化发展。目前，螺蛳粉在全国各地甚至海外享有颇高的知名度。2021年4月26日习近平总书记来到广西特色产业柳州螺蛳粉生产集聚区考察时说："发展产业一定要有特色。螺蛳粉就是特色，抓住了大家的胃，做成了舌尖上的产业。要继续走品牌化道路，同时坚持高质量、把住高标准。"中外大学生们在螺霸王食品有限公司了解了多种多样口味的螺蛳粉，并现场品尝了螺蛳粉的独特风味。老挝留学生李雅表示："经过本次柳州特色产业螺蛳粉工厂的参观学习，我深刻体会到中国发展特色产业、助力经济发展的伟大成就。螺蛳粉作为中国广西的特色食品，深受世界各国人民的喜爱，它能推动中国广西的经济发展，一定与中国政府的大力支持息息相关。中国的发展政策，是值得各国学习的好政策！"

实践育人探索
　　——广西大学社会实践育人纪实

图3-57　广西大学中外大学生暑期社会实践团在广西螺霸王食品有限公司展览馆参观学习

图3-58　广西大学中外大学生暑期社会实践团在广西善元食品有限公司合影

· 64 ·

图 3-59 广西大学中外大学生暑期社会实践团在广西螺霸王食品有限公司合影

六、走进民族博物馆 感知壮族民族文化

最后一站,中外大学生暑期社会实践团来到了位于广西壮族自治区南宁市的广西民族博物馆,了解了中国少数民族文化,感受到了中国多元文化的魅力。广西是全国民族团结进步示范区,中外大学生们认真聆听讲解员的讲解,了解了中国少数民族的风俗习惯,并欣赏了中国少数民族的特色展品。习近平总书记在广西考察时指出:"各民族共同团结进步、共同繁荣发展是中华民族的生命所在、力量所在、希望所在。"通过参观广西民族博物馆,中外大学生们感受到了中国各族人民心手相牵、团结奋进、共创中华民族美好未来的美好愿景。

实践育人探索
——广西大学社会实践育人纪实

图 3-60 广西大学中外大学生暑期社会实践团在广西民族博物馆参观

图 3-61 广西大学中外大学生暑期社会实践团在广西民族博物馆观看展品

从漓江之上到湘江之边,从柳江之滨到邕江之畔,广西大学"感知中国·壮美广西行"中外大学生暑期社会实践活动围绕生态建设、红色文化、乡村振兴、实业创新等主题,以小见大,使实践团成员多角度地感受中国改革开放和社会主义现代化的伟大成就,促进中外学生的沟通交流,使来华留学生更深入了解中国国情,感知全面、真实、立体的中国,以小现大,从广西看

· 66 ·

中国，感知中国的发展现状和最新发展成就。

　　行之力则知愈进，知之深则行愈达。中外大学生在实践中思想碰撞、知行合一，探索现代化发展道路，感悟人类共同价值。本次社会实践活动一方面加强了中外学生的沟通和交流，增进了中外青年的友谊，激发了中国学子讲好中国故事、传播好中国声音的使命感；另一方面有助于来华留学生加深对中华优秀传统文化、中国道路、中国制度的感知和理解，培养沟通中外的青年友好使者，使其在参与推动构建人类命运共同体的实践中展现青春活力。

第四章　广西大学暑期社会实践精品活动拾萃

第一节　喜迎十九大　青春建新功

广西大学2017年暑期社会实践活动拾萃

2017年暑期，为深入学习宣传贯彻党的十八大和十八届三中、四中、五中、六中全会精神，以及习近平总书记系列重要讲话精神，引导广大青年大学生积极投身基层建设，在学校党委的高度重视和大力支持下，广西大学组织开展了以"喜迎十九大　青春建新功"为主题的暑期社会实践活动。社会实践对于促进大学生了解社会、了解国情、增长才干、奉献社会、锻炼毅力、培养品格、增强社会责任感具有不可替代的作用。广西大学学子以深入基层、服务群众为宗旨，用实际行动奏响暑期社会实践主旋律，树立和践行社会主义核心价值观，凝聚青春正能量，共促"中国梦"早日实现，以优异成绩和良好风貌迎接党的十九大胜利召开。

2017年暑期社会实践组织策划了"纪念建军90周年"教育实践活动，组建了"美丽广西·生态乡村"实践团、"四个全面"观察团、理论普及宣讲团、"科技支农"帮扶团、文化艺术服务团、寻访榜样校友实践团，开展了爱校荣校主题实践、结合专业特色的主题实践和志愿服务等活动。活动内容、形式丰富多样，紧扣时代主题，注重学习与实践的相互促进。校团委以项目化形式立项的实践团队共有82个，其中"广西大学美丽那坡·生态乡村社会实践团队"和"广西大学唯理社实践团"获评全国级重点团队；"广西大学美丽那坡·生态乡村社会实践团队"获评广西壮族自治区高校工委社会实践示范项目。实践团队中获评团中央"井冈情·中国梦"专项1项、"农科学子助力脱贫攻坚"专项3项、"丝路新世界·青春中国梦"专项1项、"红色基因代代传·青春喜迎十九大"专项1项、"印象长白山·筑梦十三五"专项1项；获评广西壮族自治区司法厅、团区委联合专项1项、团区委专项1项。

另有"林学院生态学博硕团赴北海市宣讲团"等5支团队获评广西壮族自治区重点团队。各实践团成员真抓实干，不辞劳苦，从2017年7月下旬开始陆续前往区内外各地开展社会实践活动，在实践活动中认真领会和落实习近平总书记关于青年成长成才的一系列重要论述，以深入开展"学习近平总书记讲话 做合格共青团员"学习教育活动为契机，争做有理想、有追求，有担当、有作为、有品质、有修养的青年学生，更加坚定跟党走中国特色社会主义道路，更加坚定为实现中华民族伟大复兴的中国梦努力奋斗的理想信念，努力成为营造"三大生态"、实现"两个建成"的强大生力军。

一、桂台社会实践再接力

2017年7月21日，桂台两地大学生联合社会实践活动开营仪式在广西大学举行。时任广西大学校长的赵跃宇、时任台湾大学代理校长的张庆瑞等两校领导出席仪式并为实践营的两校学生代表授旗。此次联合社会实践主题为"两校两岸一手牵，同心同梦耀童年"，两校师生共同开展了为期一周的一系列意义非凡、丰富多彩的活动，两校28名学生分赴南宁市多所儿童之家进行关爱服务。通过本次活动，台湾大学师生了解了广西独特的风土人情、民族文化和经济社会发展新成就。根据本次实践活动安排，2018年1月，广西大学学生也将利用寒假前往台湾与台湾大学师生共同开展社会实践活动。

广西大学与台湾大学自2007年开始互派学生进行文化交流，并联合开展社会实践活动，为两地有需要的人群提供社会服务。十年来，海峡两岸300余名师生参与了此项活动，两校大学生先后到广西宁明县的花山、崇左市扶绥县、桂林市恭城瑶族自治县、百色市平果市、南宁市武鸣区、贺州市富川瑶族自治县等地和台湾的台北市、南投县、新北市等地，开展了以"嘹歌传情意，服务促共赢"、"情留两岸中小学"、"浓浓两岸情，携手传播爱"等为主题的暑期社会实践活动，共同开展支农支教服务和民族文化交流活动。十年前两校师生共同在广西大学行政办公楼前种下见证友谊的大榕树，如今榕树已日渐繁茂，两校的交流与合作也不断取得成果。

二、助力脱贫攻坚重内涵

根据广西壮族自治区高校工委、教育厅制定的《全区高校大学生助力脱贫攻坚战大行动实施方案》的要求，暑期"三下乡"社会实践团深入贫困村，配合贫困村"第一书记"进行了一系列助力脱贫攻坚大行动。

实践育人探索
——广西大学社会实践育人纪实

（一）深入实践新特色

广西大学团委积极对接广西大学在那坡的六位"第一书记"，组建了6支暑期社会实践队赴那坡开展社会实践活动，助力脱贫攻坚战。大学生们积极参与"美丽那坡·生态乡村"下乡服务团社会实践活动，发挥所学学科专业优势，发掘梳理乡村建设的乡风文明、村容村貌、民族风俗、历史文化，努力提高乡村建设的文化水平，组织文艺演出与体育比赛等活动，帮助当地群众自主建设彰显民族特色、体现历史文化、融入科技元素的生态家园。在学习中收获成长，在付出中得到提升，在实践中得到锻炼，以实际行动积极参与精准扶贫工作，达到实践育人的目的。

2017年7月10日晚，由广西大学和那坡县委、那坡县政府共同举办的主题为"精准扶贫　文化惠民　喜迎党的十九大"的文艺晚会在那坡县人民会堂前举行，能歌善舞、青春飞扬的广西大学团委、物理科学与工程技术学院、林学院、农学院、文学院下乡实践的同学和那坡当地民众同台演出，形式多样的节目为观众呈现了一场视听盛宴，丰富了那坡人民的精神文化生活。

（二）科技助农高规格

2017年7月10日，农学院博士团一行16人在顾明华院长的带领下来到了百色市那坡县。随后博士团成员在该县达腊村"第一书记"袁涛老师的带领下开展了"扶贫调研兴产业，科技助农谱新篇"的主题调研活动。活动内容主要有：博士团对那坡县的4个村、10个屯、80余户进行入户调研，采集最真实、最可靠的数据和信息；为达腊村彝族文化博物馆和念头村小学分别捐赠一套投影仪设备；对彝族文化传统做了专访，写了相关报道等。活动内容丰富多样，反响热烈，得到了当地村民的肯定，提升了广西大学农学院博士团的知名度和影响力。

活动期间博士团举办了2场座谈会、1场专题讲座、1场专业培训讲座，80多人得到了技术指导，近百人直接与博士团成员交流专业知识。博士团传播现代农业生产管理新理念"互联网＋农业"的思维模式，讲解现代农业背景下的土地流转经营管理模式，有针对性、有目的性地传授知识和技能，使农民学到"真本领"，做到知识和技术的"脱贫"。博士团对达腊村养蚕、念头村灵芝菌种植进行技术指导。屈达才教授耐心询问蚕生长情况并做出了科学合理的指导，屈教授的讲解得到广大蚕农的高度认可，每到一户，蚕农们都急切地把屈教授迎到蚕房咨询科学养蚕技术；刘斌教授和张平刚教授针对念头村村民在桃树、梨树、灵芝等经济作物在生产栽培过程中遇到的问题，特别是桃蛀螟的防治问题进行了详细的解答，并给出了建议。

此次实践活动更注重实地调研指导，博士团成员将理论知识运用到实践中，给予了农民最直接的帮助。根据当地的主栽作物和生产需求，相关专家及博士团成员跟随农户到田间地头和生产基地，直观地了解当地的种植情况、栽培技术、遇到的问题，针对实际情况，专家提出了具体的栽培方法、病虫害防治措施等建议。博士团还进行了入户调研，分析整理数据，帮助农户分析致贫的根本原因，制订了长期的扶贫方案。

（三）专业帮扶显实力

2017年7月11号，广西大学林学院实践团一行16人驱车赶往念头村，该村的青壮劳动力大部分外出务工，只剩下老人、小孩。"第一书记"朱学峰老师把帮扶工作当作事业来干，多次带领村民外出学习，大力发展桑蚕业，创办了1个养羊场、1个养鸡场，种植杉木、油茶，带领村民发家致富。实践团在村里进行农林业调研时发现有松鼠咬坏树皮导致树木死亡的情况。对此，实践团的同学认为可通过适当减少松鼠或增加鹰、蛇等松鼠的天敌的数量，以促进大自然的生态平衡；根据当地的农业现状，提出可在水稻田养殖泥鳅或者其他经济物种的建议。

实践团针对在出发之前了解到的村里留守儿童多、暑假只能留在家里这一现状，通过丰富多彩的支教活动与小朋友们进行交流互动，其中"梦想林苑"系列活动中的彩砂喷绘活动最受欢迎。小朋友们天马行空的点子，手中多彩的彩砂，组成了一幅幅丰富多彩的图画。孩子是一个家庭的未来，也是一个国家的希望。实践团此行的目的是"精准扶贫"，贫困不仅仅是物质上的，更多的是精神上的，孩子们的思想还很单纯，因此更需要正确的指导。百年大计，教育为本，实践团开展的一系列活动是精准扶贫的体现。

图4-1 实践团成员开展支教活动

实践育人探索
—— 广西大学社会实践育人纪实

在这次"三下乡"实践活动中,实践团全体成员也进一步认识到"精准扶贫"的意义。以念头村为例,大家感受到念头村在朱学峰书记的带领下发生了很大的变化:通信全部下乡,基本上每家每户都住上了水泥房子,村里开发各种各样的特色农业产业,经常塌方的道路得到了修缮。这是"精准扶贫"政策正确性和合理性的结果,也是当代大学生应该学习和领悟的精髓。

三、系列教育活动无止境

(一)遵义活动显成效

2017年7月24日至26日,广西大学校团委组织团员青年代表与来自全国100所高校的400多名青年会聚遵义,参加由共青团中央学校部主办的"红色基因代代传·青春喜迎十九大"2017年暑期大学生遵义实践活动。活动由"会师遵义城·重走长征路"、2017年暑期大学生遵义实践活动总结大会暨文艺演出等板块组成,旨在引领青年学生学党史、感党恩、跟党走,在青年学生中传承好红色基因。

青年代表们先后参观了遵义会议会址、红军总政治部旧址、红军街和苟坝会议陈列馆、苟坝会议会址等,并在遵义红军山烈士陵园广场举行祭奠活动。广西大学实践团在此次实践活动中很好地展现了广西大学君武青年的精神面貌,他们团结队友、甘于吃苦、勇于担当。团队负责人王万奇担任红一连团总支书记,团队成员陈旭全担任红一连一班班长,团队成员李姗姗担任红一连宣传委员。他们用自己的实际行动完成了连队分配的各项任务,得到了团中央领导和遵义相关负责老师的一致认可。王万奇同学还被评为活动优秀学员,并在总结大会上发言,陈旭全同学代表实践团在连队总结会上做总结发言。

党的十八大以来,习近平总书记曾多次通过与青年学生座谈、书信往来等形式强调实践在青少年成长成才中的重要作用,勉励青年学生到基层和人民中去建功立业,在实现"中国梦"的伟大实践征程中书写别样精彩的人生。"红色基因代代传·青春喜迎十九大"大学生遵义实践专项活动得到了全国高校和广大青年学生的积极响应,获得不错的反响,不仅很好地宣传了遵义深厚的文化底蕴和红色资源,还引领大学生受教育、长才干、做贡献。

(二)文艺逐梦走边关

为纪念中国人民解放军建军90周年,贯彻党中央关于军民融合发展的战略部署，促进军政军民团结，在炎炎盛夏，广西大学"团子君"经过五十多个小时的漫长旅行，来到了文化底蕴丰富的祖国东北边陲小城吉林省集安市，参加"印象长白山·筑梦十三五——大学生文艺志愿者走边关"2017大学生暑期实践专项活动，切身感受革命文化的独特魅力。

走进安子哨码头，码头驻守干部向大家介绍了船艇类型和主要职能，船艇大队的船员对驾驶舱和机电舱运行原理、操作方法和基本结构进行了讲解。"团子君"还到舱内进行体验。在参观船艇维修中心时，实践团的指导老师陈霄说："修船正如我们教书育人，需要的是敬业精神和严谨的工作态度，官兵们的职业精神值得我们学习和推广。"

"团子君"还深入驻地军营，体验军旅生活。晨阳初升，"团子君"就已经踏入训练场，烈日炎炎下是"团子君"坚挺的身影、响亮的口号和整齐的队列，"团子君"成了团子"军"。随着在部队的生活渐渐步入正轨，"团子君"了解到在我们和平安乐的生活背后，是官兵们日复一日艰苦的训练和严明的纪律，他们和自己的年龄相仿，身上却已经肩负着保家卫国的重任。

图 4-2 广西大学"团子君"走进军营

（三）社会实践铸精神

在此次社会实践中，唯理社采用"由区外到区内，由取经到宣讲，先学习革命精神，后创新理论宣讲"的形式，使活动取得良好成效。

唯理社实践团于2017年7月中旬奔赴井冈山参与为期一周的"井冈情·

中国梦"暑期专项实践活动。大家积极将自己所学的马克思主义理论知识与革命精神、革命传统相结合，积极开展"井冈山斗争时期党的群众工作案例研究"，并就此课题进行了多次研讨调研，最终形成了一万余字的实践报告。实践团成员牛家驹在活动期间参加了校际论坛，就"立足当下，让井冈山精神绽放时代光芒"做了主题发言。团队中的党员与各高校党员代表进行了"高校党建工作何处去"的交流座谈。实践团事迹还被新浪网、人民网、中国网等各大网络媒体报道宣传。

从井冈山返校之后，唯理社实践团又于8月11日赴河池市东兰县，开展"民主革命时期中国共产党在东兰县的群众工作理论宣讲"暑期社会实践活动，又赴广西农民运动讲习所旧址、韦拔群故居、壮乡将军纪念馆和甲篆镇政府开展调研座谈，进行理论宣讲，撰写了一篇实践报告。通过此次暑期实践，"传承红色基因"精神也将激励感染每一个唯理社人不断前进，茁壮成长。

四、助力经济发展齐努力

（一）学以致用重担当

2017年8月9日至11日，广西大学林学院生态学硕博硕团赴北海市宣讲的7位同学在李琼莹老师的带领下，奔赴广西北海，开展了为期三天的"丝路新世界·青春中国梦"暑期社会实践活动，完成了红树林生态环境调研等方面的工作。

8月9日，实践团到达社会实践第一站——广西红树林研究中心。研究中心代表王欣博士带领实践团成员参观了人工模拟降雨系统、模拟潮汐的海陆缸及珊瑚礁样本展示库，并对同学们提出的问题进行了耐心解答。随后，实践团赶往金海湾红树林保护区进行实地考察。金海湾主要有秋茄、白骨壤、桐花树、木榄和红海榄等7种红树植物。除了红树植物，这里还是鸟类的天堂，有大量的海鸟栖息在红树林中，最常见的就是白鹭。木栈道沿途时有白鹭小憩，实为一大美景。"这些美景都是红树林的功劳。"王欣博士解释道。红树植物均为胎生木本植物，其种子成熟以后不掉落，而是在母树上发芽，向下伸展出幼根，随后茎和叶片逐渐形成，变为幼树后才脱离母体。红树林在生态保护和防风护岸方面发挥着巨大作用，因此保护红树林工程也是我国环境保护的重要组成部分。

正值暑假，金海湾红树林生态旅游区游客络绎不绝。实践团果断抓住机会，于8月10日再访金海湾红树林生态旅游区。首先，实践团成员分别在游客中心及居民区附近，采用发放问卷、资料及口头宣讲的方式，向游客及当地居民宣传关于"一带一路"以及红树林保护的相关知识。随后，实践团成员还搭建临时宣讲点，通过视频、展报、宣传资料等形式，结合生态学专业相关知识，进行了以"加强生态保护，共建绿色丝绸之路"为主题的宣传活动。

8月11日，实践团再次来到广西红树林研究中心，根据实地考察、问卷调查和宣讲所掌握的情况，与红树林中心副主任周浩郎研究员进行了主题为"'丝路新世界·青春中国梦'之探秘海洋卫士——红树林"的座谈活动，就红树林生态保护等相关内容进行学习和交流。周副主任说，广西红树林研究中心成立二十多年来，在红树林监测和保护方面积累了很多经验，但是红树林的保护仍旧不能懈怠。实践团的问卷调查结果表明，虽然公众对红树林保护的重要性已经有一定认识，但是对于具体保护措施和红树林保护公益活动等的了解较少。

此次实践活动使实践团成员深切体会到红树林是沿海防护林体系的重要组成部分，在维持沿海湿地生物多样性，抵御海潮、风浪等自然灾害和防治海洋污染等方面具有不可替代的作用。但是近些年来人为活动干扰和气候环境变化对红树林影响非常巨大，红树林保护迫在眉睫，同学们决心为保护红树林而努力。

（二）深入一线勤调研

为了迎接党的十九大，让广大青年学生弘扬社会主义核心价值观，践行"两学一做"精神，在实践中受教育、长才干，学生社团联合总会组织同学参加暑期"三下乡"社会实践活动。2017年7月10日至16日，学生社团联合总会暑期社会实践团赴上林县白圩镇覃排社区开展社会实践活动。

实践团以"美丽乡村建设"为主题在覃排社区开展了一系列调研活动。实践团成员采用访谈调查与实地观察相结合的方法，走访了村民、村支书等，了解了非物质文化遗产——彩架、瑶族习俗，以及覃排社区的基本状况；还走访了智城城址、覃排社区居委会、不孤村、乔境村、新荣村和毛塘村，了解了当地的传统文化、基础设施建设及经济发展状况。

实践团支教组给覃排小学的小朋友们开设了英语、绘画等课程，组织了手工制作、故事比赛等活动。在课堂上，支教组成员以播放和课程内容相关的视频或音乐的方式引导小朋友们融入课堂。在互动环节，小朋友们踊跃抢答；在课余时间，支教组成员和小朋友们一起做游戏。

实践团后勤组主要负责做饭和采购物资。到达覃排社区后，后勤组成员起早贪黑地工作着。

实践团宣传组主要负责微博、微信、说说、新闻稿的推送及视频的录制。宣传组分三批融入调研、支教、后勤三个组，进行跟踪报道。白天，宣传组成员跟进拍摄其他组成员的活动情况，并实时推送微博、说说。晚上，宣传组成员对拍摄的照片进行后期处理和筛选，完成新闻稿，并在微信上推送新闻稿。

五、助力儿童成长激活力

（一）同心同梦耀童年

2017年7月22日，广西大学和台湾大学的28名大学生志愿者来到西乡塘区忠良村"儿童家园"，开展"两校两岸一手牵，同心同梦耀童年"桂台联合社会实践活动。在西乡塘忠良村"儿童家园"，志愿者们带领小朋友们开展了手工剪贴画和"假案侦查"两个活动。时任台湾大学代理校长的张庆瑞、广西大学副校长马少健来到"儿童家园"看望志愿者和小朋友们，并参与活动。

2017年7月25日至27日，志愿者们转战青秀区团岩村儿童家园开展实践活动，团岩村的儿童家园的小朋友，大部分离家较远，午休都在儿童家园，儿童家园的负责人贴心地为孩子们提供了美味营养的午餐。

（二）爱心教育再创新

2017年7月13日至7月14日，广西大学商学院"万名大学生志愿者服务千所儿童家园"暑期实践团赶赴西乡塘区忠良村"儿童家园"，与当地妇联工作人员开展"大学志愿服务儿童家园"活动。

活动以"家风教育"和"关爱陪伴"为主线，各项志愿活动逐项开展。实践团成员与孩子和家长一起参观忠良村的家风建设成果，讨论家风家训的内容。为帮助孩子们养成阅读的好习惯，实践团成员与孩子们一起读书，并为孩子们细心讲解，分享读书心得。为锻炼孩子们的动手能力，实践团成员还手把手教孩子们做手工，如缝制香囊等。为加强孩子们的安全意识，实践团成员仔细讲解了应对危险时的安全防护措施。实践团成员与孩子们唱国歌、画国旗，讨论少先队员的意义，给孩子们讲雷锋故事，增强了孩子们的安全意识与爱国意识。

实践团成员还结合当地孩子们的实际情况，组织了文艺活动、安全小讲座、知识竞答、赠送小礼品等一系列有意义的活动。在活动中，实践团成员与孩子们积极互动,氛围良好。实践团成员团结一致,一起生活、一起讨论、一起和孩子们开展活动。大家多次针对活动的细节展开讨论,力争在有限的时间、有限的能力范围内给孩子们带去更多更实用、更有意义的东西。

"万名大学生志愿者服务千所儿童家园"社会实践活动在以往成功做法的基础上,充分考虑各社会实践点的实际情况,根据实际需求开展不同的社会实践活动,力求创新。

图4-3 广西大学志愿者服务千所儿童家园实践团与儿童合影

广西大学非常重视暑期社会实践工作,鼓励支持广大青年学生深入基层,服务社会,在实践中践行真知、砥砺自我、提升素质、增长才干。2017年广西大学多个社会实践团队获评自治区级以上立项,这既是对广西大学学生暑期社会实践的激励与鼓舞,又是对广西大学学生专业知识实践应用能力的考验和锻炼。在暑期社会实践中,广西大学学子以践行"一学一做"实践活动为契机,关注社会发展、感悟时代变革、调研中国梦想,围绕社会发展,从经济、文化、政治等多方面进行考察,从国家、社会、个人等多层次进行思索,积极开展了寻迹探访、瞻仰先烈、专业调研、美丽广西、文化下乡、科普宣讲、科技支农、法律援助、关爱女孩等实践活动,并以文字、照片、视频等方式记录,以青年人的实践激情迎接党的十九大,助力中国梦的实现。

第二节　青春大学习　奋斗新时代

广西大学 2018 年暑期社会实践活动拾萃

2018 年暑期，为深入学习贯彻习近平新时代中国特色社会主义思想，根据《关于开展 2018 年全国大中专学生志愿者暑期文化科技卫生"三下乡"社会实践活动的通知》等通知精神，广西大学党委、团委积极组织开展的"青春大实践活动"贯穿整个假期，在引领教育广大青年学生勇做担当民族复兴大任的时代新人，以实际行动助力精准扶贫，服务乡村振兴战略，切实感受改革开放 40 年取得的新成就、新面貌的生动实践中受教育、长才干、做贡献上起到了重要的作用。广西大学团委被评为 2018 年全国大中专学生志愿者暑期"三下乡"社会实践活动优秀单位，"美丽广西　绿水青山"林学院博硕士服务团被评为优秀实践团队。

一、紧扣时代主题

广西大学暑期社会实践以深入学习贯彻党的十九大精神为圆心，以纪念改革开放 40 周年、广西壮族自治区成立 60 周年、广西大学建校 90 周年为半径画好志愿服务同心圆。

按照团区委要求，全区各高校要根据我区实际，在广泛动员基础上，组建全国、区级、校级、院系级重点团队，深入基层开展社会实践活动。广西大学团委严格按照要求，积极组织开展重点团队申报工作。广西大学主要组织理论普及宣讲团、国情区情观察团、依法治国宣讲团、科技支农帮扶团、教育关爱服务团、文化艺术服务团、爱心医疗服务团、美丽广西实践团 8 类团体。在校党委高度重视和大力支持下，组织策划了"青年大学习"行动专项计划、"助力精准扶贫"专项计划、"同庆九秩　逐梦百年"榜样校友寻访专项计划，以及结合专业特色的主题实践和志愿服务等活动，活动内容、形式丰富多样，紧扣时代主题，注重学习与实践的相互促进。校团委以项目化立项团队 76 个，形成本硕博及全校团员全覆盖、区内区外相结合、注重学习与实践互促进的实践模式。其中"广西大学习近平新时代中国特色社会主义思想青年宣讲团"等 7 个团队被评为全国重点团队，动物科学技术学院组织的"一带一路"北部湾经济区暑期实践团等 11 个团队被评为自治区重点团队。各实践团成员真抓实干，不辞劳苦，从2018年7月下旬开始陆续前往区内外各地开展社会实践活动，在实践活动中认真践行习近平新时代中国特色社会主义思想，以深入开展"青年大学习"教育活动为契机，争做有理想、有追求，有担当、有作为，有品质、有修养的青年学生，更加坚定跟党走中国特色社会主义道路，为实现中华民族伟大复兴的中国梦努力奋斗的理想信念，努力成为营造"三大生态"、实现"两个建成"的强大生力军。

二、助力脱贫攻坚

（一）"美丽广西　绿水青山"——广西大学林学院博硕士服务团赴钦州开展社会实践调研

"美丽广西　绿水青山"社会实践活动旨在落实习近平总书记关于做好生态文明建设工程中"绿水青山就是金山银山"的战略决策，结合林学院生态学的专业优势，组织党支部成员深入广西境内的汉代海上丝绸之路早期始发港——钦州，围绕"美丽广西"乡村建设宣传以及水资源利用、环境污染防治、自然灾害预防等进行社会调查研究、科普知识宣传、发展献言献策等活动，为响应"美丽广西"乡村建设贡献微薄的力量。

本次社会实践活动主要分为实地调研、生态文明观宣讲、红树林保护宣传及清洁家园四个部分，共计完成问卷300份，其中有效问卷298份。根据问卷的数据统计及分析，服务团发现大部分市民对于红树林的保护现状所知甚少，民众普遍认为，红树林有其被保护的必要性，并且表示愿意参加相关的公益活动，尤其是青少年，环保意识最强。服务团根据走访和实地调研的具体情况，形成了调研报告，并向包括老人、青壮年及儿童在内的近200名钦州市民宣讲了习近平总书记的生态文明观，让保护红树林的观念深入人心。

（二）"美丽那坡·生态乡村"——广西大学"助力那坡脱贫攻坚重点实践团"赴那坡开展暑期社会实践活动

广西大学紧跟广西壮族自治区人民政府脱贫攻坚重点任务，在改革开放40周年、广西壮族自治区成立60周年、广西大学建校90周年之际，校团委重点对接广西大学在广西百色市那坡县的六位"第一书记"，组织土木、农学、计电、物理、机械、体育、文学院、校志联等学院和学生组织的同学们，组建广西大学"助力那坡脱贫攻坚重点实践团"，赴那坡开展暑期社会实践活动。

实践育人探索
——广西大学社会实践育人纪实

图4-4 广西大学农学院暑期实践团帮助果农解决果树病虫害等疑难问题

实践团成员积极发挥所学学科专业的优势，发掘梳理乡村建设的乡风文明、村容村貌、民族风俗、历史文化，努力提高乡村建设的文化水平，组织了文艺演出与体育比赛等活动，帮助当地群众自主建设彰显民族特色、体现历史文化、融入科技元素的生态家园，助力脱贫攻坚战，践行青春使命！

1. "文化下乡助力精准扶贫——惠民文艺晚会"

2018年7月22日、23日晚七点半，由共青团广西大学委员会主办，共青团那坡县委员会、中国移动南宁分公司、中国移动那坡分公司协办的惠民文艺晚会，分两场在那坡县全民健身广场举行，参演的人员主要为广西大学大学生艺术团和各学院的同学们。除此之外，作为特别嘉宾的各位老师也进行了精彩的表演。晚会在校舞蹈队活力四射的开场舞中拉开序幕。魔术、花式篮球、啦啦操等众多精彩纷呈的节目为观众呈现了一场视听盛宴，丰富了那坡人民的文化生活。晚会现场充满了那坡人民的欢声笑语，热烈的掌声起伏不断。

2. 助力脱贫攻坚，用心做好惠民服务

2018年7月23日早八点半，广西大学的师生们又来到全民健身广场，开始忙碌的工作，为义务服务活动做准备。义务服务活动包括农学院的农技咨询、文学院的普通话普及、计算机学院和物理学院的家电维修、机械学院的农业机械产品展示、土木学院的土地利用规划、校志联的少数民族语言使用情况问卷调查等丰富的服务内容。广西大学的师生们在助力精准扶贫的工作中把服务工作落到了实处，为当地人民做实事、做好事，促进当地经济科技文化事业的发展。

图4-5 物理学院实践团开展家电维修服务

3. 开展调研支教，服务乡村振兴

2018年7月24日上午，各学院师生分别奔赴广西大学驻那坡县各"第一书记"服务的贫困村开展了调研及支教活动。绕过了山路十八弯，文学院和体育学院的同学们在姜玮副书记的带领下，来到了那坡县城厢镇百林村，在百林村完小开展文体用品捐赠及支教活动。在捐赠仪式上，百林村完小的同学们共收到了由广西大学校团委捐赠的广西大学90周年校庆纪念文化衫100套、文具100套、移动音箱1台；文学院捐赠的图书200册；体育学院捐赠的乒乓球台2台，篮球、羽毛球拍、跳绳等体育用品各10套。共计15 000元物资。校团委还分别为达腊村、者仲村、口角村、念头村、永靖村捐赠了移动音响及文具等，共计7 500余元物资。

文学院和体育学院的同学们还开展了支教活动，与百林村完小的学生们进行了深入的交流。支教活动持续到7月31日。

4. 深入乡野实践，调研献计献策

广西大学农学院学生党员赴那坡暑期社会实践团在甘敏思副书记的带领下，来到了那坡县德隆乡念头村开展助力扶贫、慰问困难党员及走访调研活动，广西大学农学院的驻村"第一书记"黄贤教老师也参与了此次活动。

实践团先来到了念头村村部及念头村小学，为村委送来音响、雨伞等物品，给念头村小学的孩子们送去书包、文具等学习用品，并与孩子们亲切互动。

实践育人探索
——广西大学社会实践育人纪实

甘敏思带领师生走访慰问了村中的困难党员和贫困户，了解他们生活上的困难，给他们提出了脱贫的建议，并送上了慰问品。

农学院的师生们在念头村隆兴荣村支书的带领下走进了村民家中，开展调研活动，主要针对村民的畜牧养殖、生活环境及医疗卫生等情况开展调研，获取了更多的扶贫信息，为更好地协助驻村"第一书记"开展扶贫工作、助力脱贫攻坚打下基础。

物理科学与工程技术学院师生下乡的村镇是城厢镇永靖村。在广西大学扶贫工作队员张平刚老师和永靖村村支书黄昱钢的带领下，物理科学与工程技术学院的师生到达了服务地点——花椒幼苗地，他们的任务是将花椒幼苗地整理干净，将周围的杂草除掉。张老师告诉同学们，不要小看除草任务，花椒的种植分布零散，而且很多与杂草混合，难以分辨，需要大家细心地找出花椒苗。师生分工合作，顺利地完成了任务，大家体验到了当地群众种植花椒的不易。随后，师生到村民家进行了走访调研，慰问了困难群众。结束了一天的行程，同学们感受到了登山劳作的辛苦，但更难忘的是为那坡人民服务的充实及对那坡县丰富文化的体验。那山，那坡，那人，物理科学与工程技术学院的师生们将不忘此行！

计算机与电子信息学院的师生们在驻村"第一书记"梁江华、熊昭成的带领下，赴城厢镇者仲村开展调研活动。师生们与"第一书记"在者仲村村委进行座谈，了解当地的扶贫状况，并提出信息化扶贫的建议。随后，师生们为村委捐赠了音响、雨伞等物资。师生们还前往广西大学扶贫项目养牛专业合作社肉牛养殖场进行参观，感受广西大学助力精准扶贫的决心。

当天下午，师生们来到者仲村马拔屯，组织屯内适龄儿童进行"开阔孩童视野"活动。计算机与电子信息学院的同学们与孩子们一起绘画、做游戏，通过寓教于乐的方式向孩子们普及科技知识。师生们将文具、书籍等捐赠给他们，让每个参与的孩子都领到了属于自己的一份知识与爱心。

机械工程学院的师生们前往的贫困村是城厢镇的口角村。在口角村，同学们与村里的孩子们进行了丰富多彩的互动活动。通过"滴水不漏"和"不能说的数字"两个游戏，孩子们与大哥哥、大姐姐们拉近了距离。随后，实践团成员们带来了精彩的花式篮球表演，并同村里的青年和孩子们进行了篮球、乒乓球友谊赛，小小的村落里充满了欢声笑语。

此次口角村之行，机械工程学院的同学们还与口角村"第一书记"冯显云进行了深入交流，聆听了冯书记在开展扶贫工作中的经历和付出的努力，同学们切身感受到了扶贫工作的辛苦和不易。

土木建筑工程学院的师生一行在广西大学驻达腊村"第一书记"秦志明的带领下抵达了达腊村村部。秦书记首先为师生们介绍了达腊村的民族历史、建筑风格、彝族风俗等相关情况,随后同学们和达腊村扶贫工作人员分组走访单亲留守儿童,并为他们送上书包、笔等文具。在走访的过程中,同学们为留守儿童艰苦的生活和学习经历揪心不已,也更加深刻地感受到了父母的不易。国家对扶贫、脱贫工作非常重视,同学们纷纷表示要努力学好知识与本领,希望将来能有机会为国家扶贫事业贡献自己的力量。

三、唱响时代主旋律

(一)"井冈情·中国梦"——广西大学唯理社基层宣讲活动

广西大学唯理社是广西大学学生自发成立的理论性社团。在 2018 年暑期社会实践活动中,唯理社实践团将自己所学的马克思主义理论知识与基层宣讲实践相结合,从区外到区内,由取经到宣讲,认真学习革命精神,努力创新理论宣讲形式,取得了良好效果。唯理社实践团于七月中旬奔赴井冈山参加为期一周的"井冈情·中国梦"暑期专项实践活动。在活动期间,实践团成员积极开展"井冈山斗争时期党的群众工作案例研究",形成了一万余字的实践报告。随后,唯理社实践团奔赴河池市东兰县各地,在广西农民运动讲习所旧址、韦拔群故居、壮乡将军纪念馆和甲篆镇政府等多地开展多场基层宣讲活动,获得当地基层群众的赞扬。实践团事迹被新浪网、人民网、中国网等各大媒体报道。

(二)学新时代理论 扬十九大精神——广西大学青马班学员习近平新时代中国特色社会主义思想理论普及实践活动

广西大学青马班学员深入南宁市江南社区,以习近平新时代中国特色社会主义思想和党的十九大精神为核心内容,从社区居民实际出发,通过组织社区居民观看纪录片《厉害了,我的国》,同读《决胜全面建成小康社会,夺取新时代中国特色社会主义伟大胜利——在中国共产党第十九次全国代表大会上的报告》,举办以"学习十九大精神及习近平新时代中国特色社会主义思想"为主题的知识普及讲座和讨论交流会,在社区宣传栏制作宣传板报等形式,普及宣讲习近平新时代中国特色社会主义思想,加深学员和社区居民对党的十九大报告内容的了解和理解,以当代大学生和城市社区居民两种角度讨论问题,结合自身生活、自治区发展、国家发展分享心得体会,实现理解好、宣传好、发展好的"三好"目标，提高居民与学生的思想政治意识。

(三)"学习＋实践＋宣讲"——广西大学习近平新时代中国特色社会主义思想青年宣讲活动

广西大学习近平新时代中国特色社会主义思想青年宣讲团由马克思主义学院教师和八位在校研究生组成。实践活动采用"学习＋实践＋宣讲"的模式，内容具体包括两个方面：一是充分利用好暑假的时间走出区内，前往陕西省延安市延川县梁家河村，通过对《梁家河》《习近平的七年知青岁月》的深入阅读，带着问题、带着意识感受总书记在这里度过的七年的知青岁月，进一步启发当代青年们规划好时间，为以后的人生道路打好基础；二是从梁家河返回区内，前往广西那坡、灌阳等地，到乡镇，进学校，一改以往的固有形式和内容，充分发挥团队成员的学科优势，并结合团队此次去梁家河的实践经历，多角度创新理论宣讲形式，与大家分享总书记的青年故事、知青岁月，结合习近平新时代中国特色社会主义思想，为大家解读新思想。这些形式生动形象且真实易懂，使青年朋友们能够更好地、更全面地感受到一个真实的总书记，一个崭新的时代！

图 4-6 宣讲团成员聆听红军三过灌阳的历史

四、联系两岸情谊

(一) 广西大学与台湾大学联合开展社会实践

广西大学与台湾大学自 2007 年开始互派学生进行文化交流活动，十多年来，两校 300 余名师生先后到广西的宁明、崇左、恭城、百色、贺州和台湾的台北、南投、新北等地，开展支农支教服务和民族文化交流，成为广西大学暑期社会实践中一张亮丽名片。七月晨风轻拂，两岸友谊永芬。2018 年 7 月 22 日上午 10 点整，主题为"九秩同庆，两岸同心"的 2018 年桂台大学生联合社会实践活动开营仪式在君武馆顺利举行。时任广西大学校长的赵跃宇、时任台湾大学代理校长的郭大维、广西壮族自治区人民政府台湾事务办公室李文副主任、广西大学马少健副校长等领导嘉宾，以及广西大学和台湾大学的学生们出席了本次开营仪式。在开营仪式上，赵跃宇校长致辞，代表学校对台湾大学郭大维一行的到来表示热烈欢迎，向台湾大学的师生们介绍了广西的地理、资源等基本情况，以及广西大学的历史和发展概况，回顾了广西大学与台湾大学多年来的密切合作与深厚友谊。赵跃宇校长表示，已经开展了十年的桂台联合社会实践活动既是两岸青年相知相识互动交流的平台，又是两校间全方位开展互动合作的平台，希望两校学生在此次实践中开阔眼界、相互学习、深化交流、携手共进，为实现中华民族伟大复兴中国梦共同奉献青春智慧和力量。随后台湾大学代理校长郭大维、广西壮族自治区人民政府台湾事务办公室李文副主任和两校学生代表分别发言。正如活动的主题"九秩同庆，两岸同心"，在接下来的一周，来自两所大学的 29 名学生前往河池市都安瑶族自治县进行支教、核桃管护等社会实践活动。五天的支教时间，两校学生共同生活，台湾大学的学生在衣食住行方面感受着广西的风土人情。课前，同学们集思广益准备教案，课上，与澄江中学的同学们一起开动脑筋完成课堂游戏，带领他们漫步知识殿堂；休闲时刻，两校学子放松身心，相互分享各有特色的小游戏，一起散步，畅谈校园生活……泥泞的核桃林里，同学们齐心协力完成管护任务，风雨泥泞不改青春笑颜。核桃管护之行虽然路途遥远，道路湿滑，劳动艰辛，但这些在两校学子的友谊面前都显得微不足道。

(二) 2018 桂台大学生太极拳夏令营

2018 桂台大学生太极拳夏令营被列为国务院台湾事务办公室 2018 年对台

重点交流项目,由广西壮族自治区人民政府台湾事务办公室、广西壮族自治区教育厅指导,广西大学主办,广西大学杨式太极拳协会承办,目的是促进大学生对中华民族优秀传统文化的热爱与传承,弘扬中华太极拳文化,促进桂台体育文化活动交流。桂台两地的教练及大学生开展了核心肌群运动教学、杨家老架太极拳108式教学与演练、杨家老架太极武艺讲习会等系列活动。

五、教育关爱服务

(一)"留守儿童"猫狮训练的人类学考察——广西大学体育学院赴河池市宜州区合寨村暑期社会实践活动

实践团利用假期到"中国村民自治第一村"广西合寨村,以留守儿童的猫狮训练为案例,在调研地点生活一段时间,了解猫狮训练的具体情况,欣赏留守儿童的猫狮表演,了解留守儿童猫狮训练的参与度,观察留守儿童的精神面貌,测评在猫狮训练的影响下,留守儿童的身心情况,提出解决留守儿童问题不仅要着眼于儿童权益保护,关注他们的健康和生活,还应挖掘和利用留守儿童积极的一面,使之既有利于儿童身心发展,又有利于文化传承和乡村发展。本次实践活动通过新视角发现留守儿童作为乡村新生力量在村镇文化传承和村镇发展中起到的正向作用,探寻如何在关怀留守儿童的过程中发挥这种正向作用。

(二)"砥砺奋斗结硕果,青年共创新时代"——广西大学学生社团联合总会赴玉林市兴业县葵阳镇暑期社会实践活动

实践团前期准备期间面向广西大学各社团招募志愿者,到葵阳镇开展为期一周的实践活动。活动以"砥砺奋斗结硕果,青年共创新时代"为主题,大学生从自身实际出发,立足当地,深入群众,开展支教活动,结合自身情况和专业知识,关心当地的小学生,特别是留守儿童,调研当地的扶贫工作情况,走访"第一书记",向"第一书记"致敬学习,宣传党的十九大精神和习近平新时代中国特色社会主义思想。支教活动利用大学生的知识资源服务贫困山区,丰富贫困山区学生的文化生活,增长学生的见识,解放其思想,帮助其树立正向积极的人生态度和正确的世界观、人生观、价值观,推动均衡教育的发展。

第三节　青春心向党　建功新时代

广西大学2019年暑期社会实践活动拾萃

2019年暑期，为深入学习贯彻习近平新时代中国特色社会主义思想，根据《关于开展2019年全国大中专学生志愿者暑期文化科技卫生"三下乡"社会实践活动的通知》等通知精神，广西大学党委、团委积极组织开展了以"青春心向党　建功新时代"为主题的暑期社会实践活动。本次社会实践活动贯穿整个假期，在引领教育广大青年学生勇做担当民族复兴大任的时代新人，以实际行动助力精准扶贫，服务乡村振兴战略，切实感受改革开放40年取得的新成就、新面貌的生动实践中受教育、长才干、做贡献上起到了重要的作用。广西大学团委被评为2019年全国大中专学生志愿者暑期"三下乡"社会实践活动优秀单位，"延安红色新闻溯源之行——广西大学新闻与传播学院赴延安市暑期社会实践团"被评为全国社会实践活动优秀团队。

一、建设壮美广西　助力脱贫攻坚

（一）推广特色养殖，助力脱贫攻坚——广西大学动物科学技术学院暑期赴北部湾经济区开展养殖行业志愿服务工作

为深入贯彻落实乡村振兴战略，进一步实现养殖帮扶和养殖类创业帮扶，广西大学动物科学技术学院暑期社会实践团连续8年到北部湾经济区开展养殖行业志愿服务工作。2019年7月，实践团紧紧围绕"推广特色养殖，助力脱贫攻坚"的战略目标，整装再出发，赴钦州北部湾经济区开展推广地方特色养殖与基层实际帮扶系列活动，谱写钦州地区脱贫攻坚的新篇章。

1. 数字化科技兴农，不断探索新时代"三农"创新发展

实践团在巴沙鱼养殖基地调研，发现上百亩的鱼塘仅需要3个人管理，养殖基地已经实现自动化投料、换水、检测水化学指标，先进的养殖模式使人力成本大幅度降低。在与养殖负责人的交流中实践团了解到当地的巴沙鱼常因病变而出现大规模死亡的情况。为此覃志彪老师提出"防重于治"、"养殖重在养水"、"养水先要改底"、"菌藻平衡"、解毒、免疫抗应激等诸多措施。

实践团根据养殖户的需求，结合专业知识对症下药，从引水用水、用料用药、生产规划等多方面进行考量，提出快速降解水中残饵、鱼虾排泄物等有机污染物，增加溶解氧，降低水中氨氮、硫化氢，调节水体酸碱度，活化水质，从根本上净化养殖水体，创造适宜的养殖环境等解决方案。实践团还建议减少常规养殖过程中消毒剂及抗菌类产品用量，减少药物污染，大幅度降低成本，实现巴沙鱼绿色健康养殖，并为推广绿色养殖、特色养殖打下基础，帮助养殖户少走弯路，在乡村振兴、生态环保、脱贫攻坚工作中留下青春的身影。

实践团成员将自身所学专业知识应用于生产实践，在实践中不断学习进步，在志愿服务过程中使思想得到了升华，找到了前进的方向。

2. "渔光一体"全球首创农业可持续发展新技术

实践团一行来到钦州康熙岭 20MW "渔光一体"光伏发电项目基地开展调研。据屈浩林经理介绍，钦州康熙岭 20MW "渔光一体"光伏发电项目已被列为国家能源局首批"互联网＋智慧能源试点项目"。该项目充分考虑当地鱼塘、虾塘众多的特点，采用绿色智能水产养殖与光伏发电相结合的方式，将太阳能光伏发电与通威"365"养殖模式结合，通过在水面上架设光伏电池板，水面下养殖鱼虾，实现"水下产出绿色水产品，水上产出清洁能源"，提高农业生产中的资源利用效率。实践团成员覃丽鑫同学感慨："渔光一体"为养殖户提供了全方位、全过程、全时间的服务链；于资源，实现了对国土资源的高效复合利用，对推动太阳能光伏产业和传统渔业跨界整合、创新发展、助推产业扶贫具有重要意义。

3. 实践出真知，将专业课堂设在养殖一线

实践团来到钦州大蚝养殖示范地进行实地调研，覃志彪老师和郑惠芳老师在基地开展现场教学，将专业课堂设在养殖一线，从养殖基地的水质、钦州大蚝的生长特性，到育苗阶段、育肥阶段的注意事项，一一向实践团成员做了深入细致的讲解。

实践团深入调研了钦州大蚝的养殖模式。政府扶持并引导贫困群众发展大蚝养殖，建设大蚝天然采苗基地和大蚝养殖示范区，结合养殖发展生态旅游，增收致富，致力打造"大蚝之乡"特色品牌。这是新时代践行党的群众路线的生动写照，更凝聚起共筑中国梦的强大力量。实践团成员纷纷表示要以此为榜样，牢记使命，砥砺前行，为脱贫攻坚助力！

第四章　广西大学暑期社会实践精品活动拾萃

图 4-7　实践团成员在观察大蚝的生长情况

(二)"美丽那坡·生态乡村"社会实践活动

广西大学校团委对接广西大学在广西百色市那坡县的六位"第一书记",组建了广西大学"美丽那坡·生态乡村实践团",赴那坡开展暑期社会实践活动。

实践团成员积极发挥所学学科专业的优势,发掘梳理乡村建设的乡风文明、村容村貌、民族风俗、历史文化,努力提高乡村建设的文化水平,组织了文艺演出与体育比赛等活动,帮助当地群众自主建设彰显民族特色、体现历史文化、融入科技元素的生态家园,助力脱贫攻坚战。

图 4-8　实践团成员和小朋友们合影

实践育人探索
——广西大学社会实践育人纪实

(三)"八桂大讲堂"专家献计助脱贫技术培训——广西大学乡村振兴学社"立足八桂三农,助力乡村振兴"暑期实践活动

2019年7月16日至7月20日广西大学乡村振兴学社暑期社会实践团奔赴百色市那坡县开展以"立足八桂三农,助力乡村振兴"为宗旨的暑期实践活动。

7月16日,实践团在那坡县农业农村局组织了"八桂大讲堂"——专家献计助脱贫技术培训活动。活动中,农学院党委书记张永成针对那坡县农业产业发展现状、短板及机遇提出了那坡县农业产业振兴助力精准扶贫思路。农学院李良波副教授和黄荣韶老师结合在那坡县扶贫的经历,围绕地道药材与品种引进、中草药种植栽培、病虫害防治等对那坡县喀斯特地貌中药材产业发展提出意见和建议。本次活动旨在传播现代农业生产管理新理念,使当地农民改变陈旧、落后的观念,指导当地农民利用科技武装自己,改变农业思维意识,传播推广现代农业实用技术,帮助农民解决农产品销售难等实际问题。

1. "发掘乡村优势 助力产业振兴"那坡产业发展调研活动

7月17日—7月18日,实践团先后走访了达腊村、永靖村、念头村、清华村4个村庄,以"调查问卷+实地走访考察"形式,完成了对那坡产业发展调研活动一手数据收集整理工作。实践团成员们了解到,扶贫工作开展以前那坡县村民主要以传统种植业为生;扶贫工作开展以来,那坡县政府引导村民大力发展桑蚕、中草药、食用菌等特色产业,为村民带来了十分可观的经济效益。实践团成员将调研结果形成调研报告,为那坡县的扶贫开发、乡村振兴工作建言献策,并探索目前存在的问题的解决方案。同时,依据调研内容完成对那坡产业发展情况的总结。

图4-9 念头村扶贫队员黄必信带领实践团成员参观念头村白及种植示范区

7月19日实践团在李良波副教授的带领下,抵达那坡恒信药业种植基地

进行"青年大学习,助推乡村梦"主题考察活动。恒信药业工作人员介绍,八角原是这里主要的经济作物,但近几年八角价格波动较大,农民不愿采收八角,导致资源浪费。为响应国家乡村振兴政策,恒信药业有限公司承包农民土地,并提供益智仁种苗,发展八角林下种植,帮助当地农民增加收入。经过实地考察,实践团成员对林下种植模式有了更深刻的了解。同时,实践团成员从种植、管理、销售等多角度、全方位探索和调研恒兴药业规模化种植的现状和前景,并形成调研材料。农科学子要助力乡村振兴、实现种植业可持续发展一定要因地制宜,具体问题具体分析。

2. 缅怀革命先烈,传承革命精神

为进一步提高当代大学生思想政治素质,增强当代青年的责任感、时代感、使命感,7月20日实践团赴百色起义纪念馆开展以"缅怀革命先烈,传承革命精神"为主题的学习实践活动。纪念馆大厅正中宏伟的浮雕《百色起义》令人肃然起敬,起义厅、小平厅、功臣厅、英烈厅四个展厅向实践团成员展现了当年百色起义波澜壮阔的场面,不由让人感叹先辈们伟大光辉的功绩。结束参观后,实践团来到纪念馆大厅,面对党旗庄严宣誓,一句句铿锵有力的誓词表达了实践团成员们为建设中国特色社会主义、实现中华民族伟大复兴中国梦而不惜一切奉献一生的决心。通过缅怀革命先烈,实践团成员洗礼了精神,在今后的道路上必定不忘初心,坚定不移地向着民族复兴的伟大目标前行。

(四)共创和谐生态,建设美丽广西——广西大学林学院生态学博硕士赴广西梧州市暑期社会实践活动

林学院生态学研究生党支部开展的暑期社会实践活动已经持续进行了数年,已成为一项品牌活动。实践团在有大面积严重崩岗的岑溪市糯垌镇昙海村进行实地考察,昙海村大片裸露出来的山体,不但影响环境美观,还不利于农田种植,影响农民的生活幸福指数。为了解崩岗现象对土壤的影响,实践团调查了崩岗的分布、面积、地质地貌、水文、植被、坡度坡向、高度和宽度等形态特征,并对崩岗形成的不同地貌区域分别进行土壤取样,随后将样品进行室内实验研究,分析土壤颗粒组成和土壤肥效分异规律,形成调研报告。

实践团在昙海村走访了农户,就田地所遭受的崩岗侵蚀程度,以及崩岗侵蚀后的土地利用方式、施肥方式、灌溉耕作方式进行问卷调查;对村民进行宣传,通过视频、展报、宣传资料等形式,结合本专业相关知识,宣传水土流失的危害和生态环境保护政策。通过发放的调查问卷的初步反馈,实践

团发现很多民众对水土流失的相关知识了解较少,多数人只把水土流失浅显地理解为山体滑坡,对其分类和保护的重要性知之甚少。经过实践团的宣传,大家对于水土流失的形成、分类和水土保持的做法和重要性等都有了一定了解。

在岑溪市水利局,实践团与水土保持监督管理站站长陈玮进行了座谈,了解了当地发生大面积崩岗的原因、治理崩岗的具体措施及治理过程中遇到的困难。实践团成员们结合所学知识,对"上截、下拦、中间削、内外绿化"的现行治理措施提出了新看法和建议。

二、不忘初心跟党走　接续奋斗谱写新篇章

(一)延安红色新闻之行——广西大学新闻与传播学院赴延安市暑期社会实践活动

为了探索红色新闻起源,推进马克思主义新闻观教育,广西大学新闻与传播学院"红色新闻溯源之行"实践团(以下简称"溯源之行"实践团)于2019年7月14日至7月19日前往革命圣地延安开展暑期社会实践活动。1935年到1948年,以毛泽东为代表的中国共产党人在延安这座黄土山城里,扭转了革命的局势,书写了中国历史的传奇。踏上延安这片神圣的沃土,实践团成员每天都沉浸在浓郁的革命文化气息里,受益良多。

1. 寻访革命旧址,强化党史学习

一周时间内,"溯源之行"实践团先后参观了王家坪、杨家岭、延安革命纪念馆、南泥湾等革命旧址,多角度、多层次地了解了延安时期中国共产党的光辉历史。通过这段红色之旅,师生们的心灵得到了净化,思想也得到了升华。延安之行是新的起点,学院师生将传承红色基因,在学习和科研工作中努力践行马克思主义新闻观,力争取得更丰硕的成果。

2. 体验现场教学,感悟延安精神

2019年7月17日下午,在中央社会部旧址,"溯源之行"实践团聆听了两位教授的现场教学。冯丽教授平静而又生动地讲述了白求恩的故事。白求恩,一位来自加拿大的共产党员,一位著名的胸外科医生,放弃了优越的生活来到了战火纷飞的延安。为了挽救伤员,他不顾自己的伤痛坚持工作,最终因病情恶化牺牲了。在讲述中,冯教授几度哽咽,眼眶湿润。"我不知道,今天职业操守之路,究竟是最高的标准,还是最低的要求?我不知道,今天中国许多职业的诟病来源于哪里?"这些直击灵魂的疑问让现场的师生们陷入沉思。杨延虎教授讲述了张思德的故事。1944年9月5日,29岁的张思德在

执行烧炭任务时，即将挖成的窑洞突然塌方，他奋力将战友推出洞外，自己却被埋在窑洞，壮烈牺牲。张思德始终把人民和党的利益放在首位，并为其奉献了自己宝贵的生命。讲述过程中，虽然下起小雨，但实践团的成员们依然聚精会神，认真做笔记。

通过现场教学活动，实践团师生们对"敬业"有了新的认识，对延安时期那些"高贵的灵魂"有了更深的崇敬之情。老一辈革命家们全心全意为人民服务的精神将对师生们的世界观、人生观、价值观产生极大的影响。

3. 共建马新观实践教育基地，开拓红色新闻学习新平台

2019年7月15日，新闻与传播学院"马克思主义新闻观实践教学基地"揭牌仪式在延安大学文学与新闻学院举行。在仪式上，延安大学文学与新闻传播学院院长梁向阳介绍，延安大学与马克思主义新闻观有着深厚的历史渊源。1946年，延安大学开办新闻班，范长江任首任班主任，陆定一等新闻名家都曾在此登台授课。延安大学文学与新闻传播学院依托延安丰富的红色资源，开展了一系列学习马新观的主题活动，并取得了较好的学术反响。梁院长希望通过与广西大学新闻与传播学院的合作，进一步深化马新观的教学和科研工作。

2019年7月17日，学院第二个"马克思主义新闻观实践教学基地"在延安新闻纪念馆落成。朱静副馆长表示，延安新闻纪念馆将全力配合新闻与传播学院新闻教学活动的开展，全力做好实践教学基地的保障工作。同时，她希望到广西大学新闻与传播学院举办"万众瞩目清凉山——纪延安时期新闻出版事业"系列展览，不断深化两个单位之间的合作与交流。

郑保卫院长指出，自2014年实行部校共建以来，新闻与传播学院始终把马克思主义新闻观教育和教学放在学院工作的中心位置，通过组织"开放式读书活动"等一系列活动不断推进此项工作取得新进展。2017年底，郑保卫受聘学院院长之后，在"一院四中心"的学科方向整体布局下组建了马克思主义新闻观研究中心，并且组织开展了一系列活动，旨在推动学院的马新观教育和教学活动。这次活动是学院马新观教育活动的重要组成部分。

（二）访湘江战役遗址，学红军精神——广西大学马克思主义学院赴广西桂林市兴安县、灌阳县、全州县暑期实践活动

1. 参观湘江战役遗址

参观兴安红军长征突破湘江烈士纪念碑园。进入园内，实践团成员们踏上184级台阶，瞻仰大型群雕和纪念碑，走过英名廊，参观红军长征突破湘江纪念馆，讲解员的讲解仿佛将历史生动地呈现在眼前，让实践团成员们不

实践育人探索
——广西大学社会实践育人纪实

禁驻足沉思,讲到"流动着的共和国"时实践团成员红了眼眶。

参观兴安县界首镇红军堂。这里陈列着红军当年留下的物品,包括渡江所用的浮桥、斗笠、步枪等,真实再现了湘江战役指挥所,实践团成员对红军克服艰苦条件的精神肃然起敬。

参观新圩阻击战史实陈列馆。讲解员讲述了湘江战役中师长陈树湘断肠明志、英勇就义的故事,大家听得全神贯注。"为苏维埃新中国流尽最后一滴血"的誓言让实践团成员动容流泪,并深感湘江战役的惨烈,他们也为红军为祖国奉献一切的精神所感动。

参观湘江战役新圩阻击战酒海井红军纪念园。成员们瞻仰红军烈士纪念碑,陷入沉思,正是先烈们燃烧了自己的青春,才换来后辈今天的幸福生活,当代青年应铭记那段艰苦岁月,发扬先辈勇往直前、坚忍不拔的长征精神,在为实现中华民族伟大复兴的征程中攻坚克难,不断前进。

图4-10 实践团在新圩阻击战史实陈列馆参观学习

参观红军长征湘江战役纪念园。讲解员介绍,中国工农红军在脚山铺阻击战中舍生忘死,喋血凤凰嘴,这是湘江战役中历时最长、规模最大的一场战斗,数以万计的红军战士在这里抛头颅洒热血。虽然纪念园正在修建,但从馆内长篇巨幅的壁画中,仍能看到湘江战役全州主战场惨烈的战况。

2. 与当地团委交流学习

实践团成员与兴安县团委康超蓝副书记座谈交流。从她的讲述中,实践团成员们了解了兴安县红色旅游资源的发展情况,爱国主义教育基地的开发、利用现状,对兴安县的红色文化资源的情况有了更深入的了解。

实践团成员与灌阳县团委陆志辉副书记座谈交流。他向实践团成员们介绍了"红色旅游＋扶贫"模式等情况。在各级党委和政府的扎实推进下,在社会各界的积极参与下,政府、市场、社会联动扶贫,当地的脱贫攻坚进入最后决胜阶段。实践团成员感受到了脱贫与致富、扶贫与突出地区特点,因地制宜,将脱贫攻坚与乡村振兴相结合的政策取得的实效,对打赢脱贫攻坚战充满信心。

(三)广西大学物理科学与工程技术学院赴北京国家天文台暑期社会实践活动

为了让同学们走近科学前沿,拓宽科学视野和全球视野,物理科学与工程技术学院组织了2019年北京暑期社会实践夏令营活动,让同学们近距离接触国家重大科学仪器和高精尖设备。参营人员包括物理电子创新培养班全体同学、经过遴选的君武学堂天文菁英班同学、硕士研究生和博士研究生,共计83名学员。

2019年7月20日下午,学院组织了"2019年北京夏令营"活动启动仪式。在活动启动仪式上,梁恩维院长向同学们介绍了创培班和菁英班的人才培养计划,激励同学们将学术研究列为人生目标,为科研队伍注入新鲜血液,为中国发展、祖国强盛奉献力量。梁院长向同学们传达了校长的殷切期待,并希望营员们通过近距离接触国家重大科学仪器和高精尖设备,聆听知名专家学者讲授科学前沿知识,了解物理、电子、天文科学前沿和高精尖技术发展状况。活动启动仪式上,梁院长还为每一位营员免费赠送了《三代科学人》《改变世界的物理学》两本书。

在为期九天的夏令营活动时间里,营员们先后参观了中国科学院国家天文台兴隆观测基地、中国科学院国家天文台总部、中国科学院高能物理研究所、中国科学院北京纳米能源与系统研究所。营员们实地参观了兴隆观测基地的郭守敬望远镜、2.16米望远镜等一系列重大天文观测设备,实地使用广西大学安装在兴隆观测基地的光学望远镜开展观测实习;参观北京正负电子对撞机、慧眼卫星的中控大厅和备份机;参观北京纳米能源与系统研究所高端研究设备,聆听了王中林院士、郑阳恒教授等专家学者的报告。精彩的大师报告、科技工作者乐在其中的饱满精神状态、高精尖的科学装备,让营员们受益匪浅。大家纷纷表示今后要专注专业学习,强化基础,不懈进取,积极投身科研工作。

图 4-11　实践团参观中国科学技术馆

三、联系两岸情谊——2019年桂台大学生太极拳夏令营

本次活动被列为国务院台湾事务办公室2019年对台重点交流项目，由广西壮族自治区人民政府台湾事务办公室、广西壮族自治区教育厅指导，广西大学主办，广西大学杨式太极拳协会承办，目的是促进大学生对中华民族优秀传统文化的热爱与传承，弘扬中华太极拳文化，促进桂台体育文化活动交流。桂台两岸的教练及大学生开展了核心肌群运动教学、杨家老架太极拳108式教学与演练、杨家老架太极武艺讲习会等系列活动。

四、教育关爱服务——广西大学艺术学院赴西乡塘区双定镇暑期社会实践活动

1. 特色支教，开阔视野

广西大学艺术学院暑期社会实践团充分运用自身的专业特长，根据小朋友们的兴趣开设了音乐班、舞蹈班、美术班、舞台剧班、经典诵读班等兴趣班。

音乐班的小朋友们学习的歌曲为《仰望星空》，孩子们声音洪亮，透着青少年特有的活力与激情，将《仰望星空》唱进了每个人心里。舞蹈班的小朋友们学习傣族舞《竹楼情怀》，小朋友们跟着老师舒展身体，一遍一遍地练习舞蹈动作，小朋友们不喊苦不喊累，每一个动作都尽力做到标准，毫不拖泥带水。美术班的小朋友们完成的手工作品有创意红灯笼、创意纸杯、纸盘画、创意风筝、手工黏土……手工课程的学习，激发了小朋友们的创造力，提高了小朋友们的动手能力。舞台剧班所选剧本为《扁鹊见蔡桓公》，小朋友们分

角色表演，表演得十分生动形象。经典诵读班的小朋友们所选朗诵稿为《解读时光》，通过一次次的练习，小朋友们的普通话越来越标准，感情越来越投入，诗歌朗诵带给小朋友们的不仅是朗诵技能的提升，更是在传播积极向上的正能量。

2. 文艺汇演，筑梦成长

为迎接新中国成立 70 周年，丰富乡镇居民的业余生活，2019 年 7 月 18 日晚，由广西大学艺术学院暑期社会实践团、双定镇团委在双定镇文化活动中心举办的"青春心向党　建功新时代——双定镇喜迎新中国成立 70 周年晚会"圆满落幕。

晚会现场群情激昂、掌声雷动，广西大学艺术学院志愿者、双定镇中心小学学生、义平文艺队、英吉爱尚舞文艺队、英吉老人山歌队为观众们奉献了十四个精彩节目，包含了山歌《唱支山歌给党听》，粤剧《惆怅杜鹃花》，歌曲《仰望星空》《探清水河》，舞蹈《壮族敬酒歌》《竹楼情怀》《热辣女人》，集体歌舞表演《快乐出发》《我和我的祖国》，舞台剧《扁鹊见蔡桓公》，诗歌朗诵《解读时光》等形式多样的文艺表演。

五、"心系客家，情暖璋嘉"——广西大学大学生志愿者联合会赴广西壮族自治区北海市合浦县暑期社会实践活动

2019 年 7 月 15 日—22 日，广西大学大学生志愿者联合会前往北海市合浦县曲樟乡璋嘉村开展为期 8 天的暑期社会实践活动。实践团在当地政府、学校老师、群众的密切配合下，结合当地的实际情况，运用所学知识，卓有成效地开展了助学支教、下乡调研、配合当地政府入户走访进行"控辍保学"的工作等各项实践服务活动。实践团成员认真务实，得到了当地群众的支持和认可，活动取得了良好的社会反响。

第四节　永远跟党走　奋进新时代

广西大学 2021 年暑期社会实践活动拾萃

2021 年暑假，为深入学习宣传贯彻习近平新时代中国特色社会主义思想，学习贯彻党的十九大和十九届二中、三中、四中、五中全会精神，深入贯彻习近平总书记在广西考察时的重要讲话精神，贯彻落实习近平总书记关于青

年工作的重要思想，引导和帮助广大青年学生上好与现实相结合的"大思政课"，在社会课堂中受教育、长才干、做贡献，在观察实践中学党史、强信念、跟党走，努力成为担当民族复兴重任的时代新人，以实际行动庆祝中国共产党成立100周年。广西大学在严格执行疫情防控要求的前提下，广泛组织学生积极开展以"永远跟党走　奋进新时代"为主题的暑期社会实践活动。广大青年学生在活动中贯彻落实习近平总书记"七·一"重要讲话精神，沿着习近平总书记考察广西时的足迹，以实际行动践行共产党员的初心使命，谱写热血青年的时代芳华。开展了打卡红色基地、助力乡村振兴、深度国情观察等系列活动。4支团队获评全国重点团队，校团委获得全国大中专学生志愿者暑期"三下乡"社会实践活动优秀单位。实践活动得到了中国青年网、人民网、广西电视台、广西日报等多家主流媒体的关注、报道。

一、循习近平总书记足迹，厚植广西学子爱广西的情怀

2021年4月，习近平总书记到广西考察，进村庄、入企业、察生态、探民生，就推动经济高质量发展、加快推进乡村振兴、保障和改善民生、搞好民族团结进步等进行调研，并亲自指导开展党史学习教育。广西大学学子循着习近平总书记考察广西的足迹，到城市、进乡村感受广西的发展成就，增强广西学子爱广西、服务广西的情怀。

在全州县红军长征湘江战役遗址等地，实践团走进红军长征湘江战役纪念馆，通过图文史料、馆藏展品，回顾红军长征突破湘江战役的壮烈历史，领会红军将士视死如归、向死而生、一往无前、敢于压倒一切困难而不被任何困难压倒的崇高精神。实践团同学通过为烈士敬献花篮、重温入党（团）誓词等活动，缅怀对烈士的哀思。在全州县才湾镇毛竹山村，师生们围绕该村推进脱贫攻坚和乡村振兴有效衔接的举措开展实地走访调研，体验以"红色＋田园"旅游为载体，结合红色教育基地、生态农场、亲子园等项目，开发具有生态休闲、旅游观光、文化传承、教育体验等多种功能的产业，感受桂风壮韵的乡村风貌。实践团走进螺蛳粉生产工业园、销售企业、螺蛳粉特色小镇等考察米粉生产、螺蛳养殖、配料加工、成品销售等各环节，同学们对"小米粉，大产业"有了深刻认识。实践团对广西传统特色小吃如何变成网红食品，以及螺蛳粉产业标准化、品牌化发展进行了调研。在广西民族博物馆，实践团现场开设民族团结主题团课，师生们围绕"'民族'一词是从何而来的"，用民族国家、身份认同等关键词阐述凝聚力与大局意识的关键性与重要性，深入思考"民族"一词所蕴含的深刻含义，深刻感悟中华民族的使命与担当。

实践团成员聆听村民们讲述习近平总书记心怀"国之大者"的情怀,聆听为习近平总书记做过讲解的当事人讲述习近平总书记对建设壮美广西的关心,大家深刻感受到习近平总书记的大国领袖魅力。大家表示,作为广西学子,一定要谨遵习近平总书记考察广西时的重要讲话精神,立足实际,增强爱广西、服务广西的情怀,毕业后为建设新时代中国特色社会主义壮美广西贡献力量。

二、打卡红色基地,赓续伟大建党精神

广西大学充分利用广西丰富的红色教育资源开展爱国主义教育,先后组织十余支队伍到百色、梧州、全州、东兰等革命教育基地,开展沉浸式教学,现场上微党课、微团课,使学生深刻感受中国共产党波澜壮阔的百年奋斗史,深刻感受中国共产党历久弥坚的百年初心使命。

在百色市、田东县、龙州县等地,党史宣讲实践团到红七军军部旧址、那恒村革命史馆、百谷红军村、右江工农民主政府旧址、龙州起义纪念馆、龙州烈士陵园、红八军军部旧址、龙州铁桥阻击战遗址等20多处革命遗址与革命纪念场馆开展"五个一"活动,通过听一次红军课、走一回红军路、览一遍红军馆、住一晚红军村、唱一次红军歌活动,对左右江革命老区革命文化进行深入学习了解。在梧州中共广西第一个农村党支部纪念馆,实践团现场开展微党课活动,深入学习新民主主义革命时期广西党组织从诞生到不断发展壮大的曲折历史,在纪念馆里举行了党史学习及实践活动分享会。在湘江战役全州县大坪渡口,实践团开展情境式、沉浸式学习教育,举行朗诵会,师生们或激情昂扬,或深情诵读,用诗词缅怀湘江战役中牺牲的红军战士,抒发内心对红军先烈的崇敬。在卓越的农民运动领导人、百色起义领导人之一韦拔群的故乡东兰县,实践团开展"致敬抗战老兵寻访"活动,通过采访抗战老兵,聆听韦拔群的革命故事,找寻历史回忆,探寻他们记忆深处的真实故事,同学们以文字、影像等形式记录了老兵在战争年代的切身经历和所见所闻,将有血有肉的抗战故事和宁死不屈的抗战精神保留并传承下去。在那坡县,实践团前往那坡县烈士陵园、平孟古炮台哨所开展"红色筑梦"主题教育活动,倾听退役战士、哨所所长、纪念馆馆长等讲解抗战故事,重温历史,传承红色基因,加强爱国主义教育。为使来华留学生深入地了解中国共产党人艰苦奋斗的革命精神,切身感受"革命精神",我校组建了"重温红色"实践团,来自马来西亚、泰国、俄罗斯等国家的留学生与广西大学学子

实践育人探索
——广西大学社会实践育人纪实

一同开展了中外大学生社会实践活动,前往红色基地参观学习,开展文化交流。活动让外国留学生进一步加深对中国的认知和理解,深入了解了中国共产党的历史和执政理念,并将自己眼中真实的中国传递到世界各地。

图4-12 实践团在右江革命纪念馆

图4-13 广西大学中外大学生实践活动

实践团成员打卡红色革命教育基地，看到的是一草一木、一砖一瓦，感受到的是无数革命先烈不畏牺牲、舍生忘死的精神。通过现场教学、沉浸式学习，实践团成员们深刻理解了共产党人的初心使命，共产党人带领各民族群众在血与火的战争洗礼中，用宝贵的生命和坚定的信念铸就的伟大精神，深刻感悟了革命先烈们对党无限忠诚、对革命事业无私奉献的崇高精神，以及老一辈无产阶级革命家清正廉洁、克己奉公、艰苦朴素、执政为民的优良革命传统。大家表示，青年学子要以崇仰之情、敬畏之心深入学习党的历史，从中汲取新的智慧和力量，要继承和发扬革命先烈的精神品质，在任何困难和挑战面前都要迎难而上、勇于斗争，以实际行动为走好新时代的长征路贡献青春力量。

三、助力乡村振兴，把青春奋斗融入党和人民事业

作为世界一流学科建设高校，广西大学充分发挥科研和人才优势，组织学生尤其是博士研究生、硕士研究生走出实验室，走向田间地头，助力乡村振兴，把青春"小我"融入党和人民事业的"大我"。

农学学科博士团到百色市那坡县的口角村、达腊村、百林村，对村民进行桑蚕养殖、蔬菜种植技术指导。针对农户提出的"蚕病多发""蚕房怕消毒""蚕茧产量难突破"等问题，农学学科博士团的指导教师蚕学专家屈达才教授向农户讲解蚕房科学消毒的具体方法，科学消毒不仅可以避免蚕病的发生，还能为桑蚕产业提质增效打好基础。广西蔬菜产业科技先锋队副队长唐小付老师在了解当地气候情况后，主动提出为当地提供适应性强、生产附加值高的蔬菜苗，为当地发展特色农业，吸引人才返乡创业和农民增收出一份力。林学学科博士团深入那坡县口角村、念头村千亩油茶基地指导油茶种植，油茶专家潘晓芳教授对油茶的立地条件、修剪及施肥等问题提出专业意见，指出种植油茶关键在于施肥和修剪，建议当地林业局带领农户按期砍除老化的油茶树，更换种植高产品种，并且对那坡县油茶茶树老化导致产量降低、销售价格持续走低、油茶良种使用率低、缺乏精炼工厂和缺乏集约化经营管理等问题进行了指导。建筑学、城乡规划专业实践团赴来宾市兴宾区开展"壮美广西，美丽乡村"乡村风貌提升调研实践活动，实践团分别通过座谈调研和实地走访方式对兴宾区3个乡镇、7个自然村进行了深入走访调研，反馈了实地调研过程中发现的现阶段乡村风貌提升工作中存在的问题，从产业振兴、生态宜居、乡村文明三方面提出了对乡村风貌提升及乡村振兴工作的思考，并对调研活动进行总结，形成了1.8万字的调研报告，与兴宾区主管部

实践育人探索
——广西大学社会实践育人纪实

门交流探讨。法治中国实践团赴浦北县白石水镇良田村和北通镇平坡村、清湖村的沙秧地自然村及九梅麓自然村，调研了解基层干部在乡村振兴、基层治理中的作为，了解当地村民生活的新变化。美丽乡村实践团赴南宁市西乡塘区的社区开展"美丽社区，建设有我"主题墙绘志愿服务活动，结合社会主义核心价值观、创建文明社区、垃圾分类、低碳出行和关爱儿童等主题，在长达200多米的文化墙上进行涂鸦绘画，为社区居民创作出一幅幅精美画卷，使社区面貌焕然一新。

图4-14 农学学科博士团采访口角村养蚕带头人何玉飞

图4-15 "第一书记"甘敏思为农学学科博士团成员介绍口角村发展现状

图 4-16 建筑学、城乡规划专业实践团赴来宾市开展"壮美广西，美丽乡村"乡村风貌提升调研实践活动

从书本走向现实、从理论走向实践，实践团的师生们看到了国家发展的伟大成就，深刻地感受到了走向小康的幸福和感动，体会到了实验室的科研对农民增产增收、对经济社会发展、对乡村振兴的重大作用。大家表示，青年大学生走进新时代大有作为、大有可为，一定要扎实学习、学以致用，把"小我"融入"大我"，为乡村振兴、全面建设社会主义现代化强国贡献点滴力量。

四、加强国情观察，增强做中国人的志气、骨气、底气

广西大学注重厚植青年学生的家国情怀，带领学生走进改革开放前沿阵地、工业重镇、边关地区，在实践调研中感受国家发展、民族复兴的伟大成就，增强青年学生做中国人的志气、骨气、底气。

在钦州、防城港、北海三市，实践团参观自由贸易试验区钦州港片区、防城港核电有限公司、北海市合浦汉代文化博物馆，感受了广西开放开发的建设成就和古代海上丝绸之路在促进世界文明交流互鉴方面的特殊作用，深入地理解了"一带一路"的重要地位和重大意义。在工业重镇柳州市，实践团在柳州工业博物馆开展别开生面的团课活动。实践团成员们从一件件饱含沧桑的旧物、一沓沓工整洁净的文件中感悟着时代故事，中国共产党领导勤劳智慧的劳动人民实现当家做主、勇于开拓创新、建设美好家园的光辉篇章深入人心。在崇左市，实践团开展"名校学子边关行"考察调研活动，实践

实践育人探索
——广西大学社会实践育人纪实

团成员深入学校、工厂、农村开展实地调研，切实感受边境城市的发展成就和蓬勃生机。实践团成员被分配到基层一线岗位，参与走村入户、卫片执法、土地执法、疫情防控、农村宅基地确权、人大换届等工作。一个月时间，实践团成员扎根基层一线，深入了解了国情、区情，了解了广大农民的生活疾苦和诉求，理解了国家乡村振兴政策的真正意义，体会到了基层公务员肩上的重任，树立了为乡村振兴贡献青春力量的志向。

广西大学实践团也积极走出广西，奔赴全国。为了更好地加深对天文知识的学习，锻炼社会实践能力，了解我国天文事业发展的现状，"新时代青年观察家"实践团走进云南昆明天文台开展活动。本次活动旨在加深广西大学新时代青年大学生对国家天文事业发展的认识和了解，带动同学们深入研究、探索，推动天文事业发展。在贵州兴义，实践团开展了"西电东送千里行"主题暑期社会实践活动。实践团来到西电东送大通道的主要节点，在这里实践团成员了解了西电东送的起源及意义，发现了"西电东送"最美的人和事，感受到了水电的壮美与温情。实践团成员对超高压输电工程有了更深入直观的体会，对西电东送的发展历程和巨大成就惊叹不已，对奋斗在西电东送线上的电力建设者们钦佩不已。实践团成员通过本次"西电东送千里行"主题暑期社会实践活动发现了祖国的"美"，见证了祖国的"强"，感受到了劳动者的"牛"。

图 4-17 实践团走进昆明天文台

实践团的师生们一路走、一路看、一路听，用脚丈量生机勃勃的祖国大地，用眼观察日新月异的社会发展，用心感受共产党领导下人民满满的幸福感、获得感，深刻地感受到党的伟大、人民的幸福，尤其是党的十八大以来，我国经济社会、人民生活取得的伟大成就，对"中国共产党为什么能，中国特色社会主义为什么好，马克思主义为什么行"有了更具体、生动的理解。实践团成员表示，未来他们的人生轨道将与"第二个一百年"奋斗目标实现的时间轨道高度重合，"一代人有一代人的长征，一代人有一代人的担当"，一定要增强做中国人的志气、骨气、底气，奋发图强，担当起实现中华民族伟大复兴的中国梦的使命。

第五节　喜迎二十大　永远跟党走　奋进新征程

广西大学 2022 年暑期社会实践活动拾萃

在 2022 年五四青年节前夕，习近平总书记到中国人民大学考察调研时勉励广大青年，在青春的赛道上奋力奔跑，争取跑出当代青年的最好成绩。习近平总书记指出："希望广大青年用脚步丈量祖国大地，用眼睛发现中国精神，用耳朵倾听人民呼声，用内心感应时代脉搏，把对祖国血浓于水、与人民同呼吸共命运的情感贯穿学业全过程、融汇在事业追求中。"我校青年学生积极响应习近平总书记号召，将暑期社会实践和志愿服务活动与学习贯彻习近平总书记在庆祝中国共青团成立 100 周年大会上的重要讲话紧密结合，以实际行动谱写热血青年的时代芳华，在中华民族伟大复兴进程中逐梦前行，以实际行动喜迎党的二十大胜利召开。

一、打卡红色基地，追溯红色记忆

广西大学各实践团充分利用区内外丰富的红色教育资源开展爱国主义教育，先后组织十余支队伍到遵义、贵港、梧州、北海等红色教育基地学习、开展实践活动。

2022 年 7 月 10 日至 13 日，广西大学学生组织功能型党支部实践团前往贵州省遵义市开展暑期社会实践活动。"长征精神诲育千秋，遵义会议永放光芒。"实践团来到红军烈士陵园和遵义会议纪念馆，参观遵义会议旧址及纪念馆，通过一件件长征历史文物展品，身临其境、亲眼所见、亲耳所闻，回顾遵义会议实现的伟大历史转折，感悟革命先辈们崇高的革命精神和坚定的理想信念，感受红军将士荡气回肠的豪迈和英勇无畏的身姿，传承和弘扬红色基因。

实践育人探索
——广西大学社会实践育人纪实

图 4-18 实践团赴遵义会议旧址参观学习

校团委组织我校大学生"扬帆计划"政务实习成员和新闻与传播学院"探访美丽乡村新面貌,展望祖国发展新未来"覃塘区暑期社会实践团赴贵港市覃塘区开展实践活动。实践团师生专程来到贵港市中共广西省第一次代表大会展览馆开展红色主题教育。师生们走进"目"字结构的三进式小楼实地参观,在沉浸式的学习体验中,感受革命先辈的大无畏精神和崇高的理想信念,激发斗志,砥砺品格。师生们表示将赓续红色血脉,为中华民族伟大复兴努力拼搏。

图 4-19 实践团赴贵港市覃塘区开展政务实习

海洋学院实践团赴涠洲岛红色教育基地参观学习。在涠洲革命烈士纪念碑前,实践团成员向革命先烈鞠躬默哀,重温入团誓词,重行红色之路,参观"解放涠洲""保土固边"等雕塑和涠洲岛国防教育馆。以史为鉴,实践团成员们从红色传奇故事中汲取了精神力量，更加坚定了入团、入党宣誓的初心和继承、发扬革命精神的理想信念。

图 4 - 20 实践团赴涠洲岛调研学习

资源环境与材料学院实践团师生来到梧州，参观"中共广西第一个农村党支部纪念馆"。通过参观纪念馆，实践团成员们对广西第一个农村党支部成立和大革命时期中共领导下广西农民运动等历程有了进一步认识，也感受到革命先辈对党的事业无比忠诚的革命精神。

图 4 - 21 实践团参观"中共广西第一个农村党支部纪念馆"

实践育人探索
——广西大学社会实践育人纪实

二、跨地跨校联合实践，厚植广西青年爱广西的情怀

广西大学发挥其广西高等教育排头兵的作用，加强与区内其他地市高校的合作，与有关高校联合开展暑期社会实践活动，通过跨校、跨院系、跨专业、跨年级组队，以团队合作的方式共同完成社会实践任务，有利于立足扎实的学科背景和专业优势进行资源共享、优势互补，依托社会实践基地助力社会实践优化提升。

广西大学工商管理学院暑期实践团与广西科技大学经济与管理学院实践团在柳州一同开展"喜迎二十大　永远跟党走　奋斗新征程"主题团日实践活动。实践团前往柳州市工业博物馆进行参观交流与学习，进一步了解了柳州工业的历史，学习了艰苦奋斗、自主创新的柳州精神，开阔了眼界，增长了见识。大家纷纷表示愿为广西的发展壮大、为祖国的繁荣富强矢志奋斗。

广西大学动物科学技术学院、广西农业职业技术大学动物科学技术系40余名师生赴百色市靖西市开展"践行科技兴农使命，助力乡村振兴战略"暑期社会实践活动。实践团师生实地参观了靖西市福喜乐生态扶贫母猪产业核心示范区，并详细了解了福喜乐集团打造的"政府主导＋农户主体＋金融支撑＋企业引领＋合作社纽带＋供应链平台"六位一体生猪产业化联合体的运营模式。

图4-22　广西大学与广西农业职业技术大学实践团合影

广西大学机械工程学院与广西科技大学机械与汽车工程学院的实践团共同在柳州开展了暑期社会实践活动。实践团以重走习近平总书记考察柳州之

路、柳州工业企业发展调研之路为主线,以实地走访、座谈调研等形式深入企业,引导和帮助广大青年学生上好与现实相结合的"大思政课",在社会课堂中受教育、长才干、做贡献。

图4-23 实践团参观柳钢博物馆

广西大学马克思主义学院联合梧州学院马克思主义学院开展暑期"三下乡"社会实践活动,实践团前往广西大学梧州旧址、中共梧州地委旧址进行了参观学习,在蝴蝶山进行了一场"超越时空的对话",致敬马君武先生,重温广西党史故事,深入了解广西大学办校史,使实践团成员深刻理解马君武先生"复兴中华、发达广西"的立校本意,厚植实践团成员的爱党爱校情怀,坚定实践团成员以实际行动践行青春心向党、建功新时代的决心和毅力。

图4-24 广西大学与梧州学院联合社会实践团开展主题学习活动

实践育人探索
　　——广西大学社会实践育人纪实

　　广西大学生命科学与技术学院与桂林电子科技大学生命与环境学院联合实践团一同前往桂林会仙喀斯特国家湿地公园进行考察，船游桂林会仙湿地，心系生态文明建设。实践团成员追寻习近平总书记的足迹，来到位于桂林市全州县才湾镇的红军长征湘江战役纪念园进行参观，在红军长征湘江战役纪念园凭吊广场，致敬和缅怀英勇牺牲的先辈，缅怀革命先烈，传承革命精神。

三、了解国情社情，观察发展成就

　　聚焦党的十八大以来党和国家取得的历史性成就、发生的历史性变革，组织青年学生在社会观察、国情考察、基层治理参与、特色产业调研、学习体验中了解国情、社情、民情，感受祖国发展变化，坚定理想信念，站稳人民立场，投身强国伟业。

　　土木建筑工程学院联合新闻与传播学院，结合国家"十四五"远景规划，利用两院师生的专业知识，引导实践团成员追寻院士足迹，深入郑皆连院士主持修建的桥梁现场，用脚步丈量大国工程，用眼睛发现院士精神，用内心感应时代脉搏，走进中学，走入社会，开展理论宣讲活动，践行"请党放心，强国有我"的青春誓词。实践团师生为当地的同学们介绍了中国古代桥梁的发展历史和现代桥梁的类型，重点讲述在党的领导下中国基础设施建设，尤其是桥梁建设近年来飞速发展的情况，以及郑皆连院士精益求精、追求卓越的工匠精神。实践团通过理论宣讲结合动手实践、技术科普结合现场参观、实地参观平南三桥、举办"大手牵小手"搭桥建模比赛等形式，为青少年们上了一堂生动的思政课、理论课、实践课，让青少年们在了解中国桥梁发展中感受祖国的强大，在思考设计及动手制作中培养科学态度和科学精神，在实践参观中感受以郑皆连院士为代表的桥梁科技工作者勇攀高峰、精益求精的工匠精神和为国为民、心系民生的家国情怀。

图 4-25　实践团赴平南三桥开展调研学习

物理科学与工程技术学院组织实践团赴贵州的中国天眼 FAST 基地开展暑期实践活动，参观贵州的中国天眼 FAST 基地，学习望远镜的天文观测基础知识和运行原理，学习使用望远镜，进行观测和天文知识的调研和宣传。本次实践活动加深了广西大学物理科学与工程技术学院新时代青年大学生对国家天文事业的认识和了解，带动同学们进行深入研究、探索。

图 4-26　实践团赴贵州的中国天眼 FAST 基地参观学习

四、助力乡村振兴，贡献青春力量

2022年7月，广西大学农学院根据乡村振兴建设和农村实际生产需要，结合自身专业背景和优势开展"青春筑梦振乡村"暑期实践活动，通过专题调研、科技服务、红色之旅、乡村宣传、支教活动等多种形式开展社会服务活动，以实践活动为载体，助力乡村振兴，为那坡县的发展贡献农科学子的力量。实践团前往那坡县中山村、口角村、达腊村、者仲村、百林村开展"为农解忧"田间实地指导工作及农技培训推广活动，践行理论结合实际，利用学科优势在当地开展农业知识宣讲活动，通过多种形式提高基层农技人员、种植大户和农民的种植和生产水平，解决在生产实践中遇到的难题，提高农产品的质量和效益。

图4-27 实践团观察蚕的生长情况

图4-28 唐小村老师指导正确养护向日葵

为加大国家通用语言文字推广力度，提高国家通用语言文字普及程度，助力民族团结与乡村振兴，锻炼广大青年学生在实践中运用专业知识的能力，推动普通话高质量地发展，2022年8月，文学院暑期社会实践团前往兴宁区群星村，通过实地调研、走访入户、个人专访等形式，开展"推广普通话，喜迎二十大"专项系列暑期社会实践活动。

实践团成员走村入户，与村民进行深入交流，了解当地民俗文化，调研当地普通话推广情况，向村民宣讲此次活动的目的及意义。实践团成员与村子里的孩子和其他村民一起进行红色诗文朗读、红色歌曲传唱、趣味文字问答比赛、党史故事大家讲等文化活动，在有趣的活动中对孩子和村民进行党史教育，向他们普及党史知识，帮助他们学习普通话，提高他们对国家通用语言文字的应用能力，丰富活动的方式和孩子们的学习方式。实践团成员在给孩子们辅导功课的同时带领孩子们进行普通话和党史的学习，帮助孩子们拓宽党史知识的了解渠道，纠正其普通话发音，提高其普通话的标准程度。

实践团成员通过纸质版调查问卷、走家入户访谈等方式开展调查，了解当地村民的普通话普及情况、国家通用语言文字的使用状况和村民的学习需求等，针对当地具体情况开展国家通用语言文字调研活动，助力推广普通话，实现乡村振兴。

实践育人探索
——广西大学社会实践育人纪实

图4-29　实践团在群星村开展座谈

　　为"美化乡村环境，助力乡村振兴"，广西大学艺术学院暑期社会实践团于2022年7月7日赴防城港滩营乡开展了为期九日的"美化乡村"主题墙绘志愿服务活动。

　　广西大学艺术学院的13名大学生志愿者顶着炎炎烈日，粉刷绘画村里的墙面，志愿者们手拿刷子、喷漆、颜料，稳中有序，调颜料、勾轮廓、涂色彩，忙得不亦乐乎，在墙上精益求精绘制艺术作品。一面面原本斑驳泛黄的墙壁"改头换面"，变成了村民眼中的文明传递墙。主题鲜明的图文宣传着公序良俗、健康生活、乡风文明、惠农政策等内容，通俗易懂、赏心悦目，引导村民从"被动听"变为"主动看"，丰富了群众业余文化。墙绘让乡村看起来像一幅大画，提升了乡村的艺术气息。

　　本次"美化乡村"活动，志愿者们绘制文化墙10余幅，绘制面积300多平方米。一墙一文化，一画一风景。同学们充分发挥自己的专业特长，不畏高温酷暑天气，创作出了一幅幅美丽画卷，彰显了艺术学院学子们的能力与毅力，让文化墙成为乡村文明新景观，让文明新风潜移默化地进入群众生活，助推美丽乡村建设、文化建设，为乡村振兴贡献了自己的一份力量。

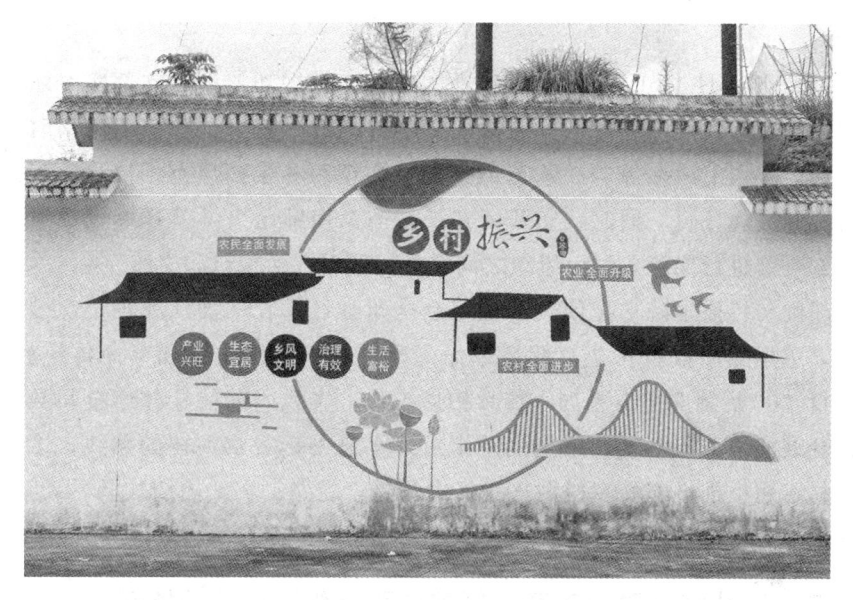

图 4-30　实践团成员绘制的墙画

第六节　学习二十大　永远跟党走　奋进新征程

广西大学 2023 年暑期社会实践活动拾萃

习近平总书记指出，"希望广大青年用脚步丈量祖国大地，用眼睛发现中国精神，用耳朵倾听人民呼声，用内心感应时代脉搏，把对祖国血浓于水、与人民同呼吸共命运的情感贯穿学业全过程、融汇在事业追求中。"广西大学青年学生积极响应习近平总书记号召，将暑期社会实践和志愿服务活动与学习贯彻习近平新时代中国特色社会主义思想相结合，以实际行动践行主题教育"学思想、强党性、重实践、建新功"的总要求，谱写热血青年的时代芳华，在中华民族伟大复兴进程中逐梦前行，以实际行动贯彻落实党的二十大精神。

一、打卡红色基地，追溯红色记忆

广西大学各实践团充分利用区内外丰富的红色教育资源开展爱国主义教育，先后组织十余支队伍到韶山、全州、遵义等红色教育基地学习、开展实践活动。

2022 年 7 月 10 日至 13 日，广西大学学生组织功能型党支部实践团前往湖南韶山，参观韶山毛泽东同志故居，学习习近平总书记在韶山考察时的重要讲话，感悟毛泽东等老一辈革命家的革命理想和崇高风范，接受深刻的思想洗礼和灵魂教育。同时，实践团在长沙与湖南师范大学就开展校级组织功能型党支部进行交流，学生组织之间也进行了深入的探讨和交流。

新闻与传播学院求真传美解说团赴全州县红军长征湘江战役纪念园参观学习，重温湘江战役历史，缅怀革命先烈，进行爱国主义和革命传统教育，并进行"00 后话党史"系列宣传片拍摄工作；实践团前往桂林市全州县毛竹山村开展实地调研活动，师生们重走习近平总书记视察广西的路线，了解毛竹山村在积极推进实施乡村振兴战略中的探索之路；实践团前往马君武墓园，缅怀广西大学首任校长马君武，表达对老校长的敬仰与怀念之情。

二、跨地跨校联合实践，厚植广西青年爱广西的情怀

广西大学发挥广西高等教育排头兵的作用，加强与区内其他地市高校的合作，与有关高校联合开展暑期社会实践活动。通过跨校、跨院系、跨专业、跨年级组队，以团队合作的方式共同完成社会实践任务，有利于立足扎实的学科背景和专业优势进行资源共享、优势互补，依托社会实践基地助力社会实践优化提升。

为引导广大青年学生走进乡土中国深处，把课堂学习和乡村实践紧密结合，在乡村振兴大舞台建功立业，2023 年 7 月 9 日至 13 日，由广西大学农学院牵头的广西大学"厚植爱农情怀 练就兴农本领"暑期社会实践团联合华南农业大学暑期社会实践团一同走进广东省河源市东源县。实践团切实感受乡村振兴引领下东源县乡村的新变化，利用自身专业所学，助力乡村振兴。在为期五天的实践活动中，实践团成员根据"笃行计划"专项活动相关要求，围绕党史学习、乡村调研、助农劳动、义务支教等多个方面，走进群众、走进乡村，在服务乡村的社会实践中接地气、受教育、学知识、练本领、长才干、做贡献。

第四章　广西大学暑期社会实践精品活动拾萃

图 4-31　广西大学与华南农业大学联合实践团合影

广西大学工商管理学院与百色学院工商管理学院实践团联合在百色开展以"壮美千姿百色红，研学筑梦青春行"为主题的社会实践活动。实践团来到革命老区百色市，走进革命博物馆、纪念馆、党史馆、烈士陵园等红色基因库，访红色地标悟初心，聆听移动党课汲力量。一寸山河一寸血，一抔热土一抔魂。新中国是无数革命先烈用鲜血和生命铸就的。在本次暑期社会实践活动中，两校实践团成员跟随革命先烈的步伐，亲身感受到了革命先烈为民族独立和解放事业所做出的巨大牺牲和贡献，用行动向革命先烈表示崇高的敬意。

图 4-32　广西大学与百色学院联合实践团合影

三、了解国情社情，观察发展成就

广西大学聚焦党的十八大以来党和国家取得的历史性成就、发生的历史性变革，组织青年学生在社会观察、国情考察、基层治理参与、特色产业调研、学习体验中了解国情、社情、民情，感受祖国的发展变化，坚定理想信念，站稳人民立场，投身强国伟业。

2023年7月11日至14日，广西大学平陆运河暑期实践团赴平陆运河沿线，开展以"考察世纪工程 扎根基层一线 建设壮美广西"为主题的暑期"三下乡"社会实践调研活动，从平陆运河的起点——南宁横县平塘江口（1标段）行至钦州平陆运河入海口（15标段），全面了解了平陆运河世纪工程的历史意义、建设情况、生态保护计划，以及西部陆海新通道建设对沿线发展的重要意义。

图4-33 实践团在第3标段（马道枢纽）开展调研

活动期间，实践团前往平陆运河第1标段、第3标段（马道枢纽）、第5标段（企石枢纽）、第9标段、第12标段（青年枢纽）、第15标段、钦州湾等地，围绕工程背景、技术难题、关键科学问题、科技应用开展实地调研和访谈活动，为西大学子了解先进工程技术、科研难题与一线工程经验，感受大国工匠精神，发掘西部陆海新通道发展驱动作用和历史意义提供新途径。

图4-34 实践团在第12标段（青年枢纽）开展调研

为加强天文学科建设，培养具有科技前沿视野的一流学生，贯彻落实"科教融合"的人才培养理念，广西大学物理科学与工程技术学院组织实践团前往云南天文台丽江观测站和中国科学院江门中微子实验室开展社会实践活动，邀请天文台知名科研专家为学生科普天文知识。在云南天文台丽江观测站，实践团成员参观了1.6米多通道测光巡天望远镜、2.4米光学望远镜，以及望远镜控制室，在相关专家的讲解下，近距离观看了望远镜的工作方式，聆听了主题为"地外生命漫谈与类星体、活动星系核"的科普学术报告；在中国科学院江门中微子实验室，实践团成员近距离参观并了解了国家大科学装置的运行原理和建设进展，聆听了中国科学院江门中微子实验与大亚湾反应堆中微子实验的主题报告。在本次社会实践活动中，实践团成员了解了天文领域的知识，深刻感受到了天文行业的魅力，领悟到做好科研的必要条件是有吃苦耐劳的决心和坚韧不拔的毅力。他们纷纷表示将更有信心、更富激情地投入到天文领域中。"我们的征途是星辰大海，但我们更要脚踏实地。"这是本次实践活动结束后实践团成员的共同感悟。

图4-35 实践团在云南丽江国家天文台参观学习

广西大学外国语学院组织师生团队赴大化瑶族自治县碧草村开展"重心越重山　永远跟党走"暑期社会实践活动。本次暑期社会实践活动内容丰富，主要有山区小学支教、红色故事第一课、重走红军路、重走习近平总书记的考察路线、带领山区小学生来广西大学研学等多个项目。为了更好地体验劳动实践，助力乡村振兴，培养能吃苦、肯奋斗的精神，实践团成员除了繁忙的授课任务外，还帮助村民割桑叶、剥玉米等。

图4-36 实践团在碧草村开展支教活动

四、助力乡村振兴，讲好乡村振兴故事

广西大学深入学习贯彻落实习近平总书记给中国农业大学科技小院学生的重要回信精神，以及总书记关于"三农"工作的重要论述，引领学生将课堂学习与乡村实践紧密结合，发扬实事求是精神，掌握密切联系群众的方法，脚踏实地，"自找苦吃"，为加快推进农业农村现代化、全面建设社会主义现代化国家贡献青春力量。

2023年7月7日至9日，广西大学动物科学技术学院赴来宾市开展"厚植爱农情怀，助力乡村振兴"暑期社会实践活动。实践团师生走访了来宾市动物疫病预防控制中心，同来宾市动物疫病预防控制中心各科室负责同志进行了座谈交流，详细了解了来宾市畜牧产业发展现状及乡村振兴配套支持政策，参观了生物安全二级实验室。实践团师生来到广西农垦永新畜牧集团新黔牧业有限公司，通过图片展示、模型沙盘、监控视频等方式，全面了解了其发展历程、业务板块、疫病净化等情况，并就人才培养、产教融合、实习实践等方面与公司及校友代表进行了座谈交流。实践团师生走进象州县中平镇良山村，结合村风村貌特点与专业技能优势，在当地开展了实地调研、政策解读、技术指导、药品赠送、志愿服务等实践活动，用实际行动践行青春使命，助力乡村振兴，并切身感受到乡村振兴建设成效。

图 4-37 实践团在中平镇良山村调研

广西大学计算机与电子信息学院以"学子'三下乡' 见证奋斗和希望 铸就真情与担当"为主题，赴广西百色市那坡县进行暑期助农社会实践活

实践育人探索
　　——广西大学社会实践育人纪实

动。实践团走进永靖村,参加当地花椒采摘庆丰收活动,与广西大学农牧产业发展研究院和那坡县领导一起实地调研花椒产业;实践团还走进达腊村,与驻村第一书记一起参观边疆民族博物馆,了解那坡县少数民族的分布、历史渊源、文化、教育、科技、经济社会发展等情况。

图4-38　实践团成员观察花椒生长情况

第五章　广西大学社会实践调研报告荟萃

第一节　文化传承视角下N县黑衣壮影像传播的问题及对策研究

2018年广西大学新闻与传播学院暑期社会实践调研团

一、N县黑衣壮文化保护措施概况

2006年，N县壮族民歌列入首批国家级非物质文化遗产保护名录。近年来，N县县委、县政府从构建文化名县和和谐N县出发，实施多种举措，成功打造了黑衣壮文化品牌，深入挖掘黑衣壮民族文化资源，成功将黑衣壮民歌推广出去。N县邀请上级领导、专家对黑衣壮文化进行研讨，先后在N县召开了"广西民俗摄影协会年度理事会""黑衣壮文化品牌包装推介研讨会""文化精品创作签约会""广西壮族'尼的呀'音乐研讨会"。N县黑衣壮"尼的呀"合唱团在区内外演出，屡屡获奖，宣传推介了黑衣壮文化，形成了影响大、效果佳、获奖多的特点。

美国、瑞典、挪威、波多黎各、韩国等国家，以及港、澳、台专家学者慕名而来进行考察，N县黑衣壮文化影响力持续扩大。

(一)开展非物质文化遗产普查工作

从2006年至2009年，N县重点对黑衣壮民歌等非物质文化遗产进行普查，成立黑衣壮非物质文化遗产普查工作领导小组，开展全面普查和田野调查，全面了解和掌握N县各民族非物质文化遗产资料的种类、数量、分布状况、生存环境、保护状况和存在问题；组织县文化馆、博物馆、各乡镇文化站，以及抽调民间艺人深入乡村进行田野调查并进行分类、登记和整理。

普查之后将资料进行整理、分类、汇编、存档。以访谈、录音、摄影、摄像等方式收集资料、图片，整理归类后汇入数据库，已完成整理、翻译壮

· 123 ·

乡民族《六一贺寿歌》《七一康助酒歌》等16部作品，其中《祝寿歌》一部两件首批入选《中国民歌风俗歌集成》（上部）。北路壮剧、黑衣壮民间信仰、苗族民间舞蹈、"侬安"语系的壮族山歌、N县壮族山歌（伦）中的《求雨歌》和《春耕歌》5个项目分别列入县级第二批非物质文化遗产保护名录。

（二）实行静态和动态保护相结合的机制

N县政府将壮族民歌保护项目列入社会发展规划，纳入地方财政经费预算，每年投入15万元。同时在全县所有中小学校开展山歌演唱普及教学，创办以N县壮族民歌为主要内容的"山歌艺术培训班"，多方面提高壮族民歌的艺术档次，重点保护各级代表性传承人和歌师、歌王、歌手。此外，还设立了吞力、达文等文化生态保护村，力求保存原生态的黑衣壮文化。

（三）建立N县民歌保护长效机制

N县政府制定了行之有效的壮族民歌保护措施，进一步发展以民族文化品牌为产业实体的艺术市场运营机制，带动文化旅游一体化发展。2006年N县壮族民歌列入首批国家级非物质文化遗产保护名录后，按照项目申报的保护工作计划，N县以保护为主，以传承为核心，制定了N县壮族民歌保护与传承方案，认真组织开展工作，在全县形成自觉保护非物质文化遗产的意识。

（四）利用新闻媒体大力宣传

为了推广黑衣壮文化，宣传保护传承非物质文化遗产的目的和意义，N县通过广播电视、板报、墙报帖、标语、发放宣传资料等形式，利用新闻媒体大力宣传黑衣壮文化。

二、N县黑衣壮影像传播概况

（一）设置民语节目

N县下辖9个乡镇，130个行政村（社区），居住着壮、汉、苗、瑶、彝五个民族，总人口20多万。全县是以壮族为主的县份，总人口中，壮族人口占90%以上。壮族按自称和语言分为12个族群，分别是布壮、布峒、布垌、布农、布税、布依、布嗷、布省、布决、布拥、隆安、左州。其中布壮自古以来因穿着自制黑衣服成为黑衣壮，总人口5万多人，占当地壮族人口数的33%，遍及9个乡镇，130个行政村（社区）。

针对N县的实际状况，N县电视台设置了民语节目，主要包括三个部分：一是以县城附近主要使用的壮族语言为主，定时播报的县内新闻。形式采用电视新闻的一般方式，即主持人先介绍县内的主要新闻，然后画面再切到各个新闻事件。二是《西德那天》民生新闻。由于靖西市、德保县、N县、天等县的壮语具有很高的相似度，因此将四县市的民生新闻整合在一个栏目中，时长为15至18分钟。三是黑衣壮山歌赏析。N县文广局收编了所有的壮族山歌，编成歌集，采用对山歌的形式拍成山歌集，将当代主题如习近平新时代中国特色社会主义思想用山歌表现出来，每天播出，受众主要是县城中的老人。

（二）拍摄专题片

N县电视台拍摄了十三个专题片，包括达腊彝族跳弓节、黑衣壮干栏式建筑、魅力同歌节、规弄瑶绣、龙合花炮节、壮族山歌、龙合春牛戏、庆丰节、N县壮族石具等内容，通过影像展示N县浓郁的民族文化特色，呈现了N县民族文化的多元性、丰富性。其中干栏式建筑与壮族山歌都是关于黑衣壮的宣传片，足见黑衣壮文化在N县民族文化中的重要性。

（三）通过博物馆展示黑衣壮文化

博物馆是展示民族文化的重要窗口。长期以来，N县政府高度重视博物馆的保护与建设。除了位于县城内的广西边疆民族博物馆外，N县还在龙合镇共合村达文屯设有N县黑衣壮生态博物馆，两座博物馆已成为N县对外展示黑衣壮文化及N县边疆民族文化的重要场所。新修建的广西边疆民族博物馆还具有影像传播的功能。

广西边疆民族博物馆集边疆民族特色文化、边疆民族韵味和风土人情于一体，主要介绍N县及广西沿边民族的历史文化、地理风貌、人文风情、民风民俗等。广西边疆民族博物馆在大纲思路、整体布局、版面设计和展陈内容等方面注重利用现代技术多角度展示和塑造民族文化，以实物、图片展览为主，辅以特色民族建筑内的生活场景，还原了历史事件，通过微缩模型、多媒体动漫等辅助展陈手段，提高展馆的震撼力，增强展馆的视觉效果，增强了参与性、互动性和体验性。博物馆还设置电影放映厅，除了放映有关博物馆的宣传片以外，还放映N县电视台拍摄的黑衣壮干栏式建筑、壮族民歌的专题片，向参观者展示黑衣壮影像。

广西边疆博物馆与N县黑衣壮生态博物馆不仅用实物的形式展示黑衣壮文化，如干栏式建筑、黑衣壮服饰、黑衣壮生活用具、农耕器械等，还展出了大量有关黑衣壮的图片，主要内容是黑衣壮生活习俗、服饰文化、节日氛围、人物特写。其中广西边疆民族博物馆走廊内还展有N县知名摄影师李永峰的摄影作品。

（四）路标宣传

N 县被称为黑衣壮故乡。近几年，N 县不断打造黑衣壮文化品牌，除了充分利用电视台的影像传播外，N 县还积极利用宣传标语宣传黑衣壮文化。宣传标语采用路标的形式，路标立在道路两旁，从 N 县的收费站开始，一直延续至县城，近十多千米，每一块路标上除了标语外，还附有表现 N 县风土人情的图片，但绝大部分是有关黑衣壮的。比如黑衣壮节日风俗、山歌、服饰、美食等。标语通俗易懂，例如"N 县山歌飞，引得凤凰归""灵蕴 N 县，黑衣故乡""N 县，广西特色文艺之乡"等。

（五）出版摄影作品集

N 县政府积极整理黑衣壮非物质文化遗产，推动 N 县黑衣壮相关书籍的出版，已出版了多部黑衣壮山歌集，均作为内部刊物，不对外发售。中国出版集团、现代出版社还出版了著名诗人黄承基的诗歌集《黑之灵》。《黑之灵》用诗这一文学形式描绘了黑衣壮生活情境，广西美术出版社出版了李永峰、符米铁的摄影集《这坡哪有 N 好》，通过镜头记录了 N 县黑衣壮的风土人情。

三、黑衣壮影像传播面临的困境

（一）宣传地区单一

N 县黑衣壮遍及 9 个乡镇，130 个行政村（社区）。长期以来，在 N 县的对外及对内宣传中，无论是影像还是文本，大部分内容都关注吞力村，诸如共合村达文屯等其他行政村则被边缘化，提起黑衣壮大家只能想到 N 县吞力村，其他地方黑衣壮的知名度很小。近些年，吞力村的商业化开发过于严重，很多黑衣壮的原始风貌在商业化开发中被破坏，很难展现出黑衣壮原生态风貌。

（二）形象内涵单薄

自 2006 年 N 县壮族民歌列入首批国家级非物质文化遗产保护名录后，N 县加大了对黑衣壮山歌的挖掘和保护力度，无论是开展非物质文化遗产普查工作，还是采取一系列保护工作，重点都集中于对黑衣壮山歌的整理、保护、传承。

黑衣壮优秀民歌作品频频在各大奖项评选中获奖。黑衣壮农民合唱团走出山门，到南宁、北京参加各类大型演唱活动；N 县壮族歌唱家黄春燕演唱的《壮乡美》，原汁原味，清澈如水，赢得了全国乃至世界的认可；黑衣壮情歌《生不离来死不丢》《秤杆铁砣永不分》分别在中国西部民歌大赛中获铜奖;《充满希望的壮乡》被定为 N 县县歌,并被拍成电视专题片在广西电视台播放,获得 2008 年度广西电视台文艺优秀一等奖。

黑衣壮民歌的知名度不断攀升,有关黑衣壮的影像绝大部分都以展现民歌魅力为主。黑衣壮还有绚丽的服饰文化、充满意蕴的节日风俗,以及高超的纺织技艺等,这些都是影像传播的好素材,但目前这些方面的影像作品较少。

(三)画面呆板,缺乏美感

有关黑衣壮的影像画面较为单调呆板,缺乏美感,不能满足当下受众的多元化需求。N 县电视台的山歌赏析节目形式单一,采用两人或多人对唱的方式,将山歌集收录的山歌表现出来,但整个画面只有山歌对唱的场景,缺乏美感。其他黑衣壮的画面基本都是有关节日庆典的,画面较乱,画面质量较差。虽然 N 县电视台拍摄的专题片让人眼前一亮,但是存在镜头切换太快、观感体验差、不能满足当下受众的多元化审美需求等问题。

(四)传播渠道单一,对新媒体的利用不足

N 县影像传播还停留在依靠报纸、电视台等传统媒体的传播上。在媒介融合愈演愈烈、数字信息技术高速发展的时代,渠道为王正在向内容为王转变,N 县黑衣壮影像传播未能充分利用"两微一端"等新媒体进行广泛传播。除 N 县电视台有微信公众号外,广西边疆民族博物馆、N 县黑衣壮生态博物馆均没有微博、微信及客户端。文化馆的部分工作人员对微博等新媒体缺乏了解,运用新媒体的能力不足。

四、黑衣壮影像传播策略

(一)借助新媒体传播环境使黑衣壮影像传播效果最大化

互联网技术的快速发展、新媒体的出现改变了原有的信息传播环境,媒介生态环境发生了巨大变化,传媒业迎来了剧变与调整。传统媒体的运营模式显然已不适应如今的媒介生态环境,黑衣壮影像传播应充分利用新媒体的开放性、即时性、检索方便、海量信息等优势传承和保护黑衣壮文化。随着影像技术、印刷技术、电子传播技术等数字化和数字传播技术的发展,信息传播进入"视觉化""图像化"时代,短视频越来越成为主流,黑衣壮影像传播应该依靠新媒体渠道将优质的影像传播出去,最大化地发挥新媒体的作用。

(二)重视内容创新,注重影像视觉化呈现

黑衣壮影像传播应该对内容、形式进行改进与创新,对黑衣壮民歌的影

像传播应从内容、形式上大胆改进,采用拍摄电影、电视剧、纪录片等多种形式。在保证不改变黑衣壮文化内涵的前提下,还可采用动漫、短视频、微电影,甚至抖音等方式传播黑衣壮文化,满足受众的多元化需求。

在内容上,黑衣壮影像传播应深入挖掘黑衣壮丰富的文化内涵,力求多角度反映黑衣壮文化,而不是仅仅将重点放在民歌上。黑衣壮服饰制作、干栏建筑、节庆节日等有着丰富的文化内涵与价值,如黑衣壮传统礼仪敬老,每当老人到49、61、73、84岁生日时,要为老人举行添粮补寿仪式,请道公为老人念《盘粮经》,祝愿老人健康长寿。

在形式上,黑衣壮影像传播应注重美感。目前的黑衣壮影像资料存在形式呆板乏味、画面质量差、观感体验不佳的问题,N县政府应该从政策、资金、人才引进方面给予县电视台支持,比如邀请中央电视台、广西电视台等电视台的专业技术人员及相关专家学者前来指导,积极派遣电视台相关工作人员外出学习,改善画面质量,注重影像的视觉化呈现。

(三)运用新媒体加强跨国交流

N县地处中越边境,南面和西南面与越南接壤,拥有约207千米长的边境线,是广西陆地边界线最长的县份之一,N县人民与越南人民有着深厚的友谊。

由于特殊的地理位置和历史原因。N县和越南文化交流、经贸往来频繁。壮族语言与越南语的相似性消除了两地人民的交流障碍,中越通婚在N县是普遍现象。越南河江省苗旺县、高平省保乐县的文体代表团与N县互通有无,经常互相邀请参加文化活动。N县还举办中越足球友谊赛、中越农民拔河争霸赛等体育竞技活动,增进了两国的友谊,在N县呈现出一片中越友好的良好局势。

N县黑衣壮影像传播可以充分利用新媒体超越时空的特性,将优质内容向越南更广地区传播,增进两国民族间的了解,提升黑衣壮知名度。

(四)加强基础设施建设

独特的地理位置是N县发展的优势,也是其不可忽视的劣势。N县经济基础薄弱,地势险峻,开发难度很大,这也给黑衣壮影像传播带来了诸多挑战。大多数黑衣壮聚居地处于深山,交通极为不便,道路蜿蜒曲折,悬在山腰之间,沙石经常滑落挡住道路,且道路大多仅容一辆车通过,行进艰难且危险。大山深处的黑衣壮聚居地保留着最为原始真实的黑衣壮风貌,由于地理原因却很难挖掘。因此,当地政府应加强道路建设,完善道路安全保护措施，这有利于黑衣壮影像资料的采集。

（五）加大对黑衣壮文化的保护

现代化进程的加快对黑衣壮文化的冲击愈来愈明显，吞力村、达文屯等有代表性的黑衣壮村寨的传统建筑基本消失殆尽，水泥楼房拔地而起，吞力村现有的干栏建筑也是基于商业开发而建造的，失去了黑衣壮的特有韵味。这直接导致现有的黑衣壮影像很难还原较为真实的黑衣壮风貌，不能真正反映黑衣壮的独特文化。

N县政府应该对黑衣壮文化进行全方位保护，不应该仅仅将保护重点放在民歌上，还应该对黑衣壮传统干栏式建筑、文化习俗等予以保护，为黑衣壮影像传播保留较为真实完整的素材。

参考文献

［1］邹莹．新时期广西形象的影像化传播策略研究［D］．桂林：广西师范学院，2011．

［2］蓝晓飞，黄碧茜，欧思雪，等．广西那坡黑衣壮生态博物馆的现状与保护发展策略［J］．市场论坛，2014（11）：35-36，39．

［3］尹兴．新时期国家族群认同与边疆少数民族影像传播研究导论［J］．中北大学学报（社会科学版），2015（6）：96．

［4］闫伟娜．少数民族影像跨文化传播中的"文化折扣"现象研究［J］．民族艺术研究，2014（2）：33-38．

［5］罗彬．少数民族跨文化传播的伦理构建：以新疆少数民族跨文化传播为例［J］．新疆财经大学学报，2009（3）：73-76．

第二节　预防未成年人犯罪实证分析

2018年广西大学法学院暑期社会实践调研团

边境地区地理位置、人文环境、交通条件等更具复杂性，而其特殊性和难点又广泛地为人所忽略。边境地区青少年法治教育及犯罪问题亟待梳理和解决。高校法律援助参与预防未成年人犯罪工作必须以援助对象的真实情况和对发展规律的科学理解和调查为基础。实践团出于预防、减少未成年人犯罪的目的，以我区典型地区为样本，调研未成年人犯罪的现实情况、预防情况，并提出一些解决对策。

一、边境地区预防未成年人犯罪现状

2017年，在F市司法局接到的刑事法律援助案件中，涉及未成年人的案件为69件，占通知辩护案件数量的28.99%，未成年人犯罪整体数量和占比有所下降。但未成年人犯罪在犯罪主体及犯罪程度上出现了一些令人深思的变化：①低龄化。未成年人犯罪年龄逐渐下降，越来越多的未成年人犯罪初始年龄在12岁至14岁，未成年人犯罪低龄化趋势明显。②恶性化。未成年人犯罪类型从程度较轻的盗窃、帮助走私等行为向贩卖毒品、寻衅滋事等恶性犯罪发展，犯罪活动范围有扩大的趋势。③团体化。未成年犯罪案件中，团体犯罪的占比有上升的趋势，未成年人在团体案件中通常为帮助犯，比如为成年人放风等。

从F市未成年人犯罪的综合情况看，虽然未成年人的犯罪率有所下降，但出现了犯罪主体低龄化、犯罪程度恶性化、犯罪方式团体化的趋势。未成年人犯罪预防工作很复杂，我们应当对问题出现的原因及时进行整理及反思。

第一，F市为沿海边疆地区，其下辖的DX市与越南交界，留守儿童和孤儿较多，二者的共同特点是青壮年劳动力的缺失，不利于为儿童营造一个良好的健康成长的教育环境，为未成年人犯罪留下隐患。留守儿童家庭是指父母一方或双方外出打工，未成年人在家中仅由父母一方或祖父母、外祖父母抚养的家庭。留守儿童常常得不到父母的日常生活教育，与隔代长辈之间存在较大代沟，且部分长辈年龄较大，思想较为封闭落后，难以给未成年人带来良好的教育。在缺乏父母一方或双方的监护和教育的情况下，未成年人容易因疏于管教而产生认识偏差，受到不良影响，进而走上犯罪的道路。

第二，随着网络的发达，未成年人受到网络的影响越来越大，存在的问题也越来越多。互联网具有内容复杂和难以监管的特点，互联网使用不当极有可能给未成年人带来负面影响。一方面，网络上的负面信息，如暴力、色情内容可能会诱发未成年人犯罪，未成年人很可能会模仿看到的负面信息的内容，进而演变成犯罪行为；另一方面，网络成为犯罪的联系渠道和沟通方式，团伙犯罪人常常通过微信、QQ等联系方式讨论分工合作的方法。在网络及提供网络服务的场所缺乏有效监管的情况下，网络往往成为导致青少年犯罪的主要原因之一。

第三，在社区矫正中缺乏对未成年人的倾斜性保护。未成年人基于生理及心理上的特点，在合理对待犯罪行为及矫治工作上仍然与成年犯罪人存在较大的差距，他们更容易受到社会不良影响的侵蚀，也更容易受到外界批评声音的影响，使思想走入死胡同。但是在当前的社区矫正制度中，未成年人矫正与成年人矫正在制度、方法和举措上别无二致，也并没有设立专门的未成年人社区矫正机构，对未成年人进行针对性矫正。这是由于目前基层社区矫正单位普遍存在人力、财力、物力紧张的问题，因此没有办法对未成年矫正对象进行专门矫正和倾斜性保护。

二、边境地区开展高校法律援助的价值

《中华人民共和国法律援助法》规定，国家鼓励和支持群团组织、事业单位、社会组织在司法行政部门指导下，依法提供法律援助。《广西壮族自治区法律援助条例》规定，社会团体、高等院校、企事业单位和其他组织在所在地法律援助机构的指导和监督下，参与法律援助活动。《中华人民共和国预防未成年人犯罪法》规定，国家机关、人民团体、社会组织、企业事业单位、居民委员会、村民委员会、学校、家庭等各负其责、相互配合，共同做好预防未成年人犯罪工作，及时消除滋生未成年人违法犯罪行为的各种消极因素，为未成年人身心健康发展创造良好的社会环境。可见，国家和地方法律规范是支持和鼓励高校法律援助组织参与预防未成年人犯罪的法律援助事业的。

实务界有部分观点将法律援助视为高校负有专属于司法行政主管部门和教育行政主管部门的行政职权和职责，而不是视之为一项社会事业。无论是支持高校参与者还是反对高校参与者都不会否认，面对有更高的专业化要求的未成年人法律援助，高校人员质量参差不齐、诉讼代理资质受限、内部管理松散、资金短缺等问题凸显。我们不否认高校法律援助组织的种种缺陷和不足，我们所要讨论的问题是如何理性看待我国法律援助制度中的社会力量的参与。

高校法律援助机构参与未成年人法律援助工作具有人才优势和成本优势。高校法律援助机构中参与法律援助人员主要是高校的政法院系师生。大多数提供法律援助服务的人员能够熟练地掌握基本法律专业知识，部分人员还具有丰富的法律实务操作经验。对于一些疑难特殊案件，高校内法学专业细分使得法学专业学生在疑难特殊案件上有独特的优势。法律援助需要大量的人力成本，高校中司法经验丰富的在职教师和具有服务社会的志愿精神、有可以自由支配的时间的本科生和研究生也可以提供法律服务。

三、高校法律援助机构参与未成年人法律援助的路径

（一）加强高校法律援助机构与社会各方的合作

《中华人民共和国预防未成年人犯罪法》规定"预防未成年人犯罪，在各级人民政府组织下，实行综合治理。国家机关、人民团体、社会组织、企业事业单位、居民委员会、村民委员会、学校、家庭等各负其责、相互配合，共同做好预防未成年人犯罪工作，及时消除滋生未成年人违法犯罪行为的各种消极因素，为未成年人身心健康发展创造良好的社会环境"。鉴于未成年人法律援助工作的特殊性及涉及面的广泛性，高校法律援助机构参与未成年人法律援助工作加强与社会各方的合作必不可少。虽然部分高校法律援助机构作为高校内设机构，在内部行政管理上受高校的领导，但是在业务方面，可以与地方司法行政部门、民政主管部门、教育主管部门，以及共青团等社会组织加强沟通，特别是在涉及人员资格、场地、工作范围等领域进行业务交流。在构建完善的业务交流制度的基础上，应当充分利用电子信息技术，构建资源共享系统，深化彼此间的业务沟通和法援服务，达成双赢或多赢的局面。

（二）参与未成年人社会教育，推动对监护人的监督

社会环境是影响未成年人犯罪的重要因素，加强未成年人家庭教育，强化对监护人的监督，有利于从源头上减少未成年人犯罪。基于F市留守儿童家庭较多的情况，可考虑在未成年人住所地设置未成年人基层保护机构，或者由高校法律组织、居民委员会、村民委员会等以书信、活动、面谈等各种形式开展对未成年人的保护工作。具体服务可以包括以下三个方面：一是受理任何对监护人问题的举报，如监护人管教疏忽、监护人虐待未成年人、监护人教育方式不当等；二是通过邻里沟通、走访家庭等方式，及时了解、监护未成年人受抚养的情况；三是建立健全举报机制，规定任何人都有责任举报未成年人遭受侵害的事实情况，尤其是教师、亲戚、医生等。

（三）积极开展针对未成年人的心理辅导工作

未成年人容易被网络不良因素诱惑，主要原因是缺乏相关教育。未成年人心智不够成熟，对人性好坏的辨别能力较弱。对未成年人开展针对性辅导工作可以从以下三个方面着手：第一，积极引导青少年树立正确的人生观、价值观、金钱观，培养其独立自强、乐观勇敢的个性，使其不被网络上的花花世界吸引，并敢于向家长等成年人讲述在网络上受到的不良影响，使家长

等成年人可以及时纠正其错误想法与不良行为。第二，积极引导青少年树立正确的交友观念，避免沾染不良习气。在日常生活中，家庭及学校应积极关注未成年人生活圈中的小团体，对于那些不利于青少年进步、对其他未成年人构成威胁的小群体给予正面引导。第三，心理辅导应贯彻落实到学校及家庭中，而不能单纯依赖政府机构或者相关社会团体。对未成年人进行心理引导和心理辅导，可以帮助未成年人正确认识自己、接纳自己，转变自己的不良意识，纠正不良行为。监护人与教师是与未成年人接触最多的人，更应该重视对未成年人的心理辅导。

（四）深入研究完善社区矫正措施

基于未成年人的生理及心理特征，对未成年人进行社区矫正仅靠社区矫正机关的监督是远远不够的。首先，应当构建学校、家庭、社会三位一体的预防体系，整合各种社会资源，发挥居委会、村委会、社会团体等群众自治组织的力量，及时发现并矫正青少年的不良行为和反社会行为。其次，可以广泛利用慈善机构、民间社团等非政府组织的积极支持和援助，在社区矫正范围内设立未成年人接待中心或未成年人活动中心，为矫正对象提供专业化的服务，促使未成年人约束自身行为，养成良好习惯。

虽然社会各界对边境地区未成年人的法治教育状况的关注越来越多，但是关爱和保护边境未成年人工作依然任重道远。在广西法律服务资源总量不足、分布不均的大背景下，高校法律援助机构应当积极参与针对边境未成年人违法犯罪的法律教育、法律矫正及法律帮扶活动。司法机关和司法行政部门应加强合作，发展法律援助事业，依据国家法律、法规为边境地区未成年人的成长、发展提供法律保障，逐步减少并预防和杜绝农村地区未成年人违法犯罪问题。

参考文献

[1] 黎民诚，陈立毅，甘红梅. 城区未成年人犯罪特点及原因分析：以广西某城区基层人民检察院办案情况为样本［J］. 广西大学学报：哲学社会科学版，2009（S1）：329-332.

[2] 甘霖. 广西未成年人犯罪现状与治理对策［J］. 广西青年干部学院学报，2005（4）：6-8。

第三节 "访湘江战役遗址，学中央红军精神"调研报告

2019年广西大学马克思主义学院暑期社会实践调研团

一、调研简介

新中国成立70周年以来，在党的领导下取得了举世瞩目的成就，为引领教育我院学生切实感受这些伟大成就，深入学习贯彻习近平新时代中国特色社会主义思想，增强"四个意识"、坚定"四个自信"、做到"两个维护"，院团委决定赴湘江战役遗址组织开展此次学生暑期社会实践活动。

"访湘江战役遗址，学中央红军精神"暑期实践活动时间为2019年7月23日至2019年7月25日，实践团共8人。

湘江战役是土地革命战争时期在广西北部湘江地区突破国民党军第四道封锁线的战役，是关系中央红军生死存亡的一战。此次暑期实践活动，实践团探访湘江战役旧址，以庆祝中华人民共和国成立70周年为契机，参观考察、学习比较兴安、灌阳、全州等地关于湘江战役红色革命资源的开发利用情况，形成调研报告，并在此过程中切实感受祖国的发展变化，厚植爱国情怀，勇担时代责任，贡献青春力量。此次活动有利于加强革命传统教育，培养同学们的爱国情感，增强当代大学生的历史使命感与责任感，有利于同学们了解革命历史，以及革命先辈们浴血奋战、视死如归的英雄故事，继承和保持共产党人的革命精神。

二、调研内容

7月23日到7月25日，实践团通过实地考察、交流座谈、学习比较等方式，了解了湘江战役的革命历史，领会共产党人的革命精神，瞻仰红军烈士，聆听革命先辈浴血奋战、视死如归的英雄故事，同时对兴安、灌阳、全州的红色文化资源的开发利用情况进行调查研究。

7月23日上午7时，实践团从南宁东站出发，中午到达兴安县，吃过午饭后便马不停蹄地赶往红军长征突破湘江烈士纪念碑园。进入园内，实践团成员踏上184级台阶，瞻仰大型群雕和纪念碑，走过英名廊，参观红军长征突破湘江陈列馆，学习中央红军的英雄事迹和长征精神。湘江战役是红军长

征路上最壮烈的一场战役之一,湘江水由清变红,无数年轻的生命在1934年的那个冬天,永远沉睡在了湘江冰冷的江底。湘江英烈已逝,长征精神永存。革命先辈们为了心中坚定的革命信念而浴血奋战,铸成了今天位于湘江之畔的高大纪念碑。参观红军长征突破湘江烈士纪念碑园的人很多,即使那几天正是桂林大雨后大热的天气。在我们前面的是一队武警同志,他们笔直地站在烈日下宣誓入党誓词,汗流浃背也面不改色。在红军长征突破湘江陈列馆里,讲解员们用风格各异的讲解方式向游客们重现历史,让一批又一批的参观者驻足沉思,心头沉重,其中"流动着的共和国"让实践团成员们红了眼眶。

参观了红军长征突破湘江烈士纪念碑园后,实践团一行来到共青团兴安县委员会,团县委康超蓝副书记热情地接待了大家。从她的讲述中,我们了解了兴安县红色旅游资源发展情况,爱国主义教育基地的开发、利用现状,对兴安县的红色文化资源的情况有了更深入的了解。

7月24日上午,实践团走进了兴安县界首镇红军堂。当年朱德、彭德怀指挥红军突破敌人第四道封锁线时在此设指挥所,为纪念红军的这一段经历将其改名红军堂。这里陈列着红军当年留下的物品,包括渡江所用的浮桥、斗笠、步枪等,真实再现了湘江战役指挥所的场景,让出生即处在和平温饱环境的一行人感到新奇的同时肃然起敬。在红军堂,我们遇到了多批前来参观的实践团队,他们与我们一样,踏入堂内,即被满堂的旧物感触,内心升起了对红军的敬佩之意。

7月24日下午,实践团一行来到灌阳县,先与当地团委进行座谈。团县委陆志辉副书记向实践团的同学们介绍了"红色旅游+扶贫"模式等情况。在各级党委和政府的扎实推进下,在社会各界的积极参与下,政府、市场、社会联动扶贫,当地的脱贫攻坚进入最后决胜阶段。同学们感受了脱贫与致富、扶贫与突出地区特点,因地制宜,将脱贫攻坚与乡村振兴相结合的政策取得的实效,对打赢脱贫攻坚战充满信心。座谈结束后,实践团赶赴新圩阻击战陈列馆,新圩阻击战是关系到红军的生死存亡,对中央红军渡过湘江具有重大的战略意义的一场重要的战役。新圩阻击战陈列馆主建筑造型为五角星,由四个底部宽12米的五星向中间靠拢组成,象征着中央红军钢铁般的意志,直直地插进敌人的心脏。一见到这个建筑,实践团成员就被震撼了。馆内多处逼真的战时情境、多座栩栩如生的雕像,把参观者们带回那段红色岁月。

从团委到陈列馆距离较远,公交车不多,且间隔时间较长,我们到达陈列馆时已经下午6点了。临近闭馆,馆内显得有些冷清、寂静,只有一位看起来普普通通的老爷爷坐在签到处。在我们之后又来了两位游客,可能是看到我们是一群大学生,那位老爷爷给我们讲述了湘江战役中师长陈树湘断肠明志、英勇就义的故事,所有人全神贯注地听着。1934年10月,中央红军开始长征,陈树湘率领红三十四师担负全军后卫工作,掩护全军主力和中共中央、中央军委机关,同敌人追兵频繁作战。1934年12月,湘江战役中,陈树湘率其中一部从江永桥头铺马山抢渡牯子江时,突遭江华县保安团伏击,陈树湘腹部中弹负伤。他强忍伤痛被战士抬至道县驷马桥后,又遭道县反动武装袭击。为了让部队安全转移,他毅然推开抬护的警卫战士,带伤与敌激战。最后,弹尽被俘。在被敌人押往道县保安司令部的途中,为了不成为敌人的俘虏,陈树湘在担架上愤然从伤口处掏出肠子,用力绞断,慷慨就义,实现了他"为苏维埃新中国流尽最后一滴血"的誓言,年仅29岁。而在他自尽之后敌人仍然不甘心,将其头颅割下,悬挂在长沙小吴门外示众。这样令人悲伤的故事,让我们心如刀割,深感湘江战役的惨烈。

7月25日上午,在湘江战役新圩阻击战酒海井红军烈士纪念园,实践团瞻仰了红军烈士纪念碑。为掩护中央红军纵队抢渡湘江,红五师与敌军浴血奋战四天三夜,付出了极大代价,最终完成了阻击任务。在撤退时,一百多名来不及转移的重伤员被敌人残忍地扔入酒海井,英勇牺牲。正是他们燃烧了自己的青春,才换来我们今天的幸福生活,如今我们更应该铭记那段艰苦岁月,发扬先辈勇往直前、坚忍不拔的长征精神,在为实现中华民族伟大复兴的征程中攻坚克难,不断前进。7月25日下午,实践团来到全州县红军长征湘江战役纪念园。据现场讲解员介绍,中国工农红军在脚山铺阻击战中舍生忘死,喋血凤凰嘴,这是湘江战役中历时最长、规模最大的一场战斗,数以万计的红军将士在这里抛头颅洒热血。虽然纪念园正在修建,但从馆内长篇巨幅的壁画中,我们仍能看到湘江战役惨烈的战况。

至此,实践团已走完了计划的所有行程。

三、调研分析

调研中实践团三天辗转三县五个红色文化资源区、两地团委,深入体验、了解了三个县区红色文化资源区规划、发展、利用情况,发现了三县红色文化资源开发情况略有差异的情况。

由于"兴全灌"三县的经济状况不同,三县对于红色资源的利用态度、利用情况也有所不同。兴安县经济状况较好,是广西人均GDP二十强县之一，兴安县注重红色资源的文化教育意义。兴安县红色资源开发起步较早，兴安县的红军长征突破湘江烈士纪念碑园在1996年就已经被确定为"全国中小学爱国主义教育基地"，界首红军堂更是在1981年就已经被列为广西壮族自治区重点文物保护单位，2006年被列为全国重点文物保护单位。

全州县的红色文化旅游建设起步相对较晚，位于全州县才湾镇脚山铺阻击战遗址的湘江战役遗址公园，2017年10月正式开工建设，它是全州县第一个红色文化旅游景点。全州将把湘江战役遗址公园打造成长征精神教育传承基地，党员干部党性教育和青少年爱国主义教育的培训基地，国家4A级红色文化精品旅游区等。

灌阳县作为区定贫困县，脱贫的压力相对兴安县、全州县更大。灌阳县注重将红色旅游资源与脱贫工作相结合，红色旅游路线已经成为灌阳县旅游项目的主打产品，可以作为我们的重点考察对象。灌阳县的旅游资源比较丰富，开发得也比较早。灌阳县委还委托设计团队厘清了红色旅游资源开发思路，即确立将灌阳红色旅游打造为集红色观光旅游、红色创意体验、"重走红军长征路"徒步游为一体的全国红色经典景区和革命传统、爱国主义教育基地的目标，确立灌阳红色旅游实施"三主开发"模式，即以红军长征线路为主线、以湘江战役之新圩阻击战为主题、以新圩阻击战陈列馆、酒海井红军纪念园、杨柳井红五师指挥所红色集散中心为主推，构建灌阳红色旅游发展总体格局。这样的红色文化旅游建设，有力地带动了灌阳县交通运输、住宿餐饮、商品销售等第三产业的迅猛发展，逐步成为推动全县经济发展的重要引擎。

近年来，灌阳县还积极结合互联网进行周边销售。据介绍，灌阳的红色景点都是免费的，其脱贫的重要方法在于结合电商的集群式营销，即将各方面的生产结合红色旅游进行营销。比如游客在灌阳进行红色旅游行程，可以在红色景点附近现场挑选喜爱的灌阳特产，在网上下单，店家会将产品包邮寄送。这样的模式可以通过物流上的便利刺激游客的消费，带动整个灌阳旅游产业链的发展，从而帮助贫困户脱贫致富。这样的模式在灌阳是主推，也已经比较成熟。

四、调研总结

根据以上分析我们可以知道，桂林"兴全灌"三县红色文化资源总体上仍在开发，但在近年得到高速发展。去年以来，从中央到地方，长征精神和红色文化都得到了前所未有的重视。多地深入贯彻落实习近平总书记在纪念红军长征胜利80周年大会上的讲话，文化和旅游部正在启动编制国家红色旅游精品线路专项规划。广西壮族自治区红军长征胜利80周年纪念活动成功举办以后，自治区党政军领导对红色文化保护开发利用情况很重视，都表示了继续支持的态度。这为"三县"进一步做好红色文化资源的保护、开发、利用提供了前所未有的机遇。在这种社会与文化环境下，"三县"对此高度重视，抢抓机遇，借全国全区重视红色文化这股东风，进一步做好红色文化资源的保护、开发、利用，着力打造红色文化新名片和红色旅游新亮点，合理利用自身优势，为经济社会的全面协调可持续发展、规划提供新的动能与方向。

"三县"正在努力发展的红色旅游面临的困难有以下四个方面：是发展时间短，红色旅游发展相应的基础设施建设较落后、功能单一、不配套，存在文化内涵不足、旅游标志匮乏的现象；二是红色旅游发展的建设与管理体制和运行机制不统一、不协调，管理不到位；三是对红色旅游发展的人才队伍的建设不够重视，各类人才匮乏，力量严重不足；四是专项资金不足等问题，严重制约着"三县"红色旅游可持续发展。

虽然"兴全灌"实际上存在着这些困难，但是这些困难无不是一个旅游地发展壮大所必须经历、必须克服的困难。虚心学习、努力发展，拥有湘江战役红军精神的"兴全灌"三县定能焕发自己的光辉，带领一代又一代的中华儿女追逐至高之信仰。

五、展望建议

（一）充分发挥红色旅游带动作用，带动当地更多百姓脱贫致富

以红色旅游资源为依托，丰富红色旅游的内容，打造一批传统民俗村落、一批历史文化村落、一批红色文化村落，一批完成村屯立面改造、村容村貌整治、基础设施完善、功能布局合理、风格各异的旅游特色村落，改善农民收入结构，加大扶贫帮扶力度，使旅游成为贫困群众脱贫致富的重要途径。

（二）加强基础设施建设，完善红色旅游保护体系

面对突来的红色旅游热潮，各红色景区吃、住、行、游、购、娱等需要的综合配套服务设施不完善的现状也日益凸现出来。为了更好地服务广大游客朋友，应进一步加强对革命传统教育基地的建设和管理，不断丰富湘江战

役红色旅游内容，深度挖掘湘江战役历史文化内涵，吸引更多"红色"主题的农家乐和宾馆入驻，完善游客接待设施，采用奖励导向机制，鼓励更多开发商投资。

（三）围绕重大纪念活动和重要传统节庆开展一系列纪念活动，开展爱国主义教育

充分利用重大纪念活动和重要传统节庆深入开展群众性爱国主义教育活动，激发群众的爱国热情，振奋民族精神，增强战胜困难的信心，凝聚全体人民的力量，同心同德推动经济社会又好又快发展，奋力开拓改革开放和社会主义现代化建设新局面。开展一系列红色文化进军队、进单位、进企业、进学校、进社区活动，把爱国主义教育贯穿到保家卫国、执政为民、服务社会、教书育人全过程中，激发人民的爱国主义热情，激励各族人民继续解放思想，坚持改革开放，推动科学发展，促进社会和谐，为夺取全面建设小康社会新胜利、实现中华民族伟大复兴不懈奋斗。

（四）充分利用好"红""绿""古"资源，实现旅游资源的整合

按旅游规律开发多种旅游资源，寓教于乐，把红色旅游资源与生态环境、文化古迹、风情民俗等其他旅游资源整合起来，综合适度开发，才能产生更显著的效益。因此，要巧打"红""绿""古"三色旅游牌，综合开发各地的优势旅游资源，以红色文化为主，辅之以绿色的生态景观、古色的历史古迹，科学合理地规划旅游线路，形成具有特色的红色旅游品牌和红色文化精品旅游线路。

（五）继续加强红色旅游宣传促销，提升红色品牌

加大宣传力度，在旅游客源上要突出以学生为主的青少年市场、以军人为主的特殊职业市场，以及以单位、企业为主的中年人市场。综合运用多种宣传促销手段和方式，如旅游博览会、国家重要节假日等的机会，借助宣传、新闻、文化等部门的力量，对与红色旅游相关的事件及重大活动进行及时宣传报道。同时，利用互联网、微信公众号等的传播优势，建立完善的红色旅游网站，精心设计网页，策划宣传内容，以丰富的文字、图片、影视资料形成网上的红色旅游宣传平台。在红色旅游高潮到来前夕，利用各方面开展纪念和庆祝活动的机会，通过邀请记者采访、媒体宣传、举办文艺活动等方式，推介红色旅游资源，不断扩大红色品牌的知名度。

第四节　关于岑溪市糯垌镇崩岗的调查研究

2019年广西大学林学院暑期社会实践调研团

为落实习近平总书记关于做好生态文明建设工程中"绿水青山就是金山银山"的战略决策，结合林学院生态学的专业优势，生态学研究生党支部连续几年都在开展与生态保护相关的暑期社会实践活动，此次实践活动是在梧州市下辖的岑溪市开展崩岗区民生与生态治理状况的考察。围绕生态文明建设的宣传，以及水土保持、环境污染防治、自然灾害预防等进行社会调查研究、科普知识宣传、发展献言献策等活动，为响应推进"五位一体"总体布局，建成全面小康社会贡献我们微薄的力量。持续多年的实践活动旨在认真贯彻落实习近平总书记的生态文明观，深入学习社会主义核心价值体系，结合专业知识发现问题、解决问题，为生态环境的保护与发展献计献策；同时，增强支部党员投身到"五位一体"战略中、生态文明建设伟大实践中的责任感和使命感，为"生态梦""中国梦"的实现贡献自己的绵薄之力。

一、崩岗

"崩岗"一词，是曾昭璇先生在1960年率先提出的一个概念，是指红土丘陵地上厚层红色风化壳地表产生的"崩口"地形。崩岗命名具有发生学和形态学方面的双重含义，"崩"是指崩塌作用作为重要的侵蚀方式，"岗"则是指形成的地貌形态。因其切割山体深，土壤流失量大，下泄泥沙埋压农田、淤积河道水库，影响生产和防洪，危害很大。

（一）现状

我国南方共有大、中、小型岗23.91万个，集中分布在广东、江西、广西、福建、湖南等省。崩岗空间分布上具有明显的地带性特征，通常分布在平均气温范围介于15～22℃之间，年均降雨量介于1 300～2 000 mm之间的地区。崩岗的水平分布受到岩性的影响，崩岗绝大部分分布在花岗岩母岩地区，红砂岩有少量分布，其他母岩零星分布。崩岗分布具有明显的垂直性分布特点，绝大多数崩岗分布的海拔高度为100～500 m，相对高差介于100～200 m之间。崩岗坡向分布研究表明，崩岗南坡分布较多，北坡相对较少。另外，研究发现，不合理的人类活动是崩岗侵蚀发生的主导因素，尤其是现代经济活动加大了崩岗的发生强度和频度。例如崩岗多数分布在村庄稠密、人口集中、交通便利的低山丘陵，而在交通闭塞、人烟稀少的边远山区较少见。

广西崩岗面积在 60 m² 以上的有 27 767 座，总面积 6 597.88 hm²。从崩岗的发展程度看，活动型崩岗有 24 082 座，面积为 5 222.99 hm²；相对稳定型崩岗有 3 685 座，面积为 1 374.89 hm²。从崩岗的类型看，条形崩岗最多，为 9 964 座，占崩岗总数量的 35.88%，面积为 1 610.02 hm²，占崩岗总面积的 24.40%；其次为弧形崩岗，为 7 595 座，占崩岗总数量的 27.35%，面积为 1 492.33 m²，占崩岗总面积的 22.62%；瓢形崩岗为 3 541 座，占崩岗总数量的 12.75%，面积为 693.71 hm²，占崩岗总面积的 10.51%；爪形崩岗 1 734 座，占崩岗总数量的 6.24%，面积为 613.66 hm²，占崩岗总面积的 9.30%；混合型崩岗共 4 933 座，占崩岗总数量的 17.77%，面积为 2 188.16 hm²，占崩岗总面积的 33.16%。从崩塌的规模看，在所调查的崩岗中，崩塌面积在 60～1 000 m² 的小型崩岗有 16 261 座，崩塌面积在 1 000～3 000 m² 的中型崩岗有 6 435 座，崩塌面积≥3 000 m² 的大型崩岗有 5 071 座。

随着经济快速发展，水土流失问题日益严重。近年来，国家自然科学基金委不断加大对崩岗研究的支持力度，其中不乏重点基金项目的支持；国务院批复并于 2015 年正式发布《全国水土保持规划（2015—2030 年）》，规划提到在"十三五"期间着力治理崩岗水土流失；2016 年末，科技部发布国家重点研发计划，计划实施"典型脆弱生态修复与保护研究"重点专项的子课题——"南方红壤低山丘陵区水土流失综合治理"研究，实际上也对崩岗侵蚀理论研究及防治应用给予了大力支持。在此新形势下，中国崩岗已经具备深入研究的良好政策基础，可以预见未来中国崩岗研究将不断受到关注，相关研究论文的数量将继续稳步增长。

（二）崩岗的危害

1. 破坏土地资源

崩岗侵蚀最直接的危害是对土地资源的破坏。崩岗发生区冲沟发育，沟壑纵横，坡面被切割得支离破碎，破坏了地表的完整性，产生的大量泥沙将处于崩岗下游的农田淹埋，良田变成了沙砾裸露的沙渍地，高产田成了低产田。据调查，至 2003 年，区内因崩岗直接毁坏的农田达 19 063 hm²，已有 8 000 多 hm² 的高产田因经常受崩岗产生的黄泥水侵害变成了低产田。岑溪市仅在新中国成立至 20 世纪 80 年代末期，因崩岗侵害而被迫弃耕的农田就达 1 460 hm²。糯垌镇地麻村白砂垌一带为砂岩风化区，土壤黏结力差，出现了连片崩岗，大量泥沙外流，毁坏耕地近百公顷，其冲积扇面积超过 10hm², 堆积厚度 2~5 m，虽栽种了作物，但产量极低。

2. 淤积江湖塘库，破坏基础设施

崩岗侵蚀产生的大量泥沙，除直接淹埋农田和就近堆积外，还造成了下游的河道、水库、塘坝等严重淤塞，河床抬高，降低了行洪能力，增加了当地防洪的压力，给灌溉、排涝、航运、发电等造成许多不利影响。据调查，至 2004 年底，全区因崩岗泥沙下泄而严重淤积的水库有 88 座，塘堰有 864 座，受影响的道路有 990 km，桥梁有 106 座，受损房屋 3 万多间，受灾人口近 240 万人，经济损失已超过 11 亿元。梧州市龙圩区大坡镇的屈江冲水库，原有水面 5.33 hm²，现在只剩 1.33 hm²，完全失去了灌溉功能；赛塘灌区的 11 km 渠道每年都要清淤两次才能保证正常通水。

3. 恶化生态环境，加剧水旱灾害

崩岗侵蚀除造成水土流失外，还使生态环境恶化，加剧了自然灾害。在崩岗侵蚀劣地，由于植被遭到破坏，风化壳裸露，土壤贫瘠，土壤水分减少，对植物的生长极为不利；同时，由于植被覆盖率降低，涵养水源的能力下降，加剧了洪涝、干旱等自然灾害的发生。

二、实地调查与实验分析

（一）岑溪市概况

岑溪市地处广西壮族自治区东南部（东经 110°3′~111°22′，北纬 22°37′~23°13′），位于梧州市最南部，在两广交界处，是两广交流和珠三角经济圈与大西南的结合点之一，总面积 2 783 平方千米。岑溪市大部分地区属云开大山北麓东段的丘陵山区，地势东南高，西北低。岑溪市位于北回归线以南，属典型亚热带季风气候区，气候温和，日照充足，雨量充沛，年平均气温 21.4℃，年平均降水量 1 450 mm。年日照时数为 2 004.7 小时。2016 年，全市年平均气温 21.4℃，年降雨量 1 750.3 mm，森林覆盖率达 73.01%。岑溪市土壤有红壤、砖红性红壤、水稻土、紫色土、冲积土。

（二）实验分析

1. 不同土地利用方式的土壤颗粒组成

实践团对糯垌镇典型崩岗洪积进行调查，采集不同土地利用方式的土壤进行分析，各土地利用区与洪积扇相对位置保持一致，立地条件相近。采集土样时，在崩岗洪积扇同一土地利用方式范围内围绕定点坐标按 "S" 形选择

20个点，除去地表凋落物后采集表层的土壤混合在一起，然后采用四分法分取样品2 kg左右带回实验室进行各项指标测定。本次研究共采集桉树林、杉树林、菜园、沙糖桔园、撂荒地5种土地利用类型土壤。

发生崩岗之后，洪积扇农田遭受很大程度影响，大量的砂粒堆积在这个区域。经过土地利用方式调整，土壤颗粒有了明显的变化。由表5-1可以看出，土壤砾石含量为撂荒地＞桉树林＞杉树林＞砂糖橘园＞菜园，土壤砂粒含量依次为杉树林＞撂荒地＞桉树林＞菜园＞砂糖橘园；粉粒含量为砂糖橘园＞菜园＞桉树林＞撂荒地＞杉树林；黏粒含量为菜园＞砂糖橘园＞杉树林＞撂荒地＞桉树林。崩岗导致的洪积扇农田沙化，致使农田退耕，农作物产量受影响，最重要的是土壤结构及质地恶化，耕作层的粉粒和黏粒含量越来越少，不利于耕作表层团聚体和有机质的形成，供肥能力下降。调整土地利用方式后会有不同程度的改善。总体而言，菜园和砂糖橘园对于崩岗洪积扇沙化土壤改良效果最好，建议结合施肥方式，土壤改良效果将会更加显著。

表5-1 土壤颗粒组成分布

样地 Plot	土壤颗粒组成（%）			
	砾石 Gravel (D＞2 mm)	砂粒 Sand (2 mm≥D＞0.05 mm)	粉粒 Particles (0.05 mm≥D＞0.002 mm)	黏粒 Clay (D＜0.002 mm)
桉树林 Eucalyptus	14.73±0.63b	69.08±1.61b	21.17±1.55b	9.75±0.82c
杉树林 Cedar forest	11.50±0.13c	75.08±0.92a	12.47±1.10c	11.73±0.59b
菜园 Vegetable garden	6.98±0.22d	54.53±1.00c	29.84±1.08a	15.63±0.65a
砂糖橘园 Sugar orange garden	11.35±0.33c	50.56±2.74c	34.24±2.70a	15.20±0.32a
撂荒地 Abandoned land	18.71±0.55a	70.97±5.11ab	18.00±5.07b	11.03±0.16b

2. 土壤液塑限特征

以通城县五里镇典型的花岗岩崩岗剖面为研究对象，通过室外采样结合室内液塑限联合测定实验，以及土壤理化性质测定，分析花岗岩崩岗剖面土壤液塑限规律及其影响因子，并探讨其与崩岗发育的关系。结果表明：花岗岩崩岗不同层次间的土壤液塑限差异显著，淋溶层和淀积层的液限值均大于50%，塑限值为30%左右，显著高于母质层；土壤液塑限值受黏粒质量分数、有机质质量分数、容重、游离氧化铁质量分数等影响，并随各因子的增大而增大，且均呈正相关关系；其中，黏粒质量分数、游离氧化铁质量分数对土壤液塑限的影响更加显著（$R_2=0.860^{**}$，$R_2=0.908^{**}$）。花岗岩崩岗土壤液塑限过渡层、母质层相对较低，在降雨冲刷时，土体状态极易发生改变，易发生水土流失。利用土壤基本理化性质可以对土壤液塑限进行预测，并为崩岗侵蚀机理研究及其治理提供依据。

3. 抗剪切强度

选取糯垌镇一典型崩岗剖面，直上而下，每隔 20 cm 用十字丝剪切仪插入土中进行扭转，并记录其扭矩 M，取十字丝剪切仪上少量土样装入自封袋中用于水分测定，同时于平行高度取环刀样用于容重的测定，对于质地的测定则采用取平行取多点土样混匀的方法。利用如下公式计算土体抗剪切强度。

$$M = 2 \times \frac{\Pi D2}{4} \times \frac{D}{3}\tau t + \Pi DH \frac{D}{2}\tau v$$

$$\tau h = \frac{2M}{\pi D2\left(H + \frac{D}{3}\right)}$$

对所得数据进行处理得到崩岗土体抗剪切强度与崩岗深度关系图（图 5 - 1）。同时对土壤含水量进行分析，发现土壤抗剪切强度亦有随着水分含量增多而衰减的趋势。这一研究成果有利于揭示崩岗侵蚀的机理。

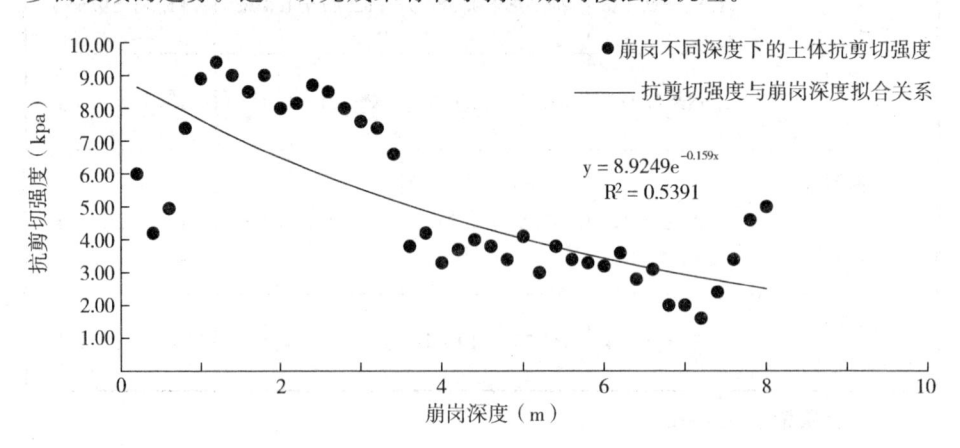

图 5 - 1 抗剪切强度与崩岗深度关系

三、防治方法

（一）工程措施与植物措施相结合，实施综合防治

崩岗的土壤侵蚀强度大，治理难度大，若单纯靠工程措施或植物措施都难以达到稳定崩岗的目的。因此，治理中一方面用工程措施尽量排出坡面径流，拦沙滞洪，防止侵蚀沟进一步下切，另一方面植树种草，尽快恢复植被。如岑溪在崩岗治理的实践中，归纳出了"上截、下堵、中间削、内外绿化"的治理模式，并通过试种发现如马尾松、湿地松、马占相思、绢毛相思、木荷、芒萁等一批适合在崩岗侵蚀劣地生长的先锋树种、草种，治理崩岗的效果较好，崩口已基本稳定，没有新的崩塌发生。

（二）根据崩岗的情况因地制宜地采取治理措施

对活动强烈、发育盛期的崩岗，并不强行通过人工措施制止其发育，而是将防治重点放在防止其造成的危害上，采取在崩岗顶部及两侧开挖截排水沟，并在崩口或数个崩口下游修建谷坊或拦沙坝，在堤坝内外种树种草的措施。对处于发育初期且崩口规模较小的崩岗，则采取工程措施与植物措施相结合的方法，尽快固定崩口。对基本稳定的崩岗，一般不实施比较大的工程措施，主要采取植物措施绿化。对于相对稳定的崩岗，因其已基本无新的崩塌产生，且有一定的植被覆盖，所以以封禁为主。

（三）治理与开发相结合，提高土地利用率

崩岗发生的低山丘陵区一般都是人口比较密集的地区，随着社会与经济的发展，人口的不断增加，人地矛盾日益尖锐。在治理崩岗时，不能单纯地追求生态效益，而应坚持治理与开发相结合的原则，采取植物措施时应选择抗逆性强且具有良好市场前景的树种、草种，将治山与致富相结合，有效利用崩岗侵蚀劣地这一特殊的土地资源，实现生态效益与经济效益的有效统一。

四、对策及建议

（一）加强预防监督

人为不合理的活动会加剧崩岗的发生与发展。崩岗危害严重，一旦形成，其治理需要投入大量的物力和人力。因此，对崩岗侵蚀的防治应坚持预防为主的原则，建议加大预防监督力度，在崩岗易发生区杜绝乱砍滥伐、陡坡开荒、乱开矿等严重破坏原生植被的不合理的人为活动，在生产建设活动中注意保护植被，避免人为活动造成新的水土流失，防止因人为活动加剧崩岗的

发生与发展。

（二）充分发挥生态自我修复能力

广西崩岗侵蚀多发区属南亚热带区，该区自然条件优越，水热条件好，植物资源丰富，可加大封禁力度，充分利用生态的自我修复能力加快崩岗的植被恢复，使其趋于稳定。尤其对于相对稳定型崩岗，应以加强封育为主。

（三）落实国家政策

通过制定稳定的投入保障政策，落实和完善优惠的扶持政策，多层次、多渠道筹集崩岗治理资金。一方面要全面落实国务院制定的水土保持治理的投入政策，积极争取国家及地方的财政资金投入；另一方面要坚持"谁投资，谁经营，谁受益"的原则，调动社会参与治理崩岗的积极性，多方吸引社会资金参与崩岗治理，拓宽资金渠道，增加资金来源。

（四）加强技术研究

广西崩岗类型多样，各地的情况各异。受各种条件的限制，当前广西对崩岗侵蚀缺乏系统的研究，在今后的工作中应加大对崩岗发生规律、崩岗综合防治技术、崩岗区植被快速恢复技术等方面的研究力度，为全区崩岗防治提供强有力的技术支撑。在交通便利的地区，建立具有代表性的、类型各异的崩岗防治技术示范点，带动全区的崩岗防治工作。

参考文献

[1] 李双喜，桂惠中，丁树文. 中国南方崩岗空间分布特征 [J] 华中农业大学学报，2013（1）：83-86.

[2] 陈晓安，杨洁，肖胜生，等. 崩岗侵蚀分布特征及其成因 [J]. 山地学报，2013（6）：716-722.

[3] 丘世钧. 红土坡地崩岗侵蚀过程与机理 [J]. 水土保持通报，1994（6）：31-40.

[4] 熊平生. 中国南方红壤丘陵区崩岗侵蚀基本问题研究综述 [J]. 亚热带水土保持，2016（4）：28-32.

[5] 黄艳霞. 广西崩岗侵蚀的现状、成因及治理模式 [J]. 中国水土保持，2007（2）：3-4.

[6] 邱锦安，刘希林. 基于知识图谱的中国崩岗研究现状及综合分析 [J]. 中国水土保持科学，2017（3）：139-148.

[7] 梁传平，邓羽松，张杰源，等. 苍梧崩岗洪积扇不同土地利用方式土壤性质分异及肥力评价 [J]. 南方农业学报，2015，46（4）：592-596.

第五节 "壮美广西 美丽乡村"调研报告

2021年广西大学建规学子乡村风貌提升
暑期社会实践调研团

一、活动背景

(一)政策背景

"美丽中国"是党的十八大提出的重要理念,党的十八大报告中明确指出:"建设生态文明,是关系人民福祉、关乎民族未来的长远大计。面对资源约束趋紧、环境污染严重、生态系统退化的严峻形势,必须树立尊重自然、顺应自然、保护自然的生态文明理念,把生态文明建设放在突出地位,融入经济建设、政治建设、文化建设、社会建设各方面和全过程,努力建设美丽中国,实现中华民族永续发展。"习近平同志在党的十九大报告中指出,加快生态文明体制改革,建设美丽中国。

农村基层事业关系全局,长期以来一直是我国发展中的痛点、难点。2005年,党的十六届五中全会提出了建设社会主义新农村的重大历史任务,广大农村地区面貌得到巨大改善。建设社会主义新农村必须把"美丽中国"中的生态文明建设摆在突出地位。2013年的"中央一号文件"中提出"加强农村生态建设、环境保护和综合整治,努力建设美丽乡村",习近平总书记在2013底召开的中央农村工作会议上强调:"中国要强,农业必须强;中国要美,农村必须美;中国要富,农民必须富。农业基础稳固,农村和谐稳定,农民安居乐业,整个大局就有保障,各项工作都会比较主动。"党的十九大进一步顺应时代需求,提出了乡村振兴战略,2018年中共中央国务院印发的《乡村振兴战略规划(2018—2022年)》明确指出"乡村兴则国家兴,乡村衰则国家衰",多次提到"美丽乡村",围绕建设美丽乡村提出了多项举措,包括推进农业绿色发展、持续改善农村人居环境、加强乡村生态保护与修复等。美丽乡村建设正是"美丽中国"的题中之义,而要真正实现广大农村地区的和谐美丽,必须将生态文明建设融入经济、政治、文化、社会建设的全过程和各方面,切实推动乡村的全面振兴和持续发展。

"美丽广西"乡村建设活动在此背景下应运而生,是对美丽中国和美丽乡村理念的具体落实。正如时任广西壮族自治区党委书记彭清华于2014年11

月在全区"美丽广西·生态乡村"活动电视动员大会上指出的:"'美丽广西'乡村建设活动,是我区适应经济发展新常态、顺应人民群众对美好生活新期盼作出的重大决策,是建设'美丽中国'的广西实践,对于实现'两个建成'目标具有十分重要的意义。"

在全区广泛开展"美丽广西"乡村建设活动,着眼的不是农村地区生态环境的简单整治,也不是乡村面貌的短期变化,而是力图通过较长时段的变革实现乡村风貌的整体性、持续性的改善。这一活动从一开始就定位于推动广西广大农村地区发展的关键之举,是一项希望能够以点带面实现农村地区根本变革的治本之策。

作为观察基层治理情况的窗口,我们在调研这一乡村建设活动中也清楚地看到,这一活动的规划、布局、实施、评估等,激起的是整个农村地区各方要素的涌动,农村地区的各项工作也在这一活动的带动下有重点、分步骤地推进,呈现出以活动为主轴、各项事业有序推进的发展格局。"美丽广西"乡村建设活动就像政府紧握的一把抓手,通过8年的长期规划分步骤、有重点地展示了乡村面貌根本性变革的远景,本身既蕴含着基层治理的大道理,又透过一系列规划的实施试图实现农村基层地区的良善之治。

我们的调研以 L 市 X 区的乡村建设活动为样本。L 市 2018 年第一、二、三产业增加值占地区生产总值的比重分别为 23.8%、34.6% 和 41.6%,第一产业比重较自治区水平更高,甘蔗和蔬果生产在农业中具有特殊地位。

(二)活动流程与目的

为了进一步发挥广西大学土木建筑工程学院青年学子的专业优势,汇聚博硕优势技术力量为 L 市 X 区提升乡村风貌等方面服务,助力 L 市的乡村振兴建设,2021 年 7 月 21 日广西大学大学土木建筑工程学院师生一行 19 人的实践团来到 L 市 X 区下辖的几个乡镇进行乡村风貌提升调研活动。7 月 22 日上午实践团前往来宾并参观 NL 村、YL 村,下午参观 NJ 村、LW 村;7 月 23 日上午参观 TX 村、HC 村,下午在区政府 729 会议室召开调研情况反馈座谈会;7 月 24 日返回广西大学。

二、X 区基本概况

X 区交通条件得天独厚,具有区位优势。湘桂铁路复线纵贯 X 区境内 6 个乡镇,长达 105 千米,北上直通北京,南下可达钦州、防城、北海等出海口,经南宁至凭祥可直达越南等国。桂林至北海高速公路在 X 区境内长达 78 千米,并有 3 个出入口。322 国道贯穿 X 区南北。红水河流经 X 区境内 11 个乡镇，西可通贵州、云南，东南可达广州、香港。X区有便利的陆路、水路交通网络，是连接华南地区、西南地区、华中地区的交通枢纽，也是大西南的出海通道要冲。

X区土地总面积4 403.395平方千米。其中农用地面积260 037平方千米，占土地总面积的59.89%；建设用地面积270平方千米，占土地总面积的6.09%，未利用土地面积149 700平方千米，占土地总面积的34%。截至2018年末，X区户籍总人口114.14万人，其中，城镇人口31.02万人，乡村人口83.12万人；

三、清洁乡村

"美丽广西·清洁乡村"活动于2013年开展，广西壮族自治区专门制定《美丽广西·清洁乡村活动方案》，对活动做出具体部署。为实现清洁环境、美化乡村、培育新风、造福群众四项目标，活动设置了三个重要任务，分别由自治区住房城乡建设厅、环境保护厅、农业厅三个单位牵头。一是清洁家园，包括清扫垃圾，清除杂物，清洁房屋。开展乡村垃圾分类、收集、转运和处理工作，整治农村环境卫生。选择部分基础条件较好的村庄进行垃圾综合处理示范村建设。二是清洁水源。清淤治理乡村水井、水塘、小河流、排水沟、下水道，清理水面漂浮垃圾，处理厕所、畜禽场（圈、栏）污水排放。选择部分基础条件较好的村屯进行生活污水处理和饮用水水源地保护示范村建设。三是清洁田园。包括清收和处理各种农业生产废弃物，控制农药、化肥等过量使用，大力推广农业清洁生产实用技术，防治农村面源污染。选择部分基础条件较好的县区进行农业生产废弃物回收处理试点县区和田园生态经济发展示范村建设。活动对资金筹备做了专门安排，要求自治区、市、县财政安排专项资金，为确保活动取得预期成效，还专门制定了成果验收标准，在全区开展绩效考核。

L市成立活动领导小组，小组长由市委书记担任，第一副组长由市长担任，相关市级机关工作部门作为成员单位，并且由领导干部带队、划分片区包干指导。活动内容包括农村垃圾治理、保洁员配备、保洁费收取、环境治理制度上墙等。乡镇也通过设立专项工作组、发动村两委干部、增加财政投入等措施，在各自然村屯动员群众，鼓励村民将垃圾集中堆放，增强村民清洁意识。活动效果显著，实现了对生活垃圾的集中治理和重点治理，构建了稳定的保洁员队伍和"村收镇运县处理""村收镇运片区处理"和"边远村屯就近就地处理"的垃圾处理体系，使农村生活垃圾处理专项治理常态化，各村屯面貌、人居环境得到了快速改善。清洁乡村活动并没有随着活动结束而结束，2015年前10个月，L市5 529个自然村有3 924个村筹集了保洁费，落实保洁费1 476.3万元，全市组织环境整治行动3万多次，群众参与达10万多人次，共清理各类垃圾45万吨，清洁水源8 500多处，清捡废弃秧盘、薄膜等田间废弃物5 000多吨，清捡田园面积183万亩，完成铁路沿线环境综合整治108千米。X区2017年重新审视清洁乡村成果，对全区17个乡（镇）开展农村垃圾治理、保洁员配备、保洁费收取和村规民约等制度上墙工作情况进行督查。今年5月全面开展了乡村风貌提升"三清三拆"环境整治工作。"三清"即清理村巷道及生产工具、建筑材料乱堆乱放；清理房前屋后和村巷道杂草杂物、积存垃圾；清理沟渠池塘溪河淤泥、漂浮物和障碍物。"三拆"即拆除旧房危房、废弃猪牛栏及露天厕所；拆除乱搭乱建、违章建筑；拆除非法违规广告、招牌等。"三整治"即整治垃圾、落实"门前三包"（包卫生、包绿化、包秩序）责任制、建立保洁队伍、健全村庄卫生24小时保洁机制；处理污水，建造污水处理设施，重点推进农户改厕，实行雨污分流、污水排放暗渠化；处理畜禽污染，建设栅栏圈围，实现人畜分离、家禽集中圈养。

推进"三清""三拆""三整治"工作是为了提升乡村风貌，提高农村人居环境的质量，提高村民参与建设农村的积极性，为后期建设新农村、建设公共服务设施打好基础，提高村民宜居宜业水平。

对于"三拆"中的拆除废旧建筑进行复垦，是将配置不当的、利用不合理的建设用地更改为耕地、果园。这既保障了农业用地，又能将废弃用地重新利用，提高土地的使用率。农村建设用地复垦工作的目的是合理利用和保护土地资源，实现经济效益、社会效益和生态效益的有机统一，从而促进社会的可持续发展。复垦是惠民政策，有利于解决老百姓的民生问题，改善老百姓生产生活条件，提高耕种收益。

四、美丽宜居

（一）乡村生态宜居建设状况

"美丽L市·生态乡村"乡村建设活动于2014年启动，2015—2016年集中开展。开展生态乡村活动是改善乡村生产生活条件、提高人民群众生活质量和幸福指数的重大举措，实现与全国同步全面建成小康社会，应力求经济发展接近全国中等水平，人民生活质量和幸福感达到中上水平，生态环境保持一流水平。

农村住房建设逐渐规范化，表现在以下几个方面：农村建房缺少规划与住房建设无序的现象不再有；乡村路网建设较完善，路面硬化率和路面硬化质量大幅度提升，村村通、乡道、县道等路网建设基本普及；乡村面貌较好，与自然统一和谐，无毁坏和杂乱等现象。同时，在调研过程中也发现了许多问题，如生态环境治理不到位，具体体现在以下几个方面：牲畜粪便随地可见，散布在主要道路上；垃圾分类没有普及到乡村；垃圾箱等环保设施不健全。自然生态环境的保护有待加强，不能够把自然界当成可以任意索取的天然仓库，破坏人与自然资源的和谐关系。农村自建房顶层附加屋面的可靠性不够，相对于现浇斜坡屋顶，钢结构斜坡屋顶虽然满足了经济性，但安全性、适用性和耐久性远远不及现浇斜坡屋顶。

（二）乡村生态宜居建设的策略与措施

1. 绿化环境的提升

坚持保护原则。保护原有的古建筑、古树、自然湖泊和水塘，坚持保护生态环境与人相结合的原则。采用一组多点式的景观绿化节点设计，形成村内绿化网络，在乡村主要路径设置绿化，建设好绿色公共空间，提高空间活力，提高村庄内的热环境舒适度，降低路面、墙面反射的热感；对每家每户前门后院进行绿化，可以建设菜园或果园等，减少高墙相邻和道路光秃情况，增强村庄的生活氛围。

2. 生态治理的加强

将村庄日常保洁和生活垃圾收集相结合，提高乡村生活垃圾处理能力。完善生活垃圾分类回收设施，整洁干净的乡村才是人们理想的家园；将垃圾的收集、囤放与运输分离，垃圾运输与运输入流线分离；完善村落整套排污系统；公共厕所要远离村落中心。

3. 生活配套的完善

生活配套是乡村正常运行和健康发展的物质基础，尤其在全面建成小康社会后起着重要作用。只有居民的生活舒适，相应的配套设施完善，才能够实现真正的宜居。基本的生活配套设施应该包括医院、学校和公共休闲场所与运动设施。

4. 住建房的合理性

农村住房建设规范化是基础，是乡村振兴战略中不可或缺的一环。住房建设中结构可靠度是结构可靠性的概率度量，也是衡量一个房屋是否合格的标准。农村自建房顶层附加屋面可以选用刚度和强度更好的钢结构或者使用现浇面屋顶；同时坚持"留改拆"并举，突出历史风貌保护和文化传承，加大农村危旧房腾退复垦和修缮力度，将使用功能不完善、配套设施不健全等各类旧住房纳入生态宜居工程拆迁改造范围，多途径、多渠道改善群众居住条件。

5. 能源的重复利用

农村能源是农村经济社会发展的重要物质基础，是城乡基本公共服务均等化的重要领域，是农村发展和乡村振兴战略中最具有活力的一环，也是战略抉择，坚持人与自然共生的原则，处理好能源利用与经济发展之间的关系，通过对能源的重复利用充分带动乡村的经济发展。可以有计划地建设好农村新能源，可再生资源的利用与开发；比如，充分利用沼气与太阳能等新能源，解决烧柴、烧煤带来的环境污染等一系列问题。

五、乡村文化

（一）NL 村、YL 村乡村新风貌研究总结

1. NL 村、YL 村乡村新风貌现状

"三清""三拆"完成度较高，道路硬化、新乡村道路水泥地铺程度高，建筑围栏小品具有实用型。文化上采用坡屋顶，体现了壮族文化。全村加大垃圾处理、污水处理、卫生改厕、村道硬化、村庄绿化等基础设施建设力度，大力实施立面改造、广告牌治理、田园风光改造、路口景观提升等工程，使村庄的人居环境得到改善，推动了乡村风貌改造，促进了乡村振兴。

（1）在"三清""三拆"的基础上，将两高两道作为示范带进行建设。以示范的形式，以点连线，提升区域内的乡村风貌，改善人居环境。

（2）建筑立面处理手法。将原来的瓦房改为钢结构斜坡屋顶，体现壮族特色。房屋外观为红色，红色代表喜庆，体现厚重感，加吊脚提升严肃感、美感。屋顶有全坡屋顶和半坡屋顶两种，其中半坡屋顶较多，留出阳台空间，供百姓晾晒，比较实用。

（3）加入隔板，形成景墙。住建部门根据每宅每户特点，提供不同房型供村民选择。包括经济型、小康型、实用型等。

（4）尊重原有建筑。在旧房的基础上，进行村庄环境整治，整治过程中，以"三清""三拆"为基础。

（5）YL 村村庄自然景观优秀，村庄依湖而建，通过改造基本达到了村庄美化、绿化、亮化，NL 村水泥路较多，适宜采用三微建设，即打造一些小果园、小园林、小菜园。YL 村立面改造方法：①清水砖案例。保留清水砖外立面，扩展三楼楼梯间，在最顶层增加灰瓦坡屋顶，屋面背面、山墙面采用彩钢板封墙，增加灰色墙裙，与屋顶上下呼应，二层露台增加挑檐。②涂料外

墙案例。保留原涂料外立面，拓展二层楼梯间，在最顶层增加灰瓦坡屋顶，屋面背面、山墙面采用彩钢板封墙，一层屋面增加挑檐，底层增加 80 厘米高的红色石漆墙裙。

（6）这两个村庄均属于可挖掘历史文化文明较少的乡村。没有文明、文化基础的乡村治理改造是没有灵魂、没有生命力的。乡村建设与发展应该与文化宣传相结合，使新乡村建设更加具有吸引力，以吸引更多的人口回流，推动乡村的实质性发展。

2. NL 村、YL 村乡村新风貌不足之处

乡村新风貌建设完成度高，道路硬化程度过高，缺少乡村气息，与青石板路相比毫无特色，完全水泥地使乡村趋于城镇化，缺少乡村文化、乡土气息。乡村缺少休憩空间、娱乐空间，看不到老人们聚在一起唠家常、孩子们在一起玩耍娱乐、人们饭后散步的场景。可以以乡村轴线为中心，在周边设置一些空间节点，将乡村的人聚集起来，增加乡味。改造前是千村一面，改造后出现一个村庄中千屋一面的情况，不能体现村庄中乡屋的特色。

（二）NJ 村文化

1. NJ 村乡村新面貌

NJ 村建筑整体上是红色斜坡屋顶、白色立面，在建筑的立面上也会有一些红色花纹，这样的建筑外观给人非常整齐的感觉，这样的村子给人一种现代化新农村的感觉，但是却丧失了村子的那种古朴和自然。外地游客想看到的是原汁原味的古村风貌，并非一板一眼的新农村。

在文化的保护上，NJ 村做得较好。NJ 村保留了能够体现其文化的建筑残骸，并加以修饰和保护。其中最令人津津乐道的就是曾有一户大户人家早上都要骑着高头大马去柳州吃一碗米粉。这户人家的房子的残骸被保留了下来，空地上种上了各式各样的景观植物，边缘用栅栏和低矮镂空围墙加以修饰。保护工作做得很好，但是作为旅游文化来宣传仍有不足，因为它没有与故事相衔接的标志物，没有向游客介绍故事的故事录，如果没有村主任的介绍我们也很难知道这个故事。

除了历史文化故事，NJ 村在公共空间文化方面的塑造也略显粗糙。几块未经加工的门槛石做成的凳子，竟是描述文化的关键，石头的布局和加工完全看不到故事，这又怎能成为乡村文化宣传的关键呢？而且公共空间的绿化遮阴效果较差，使用率很低。

NJ 村是国家一村一品的重要示范村，甘蔗产业是最重要的发展产业之一。在甘蔗产业的发展中，也产生了一些旅游文化，比如"蔗野仙踪"，绿油油的甘蔗随风飘舞，蔚为壮观。将旅游文化与产业相结合无疑是绝妙的方案，甘蔗田地则是宣传的好文案。但是仅仅是观赏还远远不够。甘蔗除了其产品价值和观赏外，还是否有别的用处呢？我们认为有。甘蔗田地的甘蔗高大，遮阴效果和隐藏效果必然绝佳，是否能根据甘蔗田这样的特性开发旅游资源？比如在甘蔗地里野餐，只需要在甘蔗地中空出一小块地即可，而且私密性极佳；或者利用甘蔗田建造迷宫，吸引游客在这里捉迷藏。这都是旅游开发的新点子。

2. NJ 村的治理

在 FH 镇 NJ 村，FH 镇党委书记就 NJ 村开展乡村风貌提升活动总结出"活""干""韵""筹"四字经验：一是强领导，重机制，突出"活"字强化网格化管理；二是重民风，融传统，活用"韵"字建新时代村落；三是广引领，勤动员，围绕"干"字开展"三微"建设；四是寻资金，拓渠道，强化"筹"字做好资金保障工作。

三微改造的确成效显著，对乡村风貌的影响颇大，但是仍然有一些宅前园地并没有种植植物。这些园地的所有者往往没有时间或者精力管理，因为他们有繁重的耕种压力，或已经去外地打工。据此政府应该根据其实际情况，将土地暂时分给其他人管理，收益也归耕种者所有，从而鼓励他们耕种。门前园地在农村往往就是菜地或果园，这是性价比很高的选择，能够直接获取利益，如果变成花园，不仅管理时比较麻烦，而且收益较低，因此应该种植收益较高的植物，这也能反映农村的朴实风貌。

（三）LW 村文化

LW 村位于 L 市 X 区 FH 镇，坐落在 G72 泉南高速公路旁，距城区约 16 千米，是一个环境很好的村落。

LW 村的村环境提升工作做得较好，"三清""三拆""三整治"工作圆满完工。无农村的危旧废弃房屋、露天厕所、乱搭乱建房屋、违规商业广告、招牌，并且清理了村巷道及生产工具、建筑材料、房前屋后和村巷道杂草杂物、积存垃圾，清理了沟渠池塘溪河淤泥、漂浮物和障碍物。对垃圾、污水处理妥善，不足之处是对村落水源保护不到位。由于饮用水源附近就是农田，现代耕作都会使用无机肥料，长此以往，可能会对水源造成污染，影响村民健康饮用水。应该对饮用水源周边进行一系列的改善和保护，减少肥料和农药对水源的影响。

"三微"基础环境设施没有很好地融入村落本质。建议把"三微"基础设施做得更活化，更有灵魂。

村民自治管理模式对于新农村发展、农村风貌提升有很大的推动作用。政府做牵头羊，让百姓当家做主，管理自己，管理自己的生活，村民奔着自己向往的生活，这才是新农村需要的灵魂。比如村民管理好自己的"三微"，管理好自己家周边的环境卫生。让村民自愿为新农村的发展、为农村风貌的提升贡献自己的力量。

（四）TX 村文化

1. TX 村简介

MC 镇 TX 村坐落于 L 市 X 区东南部，村址所在处原为清朝末期、民国初期桂中地区南北交通主要干道，连接贵港、柳州，东西方向连接武宣、迁江，"翼王"石达开率军征伐时亦途经此地。TX 村共有 188 户 660 人，共有 9 名党员。村民主要以种植甘蔗、水稻、玉米等农作物，以及饲养鸡、鸭、牛作为经济来源。村庄依山傍水，环境幽美，村旁的铁象水库水源充沛，水库内鱼虾丰富，也为水库下游数百亩农田提供了源源不竭的灌溉水源，绘就了一幅水稻随风舞动，宛如碧波荡漾的美丽画卷。

近几年，在党委、政府的有力领导下，TX 村群众团结进取，努力建设社会主义新农村，村容村貌发生了翻天覆地的变化。现在，泥泞的烂泥路变成了干净整洁的水泥路，村民们从破旧的泥瓦房搬进了结实稳固的新房子，原来的"牛练塘"变成了环境舒适的休闲广场，群众生活品质得到质的提升。TX 村民风淳朴，村民崇文尚德，方家祠堂中高悬的对联写着"方祖宗一脉真传克勤克俭，教子孙两行正路性读性耕"，体现了 TX 村村民一直秉承"耕读传家、勤俭持家"的理念，也正是这样的淳朴家风培育了一位位杰出人才，比如民国时期浴血奋战、守卫城防的 L 县防军副司令 WZL，搭桥铺路、散财行善的方家富豪 FXP。TX 村各代子孙们身上无不蕴含良好的家教家风。

未来几年，TX 村将依托铁象水库特有的水域景观和田园风光，利用毗邻 L 市的良好区位优势，以乡村旅游市场需求为导向，以乡村休闲度假为品牌方向，以"农业＋文旅＋产工业"为核心发展理念，优化资源配置，将 TX 村打造成集"休闲观光、餐饮住宿、产品加工、科普教育、养生度假"于一体的田园综合体，实现生态效益、经济效益与社会效益的有机结合。

2. TX 村建筑文化

TX 村整村建筑风貌，按屋顶分可以分为平屋顶、人字坡屋顶两类；按建筑建成时间分可分为始建于 1708 年的方氏祠堂、历史古建筑、新建建筑；按院落可分为口字型、日字形及目字形院落。整村的建筑风貌属于混合型。TX 村是一个红色文化村，将军墙遗址、知青小院、知青大院、方氏祠堂等都体现了 TX 村的革命文化。

（1）将军墙遗址

民国初期，广西"群雄"割据，TX 村人 WZL 自拥二三千人，占据 L 县，护家护民，保卫了一方平安。WZL 辗转旧桂系、新桂系投靠李宗仁后，任广西定桂军第六纵队司令、广西护国军第一军第六纵队司令。1922 年夏，滇军犯桂，WZL 率部驻防 L 县，誓死战斗，击退滇军。TL 村将村巷内抵挡敌人进犯的老墙和炮楼遗址命名为 WZL 将军墙，并列为村级文物保护起来，以铭记 WZL 将军爱民护家的情怀。

（2）知青小院

村内一处老房的墙壁上，记写工整的数字勾起了 TX 村人对知青时代的追忆。通过大量的走访、翻阅资料，TX 村人渐渐梳理出了一段段下乡知青的青涩记忆，并以此为基础，保护性修缮了知青小院，将搜集到的和村民捐赠的 100 多件知青旧物复原放置，展现那一代人的岁月，铭记那一代人的芳华。寂静的庭院，陈旧的瓦房，知青旧物和墙上的标语散发出时代的味道，吸引了青年人的目光，勾起了长辈的回忆。

3. TX 村乡村治理

（1）强化党建引领作用

一是强化主体责任。各村党组织召开动员会、成立理事会、入户宣传，发动群众全员参与；党员发挥"结一联五带十"的作用，即每名党员至少结对一户贫困户、联系五户群众、带领周边十户村民，冲在环境整治的第一线；及时召开群众动员会议，入户摸底调查，摸清废弃建筑物（危旧房）、沟渠（池塘）、陈年垃圾等并造册登记，将上级政策宣传到家家户户，尊重村民意愿，广泛征询村民意见。二是充分发挥党员干部的带头作用，鼓励村民参与整治专项行动。组织召开村民代表大会，成立以党员干部、退役军人、家族长辈为成员的"三清三拆"整治专项行动理事会，制订村规民约和卫生公约，讨论项目规划建设等重大事项，做好政策宣传和思想教育工作，使村民自觉参与"三清三拆"整治专项行动工作，自发清理房前屋后的垃圾和杂物，使村庄面貌焕然一新。

（2）发挥乡贤作用

发挥乡贤引领作用。乡贤通过出谋划策、回村劳动、筹集捐款等形式参与家乡"三清三拆"活动。如 HC 村乡贤 FYX 主动拿出自家空闲的房屋，放置本村在"清拆"活动中清理出来的旧农具、家具、生活用品、书等，作为本村村史馆。BT 村、TX 村等村在外工作的村民纷纷解囊相助，有钱出钱，有物出物，有力出力。HC 村在外工作和创业的 10 多名青年从全国各地回村奋战半个月，出钱又出力，有力地推动了环境大整治，HC 村村容村貌得到了极大改善。

（3）资金整合，激发动力

全镇将"一事一议"、交通、水利、文化等项目建设与"三清三拆"工作联动，整合全镇项目建设资金，制订资金使用计划，优先安排"三清三拆"工作推进快的村，确保资金用在刀刃上，为有效推动"三清三拆"提供资金保障。此外，各村屯将移民资金、村集体收入等全部用于公益事业，有效解决了资金投入不足的问题。

（4）制订乡村民约

各村以不断完善的村规民约为基础，将环境卫生整治党员承诺制、村卫生管理、"门前三包"等内容纳入村规民约。同时，各村结合当前脱贫攻坚的形势，根据需求聘用当地有劳动能力的贫困户为保洁员，专门清理村子主干道的垃圾。全镇全面推广 HC 村"公益事业人人有份，门前三包家家有责"的典型做法。全镇已经打造了 10 多个示范屯，绝大部分村屯的环境卫生得到了极大改善，脏乱差的红河街道等一批重点村环境卫生得到了有效整治。

（五）HC 村文化

MC 镇 HC 村整体建筑风貌相对古朴，村落内的传统民居多是砖墙或夯土墙红瓦坡屋顶，建筑外立面及建筑单体形态均保留传统民居风貌。村内相对完整的 HC 村客家家史馆，具有较高历史文化价值。HC 村的街巷空间、建筑布局相对自然多样，仍保留传统乡村空间的特色，耕地、"三微改造园"和传统民居之间相互联系渗透，形成良好的空间关系。传统民居红砖墙、夯土墙及红瓦坡屋顶独具乡村特色，利用废旧砖瓦打造的独特景观小品散布其间。

1. HC 村文化的继承与讲述

HC 村通过文物保护展览、昔日村民生活场景再现，记录并保留了老一辈人的生活记忆，对现存传统民居的整体修复和改造有利于乡村的风土人情、生活习俗、历史文化代代相传。目前对 HC 村特色文化的挖掘尚浅，对相关历史文化印记的继承与讲述停留在静态保护的阶段，乡村特色风貌的营建以"点"为主，乡村整体风貌的营建需串联"亮点"的纽带或统领片区的文化主题，乡村仍存在文化特征不够突出、整体文化氛围感较弱等问题。

2. HC 村文化的发扬及利用

由村民绘制的 HC 村村口壁画是向人们展示 HC 村山水人情的秀美画卷，是 HC 村一张亮丽的名片，它同村内独特的砖瓦景观小品、栽满当地特色农作物和景观植被的"三微改造园"联动，可作为HC村独具特色的乡村文化品牌。类似的乡村振兴案例有韩国釜山的甘川文化村，它由政府资助、艺术家和当地居民携手打造了独具特色的壁画、涂鸦等，通过公共艺术的手段将村落内的新老建筑统一在同一语境下，推进了乡村旅游产业的发展。

六、结论

《"美丽广西"乡村建设重大活动规划纲要（2013—2020）》指出："没有农村的小康，就没有全区的全面小康。改善乡村人居环境，统筹推进城乡发展，事关农民安居乐业，事关农业可持续发展，事关农村社会和谐稳定。必须大力加强农业，美化农村，富裕农民。"从中可以看出对于活动的两项基本定位：一方面，活动旨在改善乡村人居环境，事关农民、农业、农村等问题，是一项有利于加强农业、美化农村、富裕农民的重大决策；另一方面，活动紧紧围绕小康社会的目标而展开，时间是从2013年—2020年，与国家全面建成小康社会时间相契合，从这一视角看，"美丽广西"乡村建设重大活动又可视为对国家政策因地制宜的落实落地。

农村事务千头万绪，但不是毫无条理的。"美丽L市"乡村建设重大活动以当前正在推行的重大决策为主轴，带动各项事务的全面发展、农村风貌的整体变革。农村基层治理依靠乡村自身的力量是远远无法达到善治的，需要国家政权、村民自治、社会力量等多方面力量的协同合作。"美丽L市"乡村建设重大活动，有目标、有法理、有依据、有规划，政府为当地农村发展制定了中长期计划，明确了乡村的发展目标，把控了乡村变革的前进方向。而"美丽L市"的目标，表面上在于"解决制约我区农村生态宜居和基础建设的突出问题"，实质上这些问题牵一发而动全身，依赖于农村地区经济、政治、文化、社会、生态等各方面的改造，在对活动的规划、实施中，也不可避免地要在乡村的产业结构、文化事业、基础设施、村民素养、污染防治等各项事务中同向发力。"美丽L市"乡村建设重大活动是政府用以提挈乡村治理的有效抓手，活动的推行涉及"清洁田园"、"服务惠民"、文化下乡、民主选举、"三清三拆"、精准扶贫等农村方方面面的事务，带来的是农民、农业、农村的整体风貌的改变。

参考文献

[1] 习近平. 决胜全面建成小康社会 夺取新时代中国特色社会主义伟大胜利：在中国共产党第十九次全国代表大会上的报告[M]. 北京：人民出版

社，2017.

[2] 胡锦涛. 坚定不移沿着中国特色社会主义道路前进 为全面建成小康社会而奋斗：在中国共产党第十八次全国代表大会上的报告 [M]. 北京：人民出版社，2012.

[3] "美丽广西"乡村建设重大活动规划纲要（2013—2020）[N]. 广西日报，2014-02-02（2）.

[4] "美丽广西·清洁乡村"活动方案 [N]. 广西日报，2013-04-22（4）.

[5] "美丽广西·生态乡村"活动指导意见 [N]. 广西日报，2014-11-16（5）.

[6] "美丽广西·宜居乡村"活动指导意见 [N]. 广西日报，2016-12-28（17）.

[7] 俞可平，徐秀丽. 中国农村治理的历史与现状：以定县、邹平和江宁为例的比较分析 [J]. 经济社会体制比较. 2004（2）：13-26.

第六节　乡村振兴战略下G市Q区专业化乡镇干部队伍建设研究

2021年广西大学"青马工程"培训班学员
暑期社会实践调研团

一、Q区专业化乡镇干部队伍建设的基本情况

（一）乡镇干部队伍结构逐渐优化

Q区乡镇干部队伍在年龄结构上呈现年轻化趋势。新一届乡镇领导班子平均年龄34.7岁，乡镇党政正职干部平均年龄37.4岁，其中书记平均年龄39.4岁，乡镇长平均年龄35.6岁；乡镇及驻乡镇机关单位在编人员平均年龄37.9岁，年龄最小为23岁，最大为60岁。乡镇在编人员基本形成了老中青年龄梯次结构。近年来，Q区不断提拔优秀年轻干部，并从区直单位选拔年轻干部进乡镇领导班子，打破单纯以年龄大小论资排辈的观念，发挥不同年龄段干部的优势，形成推进乡村振兴工作的合力。

Q区注重领导干部学历结构的优化，在108名乡镇领导班子成员中，大专及以上学历的占83.4%，其中研究生学历10名，占9.3%，全日制大学学

历 76 名，占 70.4%，大专学历 4 名，占 3.7%；在 457 名乡镇及驻乡镇机关单位在编人员中，大专及以上学历的占 92.6%，其中研究生学历 16 名，占 3.5%，全日制大学学历 270 名，占 59.1%，大专学历 137 名，占 30%。Q 区高学历的干部队伍，为促进政策落地、提升农村工作水平、优化群众工作提供了保障。

男女平等是衡量社会文明进步的重要标志，男女平等是我国的基本国策。我国制定的各项政策都充分保障妇女权益，促进妇女发展。在 Q 区乡镇党政正职中，女干部 4 名，占 20.0%，在乡镇及驻乡镇机关单位在编人员中，女干部 170 名，占 37.2%。这有效保证了基层女性参政议政，有利于保障农村妇女权益，促进农村妇女发展，推进男女平等。

（二）乡村治理能力持续提升

党的十八大以来，中央加大对乡村工作的支持力度，乡村干部的治理能力不断提高。在乡村治理过程中，Q 区乡镇干部能够做到积极努力为村庄发展着想，把为村集体服务作为自己的事业，做到"善治"。本次调研发现，Q 区的乡镇干部发挥了领导的核心作用，带头调整产业结构，大力发展特色产业，在多个村屯采用村企共建的模式，带领群众脱贫致富。比如，DL 乡龙马村与 JZ 种养有限公司、MX 农业火龙果种植示范园等现代特色农业基地达成合作，打造千亩稻虾综合种养基地。现代特色农业企业为当地创造了 500 多个工作岗位，保证农民就近就业，增加农民的收入，极大地促进了全村经济的发展。

Q 区乡镇干部治理能力的提升还体现在乡村风貌建设上。以 MG 镇 DL 屯为例，当地干部坚持规划先行的原则，邀请设计公司对村屯风貌改造及污水处理进行规划设计，扎实开展"三清三拆"和美化村庄环境活动。共拆除旧房 33 座，约 15 333 平方米，绿化面积 3 800 平方米，道路拓宽 1.1 千米，墙体改造 4 000 平方米，并在本屯内实行"网格化"管理，划分若干个责任区，安排专人管护，确保屯环境整洁、干净、卫生。

Q 区多年来一直努力寻求一条适应当前经济发展转型与保障民生的最佳路径，以解决农村空心化问题。在经济上，Q 区根据当地特色，着力调整农村产业结构，扶持创办民办企业，积极引导农民带着资金、技术和项目回村创办村集体特色产业；在生活上，Q 区以促进农业生产、提高农民生活质量为原则，加强基础设施建设，改善乡村风貌，建设美丽家园；在文化上，Q 区定期举办文化活动，建造文化活动中心，深入开展社会主义核心价值观建设，提升村民素质，改善乡村人居环境。

（三）乡村服务意识不断强化

乡镇干部是乡村振兴的重要引领者之一，在整个"三农"工作中起着核心作用。乡镇干部应该具备深入群众、听懂群众话、办好群众事的能力。

G市Q区ZM镇创新性地采取"土地预流转"模式，这一模式将村里分散的土地集中起来，将"荒地"变成"宝藏"，由村集体统一流转土地，协助企业项目落地，坚定了企业投资发展的意向，增加CS、SJ、JY等村集体经济收入近15万元，辐射带动了其他村的经济。Q区乡镇干部听懂了农民的诉求，充分考虑农民的切身利益，在服务农民群众时凸显出超高的主动性与前瞻性，将分散在农户手中的土地化零为整，吸引农业龙头企业入驻，促进村集体经济发展，在带动乡村振兴的同时为群众争取最大的利益。对入驻企业而言，"土地预流转"工作模式使企业省去了与各家各户沟通、解释、协商、确认、签约等繁杂的手续，在短时间内获取大批相对集中的土地，建设规模化、标准化、专业化的农业园区。Q区以优惠的政策、高效的服务、宽松的环境，为企业打造优越的营商环境。

在乡镇走访中，调研团了解到"一组两会"制度在Q区显示出旺盛生命力和强大战斗力，是新时期村民基层自治的成功范本。"一组两会"制度是在工作实践中提炼总结形成的屯级协商自治制度，通过屯党小组提议、户主会议决定、理事会执行落实。这一制度打造了村民参与村级公共事务的平台，解决了"开会难、事难决、决难做"的问题。Q区乡镇干部深入了解民情，读懂农民的切身需求，主动服务农民，服务意识与服务能力得到提升。

（四）乡村基层治理人才队伍不断壮大

乡村基层治理人才短缺一直是乡村振兴工作推进过程中的短板。G市Q区通过"一组两会"制度，拓展延伸了农村村民自治机制，使得乡村振兴工作拥有了服务保障。G市Q区把建立屯级"一组两会"制度与农村基层组织规范化建设等工作有机结合起来，创新活动载体，吸纳村里能手、商人、有威望的人等参与乡村治理，不断扩大乡镇基层治理人才队伍，发挥乡贤的示范榜样作用，激发其回馈家乡、致力于乡村振兴事业的热情。G市Q区建立了金沙村综合服务中心，有专门的乡镇干部在综合服务中心负责行政工作，集中为村民办理业务，为村民提供一站式服务，宣传便民利民措施。在"万名干部回故乡，带领群众建家乡"活动中，贵港籍万名干部利用周末时间回到家乡，开展帮扶共建乡村活动，为乡村振兴贡献力量。这次活动充分激发了群众的参与热情，促进了家乡的发展，由点及面，增加了自治主体的人数，为乡村振兴贡献了力量。无论是"一组两会"制度的实施,"金沙村综合服务中心"的建成,还是"万名干部回故乡,带领群众建家乡"活动的开展,都体现了基层自治主体队伍的壮大。乡村基层干部积极发挥自身的标杆作用,不断增强现代乡村治理的意识,集中力量,劲往一处使,努力实现乡村振兴的美好愿景。

二、Q区专业化乡镇干部队伍建设的经验

(一)完善选拔任用机制,选优配强乡镇干部

政府各部门的高效管理和优质服务是乡镇干部依法依规履职的重要保障。面对乡镇干部"弱化""老化"严重、高层次急需人才、优秀复合型干部后继乏人的局面,Q区发挥党建优势,完善乡镇干部建设体系,通过"党建+"模式将党建与便民服务、经济发展、乡镇工作等巧妙地融为一体,围绕提升政治领导力、组织覆盖力、群众凝聚力、社会号召力、发展推动力、自我革新力,全面提升基层党组织的组织力[①]。Q区健全选拔任用机制的关键是选优配强乡镇干部。一是注重配强党政正职。坚持德才兼备、以德为先、任人唯贤的选人原则,由信念过硬、政治过硬、责任过硬、能力过硬、作风过硬、清正廉洁、具有良好群众基础的优秀人才干部担任党政正职岗位。二是注重年龄结构合理。在坚持革命化、年轻化、专业化和知识化基础上,开展"第三梯队"建设。目前Q区乡镇干部队伍结构已基本形成了老中青年龄梯次。三是注重学历知识结构优化。在乡镇发展中,建设一支熟悉党务工作、农业、经济和产业发展的素质高、有基层工作经验的干部队伍尤为重要。Q区充分利用市委党校、乡镇书记班、选调生班等培训机构资源,丰富干部的专业知识,提高乡镇干部与专业岗位的适配度,助力高效开展"三农"工作,保持高素质专业化乡镇干部队伍的活力。

(二)突出一线选拔,拓宽晋升通道

乡镇干部事务性工作多、任务重、压力大,晋升空间有限且晋升"排队"时间较长,使得在岗位上恪尽职守、扎根基层、实干兴业的乡镇干部短缺,干部队伍稳定性较差。近年来,Q区在干部选用工作中突出"一线导向",积极营造"干部在一线选拔、能力在一线提升、作用在一线发挥、成绩在一线

---

① 陈栋,赵诗强. 乡村振兴视阈下农村干部队伍建设研究:以济南市平阴县为例[J]. 中共济南市委党校学报,2019(6):117-120.

检验"的良好发展环境。基层实践是培养锻炼优秀干部的"磨刀石"。离群众越近、条件越艰苦、环境越复杂的地方，越是年轻干部成长的"沃土"，越能培养造就优秀干部。因此，Q区委今年以来提拔重用领导干部53名，其中"三个一线"和基层干部40名，形成"优秀干部在基层取"的良好导向。

基层实践是识别检验优秀干部的"试金石"。对年轻干部来说，在基层一线的艰苦环境中工作有助于其自我完善，成长为"千里马"。Q区将重点工作攻坚的"一线战场"，变成历练干部的"赛马场""练兵场"。从区直单位选拔12名年轻干部进乡镇领导班子，让他们在攻坚克难中开阔眼界、增长才干，"优秀干部到基层去"的鲜明导向逐渐形成。

（三）坚持严管厚爱，优化待遇保障

待遇低、离家远、责任大、平台小、配套设施不完善等基层干部生活现状使得乡村干部队伍建设时常陷入"留人难"的窘境。Q区从"实"关心关爱，解决乡镇干部的后顾之忧。健全完善干部谈心谈话制度，及时全面了解干部思想、工作、生活等方面的情况，对干部存在的困惑予以引导，对存在的困难帮助解决，对出现的苗头性、倾向性问题早提醒、早纠正。建立健全干部待遇保障制度体系，解决乡镇干部的后顾之忧。落实干部体检、休假等制度，关注基层公务员心理健康，注重精神激励，丰富文体生活，增强基层公务员的荣誉感、归属感、获得感，把干部队伍建设得更有理想、更有力量、更有干劲，把乡镇干部的精气神儿真正凝聚到干事创业上来。

三、Q区专业化乡镇干部队伍建设存在的主要问题

（一）基层干部治理现代化的素质欠缺

1. 主动学习意识较弱

主动学习，是党员干部增强党性、提高本领、做好工作的前提，更是我们党与时俱进、永葆生机的不竭动力[①]。调研团调研发现，Q区个别基层干部学习重形式、轻实效。理论学习方面，总认为做好本职工作、履行好职责就行，满足于一般化学习，学习时松时紧，泛泛而学，主动学习意识薄弱，对马克思主义经典理论学习不系统、不深入，囫囵吞枣，浅尝辄止，学原文、读原著少，如果工作需要，往往临时抱佛脚、急用急学、现用现学、以干代

---

① 陈黎娟. 四川省农村基层干部队伍建设个案研究：以成都市D镇为例[D]. 哈尔滨：哈尔滨师范大学，2021.

学，跟不上时代的变化、形势的发展。这些问题导致个别基层干部不能创新性开展工作，更难耐心地与农民群众建立深厚情感，这势必会削弱扎根基层，全心全意服务农村、农民的工作热情和责任担当。

2. 缺乏振兴乡村的专业知识和技能

乡村振兴离不开党的正确领导，也离不开广大基层干部的艰苦奋斗，乡村振兴要求基层干部不断丰富乡村振兴的专业知识，提高专业技能，做到与时俱进[①]。调研团在调研中发现，在Q区基层干部队伍中，一人身兼多职已成为普遍现象，这就要求基层干部有较高的综合素质和服务能力，尤其应具备与乡村振兴相关的专业知识和技能。《中共中央、国务院关于实施乡村振兴战略的意见》（以下简称《意见》）强调，乡村振兴，产业兴旺是重点。这意味着必须把发展多种形式的农业产业作为实施乡村振兴战略的重要工作来部署、强调。《意见》就如何发展农业产业问题提出了5个方面的具体要求，并强调各级党委和政府主要领导干部要懂"三农"工作、会抓"三农"工作，分管领导要真正成为"三农"工作行家里手。这就需要基层干部具备专业化的知识素养和能力储备，否则在部署和推进相关工作的实践中，就可能会一筹莫展。这里所强调的"农业"是包括农、林、牧、副、渔等在内的大农业，并非狭义的农业。这也意味着乡镇干部必须是行家：既要懂得农业发展的一般规律，又要清楚农业发展的特殊规律；既要能看到农业发展过程中出现的表面问题，又要能抓住本质问题；既要具备农业产业发展的一般知识，又要具备指导农业产业发展的特殊技能。在现实工作中，个别基层干部单项工作能力较强，但全面综合素质能力尚待提高，尤其是在乡村振兴的关键时期，创新多种形式农业，推进城乡资源互补、融合发展的能力尤为重要。在浙江庆元县深化技能型乡镇政府的过程中，通过"按需所学，每学必考，学以致用"的倒逼机制促使干部学技能和用技能，要求所有干部必须掌握所在岗位技能和所驻村特色产业，以及各村的重点、难点问题，使基层政府在乡村振兴工作中实现从"管理型"向"服务型"的有效转变。目前，Q区干部队伍在"懂农业"方面立足农村、服务农民、发展农业的相关知识储备及能力落后于岗位要求和百姓期望的情况仍较普遍。

3. 协调群众矛盾、开展群众工作的能力有待提升

农民是乡村振兴的主体。乡镇干部一定要始终牢记与贯彻好群众路线，做好群众工作。做好群众工作必须牢固树立群众观点，坚定不移走群众路线，

---

① 贾俊娟. 乡村振兴背景下农村基层政治生态优化研究[D]. 焦作：河南理工大学，2020.

从心里热爱群众,把他们当作自己的亲人,真正认清与摆正自己的"公仆"角色和位置。这是提高做好群众工作能力的根本前提和先决条件①。尤其是在突发性的群体性事件上,更需要基层干部有超强的随机应变能力和开展群众工作能力②。调研团在实地调研中发现,Q区个别基层干部协调群众矛盾、开展群众工作能力有待提升,主要体现在:个别干部在与群众沟通过程中,针对性很差,沟通协调的有效性很低;个别基层干部在做与群众沟通协调工作时,不注意选择沟通方式,沟通协调途径缺乏多样性,导致无法及时有效化解群众矛盾,不能更好地解决群众诉求。

(二)基层队伍后继力量匮乏

1. 农村"空心化"导致乡村振兴出现多重困境

调研团在Q区调研时发现,大多数农村青壮年选择放下锄头,离开家乡,以进城务工为谋生的主要手段,农村劳动力大量流失。这不仅严重制约着农村社区建设的良性发展,还使得乡村振兴工作出现多重困境。一是大量农村青壮年劳动力流入城镇,农村人口数量、结构发生巨大变化,农村缺乏有技术、懂经营、善管理的年轻人,这使得农村产业发展缺乏必要的智力支持,农业基础设施建设和维护乏人,农业生产的机械化与集约化程度难以提升,现代产业想在农村发展举步维艰,粮食安全和农业转型发展均面临巨大挑战。二是目前多数劳动力外流严重的镇村两级干部中青壮年比例较低,村干部以50岁以上的中老年人为主,他们部分人受教育程度偏低,接受新事物、带动村民发展致富的能力有限,偶有出现对党在新形势下的路线、方针、政策的理解不够透彻的情况,在乡村治理中只能勉强扮演"维持者"的角色。本地大学生也选择在城市发展。这种"只出不进"的向外流失对乡村治理的影响极大,村级后备干部匮乏,干部储备不足,部分乡村甚至连村两委换届选举都缺乏合适人选,严重阻碍乡村自治能力的提升和乡村振兴的步伐。三是基层干部作为乡村各类工作的基石和主体,肩负着农村各项治理工作的责任。大到党和国家方针政策的落实,小到邻里街坊的日常纠纷,都需要干部身体力行地进行宣传、落实和调解。乡村自治主体的持续外流增加了乡镇基层干部在治理实践过程中的工作负担。乡镇出现大小事务都需要乡镇干部拍板定调,却不一定能得到群众的理解的情况,乡村陷入"干部没少出力,群众难

---

① 尤亚杰. 乡镇干部队伍建设问题及对策探究[D]. 开封:河南大学,2020.
② 王雨璇. 基层政府治理能力提升研究:以S省L街道办事处为例[D]. 济南:山东大学,2021.

以满意"的治理困境。

2. 优秀基层干部流动性较大

根据Q区委组织部统计数据，该区把经受住基层实践检验、能够迅速打开局面、具有较强基层工作能力的优秀干部选拔到领导岗位上来，今年以来，提拔重用领导干部53名，其中"三个一线"和基层干部40名，占75.5%，形成"优秀干部在基层取"导向。干部流动渠道的畅通使得才能出众的年轻干部频繁被上级党政机关及其职能部门抽调或者遴选，导致一些乡镇干部培养一茬、流失一茬。这不仅影响基层党政干部队伍的新陈代谢，还会使某些优秀基层干部在工作期间部署规划的工作有可能滞后，新调任到基层工作的干部可能会因为工作理念、工作开展方式的区别而产生工作"烂尾"的情况。这都不利于乡镇的长期稳定发展。乡村干部"上得来，回得去"，大学生村干部"下得去，干得好"，才能让干部城乡交流形成良性互动。流动干部真正安下心来，干事创业，农村的优秀人才真正实现"本土化"，留得住人才，充分利用好人才，实现人才在其位，谋好职，干好事，干大事，是实现人才资源发展的关键所在。

（三）基层干部工作的创造性和积极性受阻

1. 工作开展资金支持前提下的硬性同质化考核导向

坚实的资金保障是开展基层工作的首要前提。保证基层工作的顺利开展，重点在于加大工作资金支持力度，落实工作资金保障措施。为了保证工作资金最大化地发挥效用，工作资金在层层下发时，要制订资金使用细则与考核规定。当某一项基层工作基本完成后，相关部门及负责人员在验收工作时，会对该工作开展过程中每一项资金的使用去处、使用范围与程度、使用成效等方面进行严格考核。

基层工作往往同时在多个或全部乡镇、农村开展，工作资金的下发与使用规定存在高度同质性，这也就意味着此时的基层工作在高度统一标准的前提下同时开展。基层干部为避免"探索性失误"导致工作资金落实考核时可能出现的不合格问题，便只按照既有的工作要求与资金规定，机械地贯彻落实。这极大地削弱了基层干部队伍的工作创造性与积极性。对于部分需要自主创新创造的基层工作，例如Q区农村基层村容村貌的改造与升级工作，工作开展资金支持前提下的硬性同质化考核导向限制了基层干部的工作创新性，基层干部创造性的想法、观点无法发挥与落实，严重阻碍了基层工作的有效开展。

2. 政绩目标下的基层工作效果保证导向

基层工作往往是政策依次落实的堆叠，属于硬性行政任务，其完成效果关乎当地政府的政绩水平，可能决定当地政府工作人员的晋升与政府下一年财政预算等多个方面。因此，保证基层工作效果、完成政绩目标是开展基层工作的根本要求。

基层工作效果保证导向与基层干部队伍的创造性、积极性存在矛盾与冲突。其中，与创造性的矛盾更为显著。基层干部的工作创造性在提升基层工作亮点的同时，可能存在与基层实际出入较大、阻碍工作效果的巨大风险。因此，出于"理性经济人"意识，为了保证基层工作效果，减少不必要的风险与麻烦，部分基层干部往往会选择严格按照相关规定开展基层工作，最终实现"维稳"的基层工作成效。

四、优化 Q 区专业化乡镇干部队伍建设的建议

（一）优化基层干部队伍梯队结构

1. 加大乡村振兴专业化人才引进力度

人才兴则乡村兴，人才强则乡村强。乡村振兴，农业科技领军人才少不了，有技术、有能力、懂管理、热爱乡村的治理人才更是不可或缺的。积极培育、壮大乡村振兴人才队伍，应以公共服务人才为保障，全面优化乡村建设管理"人才链"。Q 区在"万名干部回故乡，带领群众建家乡"活动基础上，实施"五万计划"（即万名乡镇公共服务人才集聚工程、万名乡村治理人才培育工程、万名乡村工程技术人才培育工程、万名农民合作社带头人培育工程、万名农村劳务经纪人培育工程），并通过多种渠道和方式为全区乡镇引进 2 000 名优秀人才，为乡村公共服务人才提供"源头活水"。Q 区还通过"乡贤"引育计划，在乡村产业发展、乡村治理、乡风文明建设、矛盾纠纷排查化解、人才引推荐等方面发挥作用。鼓励和引导"银发人才"回乡服务，力争 5 年内引导 100 名退休人才到村服务。

2. 强化农村后备干部培养工作

强化农村后备干部培养，首要工作是拓展渠道、择优选拔，建立和完善农村后备干部人才库。一方面要选拔当地优秀农村党员中有一定产业发展基础、有一定专业实用技术、群众口碑好的党员，强化本土人才培育，让他们成为乡村振兴主力军，以党性团结群众，充分发挥党员示范带动作用。另一方面以乡镇为单位对现有的村后备干部人才资源进行一次认真的走访和排查，积极动员外出务工人员、退伍军人、致富能手等参与后备干部推荐活动，充

实人才库。开展农村后备干部推荐活动,即通过个人自荐、集体推荐、群众举荐和组织推荐相结合的方式,把一些工作有方法、发展有思路的年轻人才纳入村后备干部人才库,进行重点培养。

农村后备干部人才库初具规模后,要建立综合培养机制,通过全方位、多领域的培养、锻炼提高后备干部的素质和能力。一是要创新教育培训方式。开展普及型培训活动,依托镇、村教育活动点培训阵地,定期组织农村后备干部系统地学习乡村振兴战略措施与相关政策;鼓励农村后备干部参加学历培训,提高学历;开展技能型培训,以农业经济基本规律、产业融合的变革创新发展和本乡镇主要农产品的种植(生产)技术为主,夯实后备干部人才队伍在"懂农业"方面的业务技能专业基础,提高带领群众致富的能力和农村工作水平。二是要创新实践锻炼模式。探索多种手段,比如担任村委会主任助理等职务,积极为农村后备干部搭建"成长舞台",让他们参与村级事务;镇(街道)干部、村党组织书记,包括"第一书记"也可以同后备干部结成对子,对后备干部进行重点培养和业务传授,使村级后备干部在实践中持续提升扎根农村的乡村治理能力。

3. 完善乡镇基层党政干部人才规划制度

按照加强党的执政能力建设和先进性建设的要求,以提高领导水平和执政能力为核心,着力培养打造一支懂农业、爱农村、爱农民的高素质专业化党政人才队伍。

围绕乡村振兴建设,以提高发展经济、改革创新、依法办事、化解矛盾、做群众工作等能力为重点,着力于培养守信念、讲奉献、有本领、重品行的高素质专业化基层干部队伍。根据最新政策导向,应持续提高在乡镇干部队伍中,熟悉现代农业、村镇规划、社会管理、产业发展、文化教育等方面的专业人才的占比。在深入推进农村产业革命、调整农村经济结构进程中,基层干部必须成为本乡镇特色产业的行家里手,根据所发展的产业深入学习、研究问题、破解难题,加快产业发展。按照"农村发展需要什么,农民需要什么,干部学习什么"的工作思路,列出各乡镇经济发展、和谐社会和基层组织工作三大类"技能清单",通过必备技能考试,确保每一名乡镇干部达到基本政策掌握、岗位业务精通、群众工作方法熟悉、产业专业技能了解的要求,成绩不合格的干部则取消年度评优评先资格。

(二)全面提升基层干部治理能力现代化

1. 基于乡村治理实践创新多元化教育培训方式

Q区以提高基层干部队伍治理能力、促进乡村经济长远发展为目标,积极探索新时代干部教育培训的新方式、新方法，培训由单一党校培训转变为"多元化"的培训，着力提升干部教育培训实效。

一是采取"理论讲座＋现场教学"相结合的方式，实现培训方式由单一、封闭向全方位、开放式转变。在学习研讨乡村治理理论和农业业务技能的同时，组织学员到全区新农村建设示范点、党建示范点、农村实用人才示范基地等进行观摩学习。

二是党校办班重点学和送课下乡全面学相结合。在开设党校培训班的基础上，各乡镇党校突出抓好以优秀年轻干部、新录用人员、村党组织书记、主任等为重点的思想政治理论学习、党性党纪教育和乡村振兴战略政策解读。同时，结合工作实际，由区委党校教师、区直相关职能部门领导等组成讲师团，每年1—2次到9个乡镇巡回送课下乡，实现基层干部培训全覆盖。

三是领导上台讲学和网络在线自主学相结合。充分发挥乡镇党校在干部教育培训中的主阵地作用，有效整合培训资源，推行领导干部上讲台制度。同时，充分利用广西干部网络学院的网络学习平台，组织驻村帮扶干部参加乡村振兴主题干部网络培训班，并将其纳入干部理论学习年度考核。

2. 加强基层干部间的经验交流与学习

加强基层干部间的交流与学习，是持续提高基层干部治理能力现代化的重要方式。本着"学经验、找差距、补短板、促振兴"的目的，基层干部应在工作交流过程中实现"互帮互学，互促互进"。

一是建立学习交流小组。将乡镇干部分成若干个学习小组，明确专人负责，定期组织交流工作经验活动，学习理论知识，畅谈时事热点。围绕当前重点推进的中心工作、服务"三农"的制度文件，以及面临的工作难点、重点等，组织学习小组成员加强实践性思考，多角度审视思考，使乡镇干部在集中学习和开放交流中共同提高。

二是充分利用"微载体"进行交流。乡镇可以通过建立"中青骨干微信群""工作交流QQ群"等交流平台，加强乡镇干部工作经验交流，收集意见建议，高效推进各项重点工作。同时，可以将交流平台作为一个"比武场"，将各自的工作进展情况在群里公开"晾晒"，助推比学赶超。

三是针对具体工作内容开设专栏进行交流。开设"围桌夜话""说事会""周末讲""乡镇故事会"等栏目，围绕新时期乡镇产业转型升级、农业增效、城乡融合、人居环境整治等方面，提思路、议对策、摆问题、谈做法，分享经验，相互促进。针对年轻干部学历高、观念新，但工作经验缺乏的短板，可通过开设"老乡镇长经验谈"等各具特色的交流专栏，帮助乡镇干部提升能力。也可以经常性地举办跨乡镇的主题交流会，让不同乡镇的干部互谈经验，互相启发，拓宽视野，提高能力，从而达到推动工作的目的。

3. 加强培训需求分析，提升基层干部能力建设的实践导向性

为提升基层干部教育培训水平，应该从建立需求调研机制、合理制订培训计划、加强教育培训管理等方面入手，进一步提高培训的针对性和实效性。

首先，建立健全培训需求调研制度。每年年底制订下一年度干部教育培训计划前必须开展需求调研活动。在调研对象上，涵盖乡镇党政主要领导、分管领导、中层干部、后备干部、村（社区）干部等群体；在调研内容上，主要听取培训形式、培训内容、培训管理方面的意见；在调研形式上，包括发放调查问卷、召开座谈会、个别访谈、抽样调查等多种方式。对调研收集的意见建议进行归类整理、统计分析，形成干部教育培训需求报告，重视基层干部的培训需求，将需求落实在课堂上，落实到实践中。

其次，培训时间方面，积极探索"分段式教学"新模式，即将原需一个月的集中脱产培训，改为两个月的分段式教学培训，先在区委党校集中学习一周，然后每周抽出周五、周六两天时间学习，并结合网络教学、现场教学、外出考察等方式。这种模式既保证了培训时间，又有效缓解了基层工作繁忙的工学矛盾。培训内容方面，应致力于实现"党和国家事业发展需要什么就培训什么，干部履职尽责和健康成长需要什么就培训什么"，既明确把政治理论、党性教育、法制教育等普遍需要的课程作为必训内容，又要分类分情况将镇村规划、财税、农田水利、乡村风貌等纳入培训内容。

最后，在加强教育培训管理方面，一是严格培训纪律。提高培训对象及所在单位对干部教育培训的重视程度，严禁任何学员或单位在培训任务上打折扣、在培训对象上搞变通，对不符合培训要求的学员要坚决退回，并追究学员单位的责任，确保符合培训条件的学员能够应训尽训。二是开展训后评估。全面开展干部教育培训质量评估，即在每次培训结束后，组织学员填写《满意度测评表》，对培训内容、师资、形式、效果进行评分，并提出意见、建议，由区委党校或区干部培训中心对课堂质量进行评估，在今后的培训中有针对性地加以改进。

（三）创新管理机制，激发基层干部队伍活力

1. 从优秀村干部中选拔乡镇干部

注重从基层一线选拔干部是Q区优化领导班子结构的主要举措之一。在今后的乡镇换届工作中，可进一步落实中央关于注重从基层一线选拔干部的有关精神，通过优秀村干部选聘纳入事业编制工作的方式拓宽乡镇机关领导干部来源渠道，建立、完善以实绩为导向的择优选拔机制，调动广大基层干部的工作积极性。在推进选聘纳入事业编制工作过程中，要严格按照事业单位人员选聘要求，制定《G市Q区从优秀村干部中选聘纳入事业单位人员实施方案》，明确选聘条件，明晰选聘流程，确定组织推荐、资格审查、实绩考核、组织面谈等工作环节。按照合适比例推荐选聘人选，联合公检法司等部门对选聘人选进行联审联查。成立业绩量化考核组，以政治素质为准绳，以工作实绩为前提，深入选聘人选所在村采取集中查阅资料、实地考察等方式，对选聘人选近三年的工作进行重点考核。同时，现场组织村民进行民主测评，随机入户走访群众，了解考核对象的政治素养、群众基础和日常工作，确保民主测评公平公正。树牢凭实绩定去留的鲜明导向，确保真正把政治素质好、业务能力强、群众基础好、服务能力强的优秀村党组织书记选拔出来。

2. 优化考核体系，增强考核灵活性

优化考核体系，目的在于破解督查检查考核过多过频、过度留痕给基层增加负担的困局，为基层减负松绑，确保充分发挥考核"指挥棒"作用，考准考实干部。可通过细化考核指标、缩减考核内容、减少考核频次等方式，对考核机制进行持续优化，提升综合考核工作"精准度"和"灵活性"，切实为基层减负松绑。

在制订考核指标过程中，坚持"考精、考重点"的原则，贯彻中央及省、市、区重大决策部署，推动乡村振兴、建强基层组织、为民办事服务、提升治理水平等重点工作，科学分类设置，优化考核项目，实行清单管理，精简考核内容，对未列入清单的考核事项不对基层开展考核。在精简考核环节过程中，检查方式上除年度综合考核实行单独考核外，其余项目与综合目标考核可采取一并"集中"考核的方式，杜绝重复、烦琐考核现象。在统筹运用考核结果时，将综合考核结果与干部选拔任用、评先选优、追责问效等挂钩，充分发挥考核的"硬标尺"作用，通过综合分析研判、多维评价印证，激励广大干部担当作为，减轻基层负担，提高基层的工作效率，切实转变工作作风。

3. 优化奖惩机制，激发工作创造性

为增加基层干部队伍工作动力，要加大正向激励力度，建立乡镇干部报酬待遇动态增长、定期调整机制，进一步细化落实干部带薪休假、津贴、补贴、职务职级等待遇保障制度，实行差别化补贴标准，按"城关镇""其他乡镇"两种类型进行补贴，适当提高"其他乡镇"补贴标准，让乡镇干部安身安心安业。同时要坚持重用实绩突出的干部，注重在经济社会发展、脱贫攻坚等大战大考中选拔任用实绩突出的"战将"、埋头苦干的"老黄牛"。此外，坚持细化、完善容错纠错机制，在制度层面鼓励党员干部敢闯敢试、敢想敢干，努力营造敢担当、敢创新的干部没顾虑、有舞台，不适应、不作为的干部受惩戒、让位子的工作氛围。从合理设置容错界限、划定容错底线、规范认定程序、查处诬告陷害行为等方面制订具体细化办法，制订容错免责清单。充分利用"万名干部回故乡，带领群众建家乡"活动的有利契机对基层工作进行回访，严厉整治部分驻村干部工作时走马观花、蜻蜓点水、群众满意度不高的问题。

参考文献

1. 陈栋，赵诗强. 乡村振兴视阈下农村干部队伍建设研究：以济南市平阴县为例 [J]. 中共济南市委党校学报，2019（6）：117-120.

2. 林兴斌. 乡村振兴战略背景下农村干部队伍建设研究 [J]. 北方经贸，2020（6）：34-35.

3. 陈黎娟. 四川省农村基层干部队伍建设个案研究：以成都市 D 镇为例 [D]. 哈尔滨：哈尔滨师范大学，2021.

4. 贾俊娟. 乡村振兴背景下农村基层政治生态优化研究 [D]. 焦作：河南理工大学，2020.

5. 尤亚杰. 乡镇干部队伍建设问题及对策探究 [D]. 开封：河南大学，2020.

6. 王雨璇. 基层政府治理能力提升研究：以 S 省 L 街道办事处为例 [D]. 济南：山东大学，2021.

第七节　那坡县油茶发展调研报告

2022年广西大学林学院暑期社会实践调研团

那坡县位于广西壮族自治区西南部，属亚热带季风气候，水分充沛，光照充裕，全年旱、雨季明显。油茶是山茶科山茶属常绿小乔木，与油棕、油橄榄和椰子并称"世界四大木本油料植物"，具有显著的生态、经济和社会效益。油茶枝叶繁茂，抗病、抗逆性强，可在贫瘠土地上生长，并且一次种植多年受益，稳定达产后，收获期可达 80 年以上。与其他树种一样，油茶具有吸碳释氧、保持水土、调节气候、涵养水源、美化环境、保持生物多样性等诸多森林生态功能，生态效益同样明显。油茶作为那坡县特色产业之一，带动了那坡县经济发展，但那坡县油茶产业发展立足于山区，也存在油茶产业可持续发展等问题。在林学院党委副书记徐丽、我校油茶专家潘晓芳教授带领下，广西大学林学院生态学研究生党支部组织博硕研究生暑期社会实践团一行 14 人，赴那坡县开展以"激发绿色活力，助力乡村振兴"为主题的油茶产业调查暑期社会实践活动。实践团通过座谈会和实地走访的形式，分别对那坡县达腊村、口角村、念头村等地的油茶产业进行调研，详细了解了那坡县的油茶产业发展情况，为那坡县油茶产业的发展提供了技术支持。

一、研究区域概况

1. 地理位置

那坡县位于广西壮族自治区西南部，地跨东经 105°31′～106°5′，北纬 22°55′～23°32′，全县面积 2 231.11 平方千米。东及东北部与靖西市相连，南及西南部与越南社会主义共和国高平、河江两省接界，西及西北部与云南省富宁县接壤。东从坡荷乡照阳关起，西至百都乡白云山止，横宽直线距离 38 千米，南自平孟镇汤那山起，北至城厢镇卡腊山止，纵长直线距离 67 千米。

2. 行政区划

那坡县原名睦边县，1965 年改名那坡县，现隶属广西壮族自治区百色市，下辖城厢镇、平孟镇、龙合镇 3 个镇，以及坡荷乡、德隆乡、百合乡、百南乡、百省乡、百都乡 6 个乡，县政府所在地为城厢镇，距百色市 254 千米，距首府南宁 405 千米，距云南省昆明市 700 千米。那坡拥有 206.5 千米的国界线，是广西陆上疆界线最长的县份之一。

3. 人口经济

据 2019 年统计，那坡全县人口为 21.8 万人，作为少数民族聚居地，主要人口为壮族，占 70% 以上。县境内还生活着汉族、瑶族、苗族、彝族、仫佬族等多民族群众。全县生产总值 25.1 亿元。2020 年 11 月 20 日，广西壮族自治区人民政府批准那坡县退出贫困县序列。

4. 气候

那坡县属亚热带季风气候，水分充沛，光照充裕。年均气温 21.7℃，日照 1 656.5 小时，降雨量 1 258.4 毫米，全年旱、雨季明显，雨季在 5 月～10 月，旱季在 11 月～4 月。冬春季常出现较严重的干旱。根据海拔高度不同，全县大致可分为低山、中山、高山三种气候区。

二、那坡县油茶种植情况

截至 2020 年底,那坡全县油茶种植总面积达 117.6 平方千米,其中老油茶林 72 平方千米,占总油茶林面积的 61.2%,其他油茶林 45.6 平方千米,占总油茶林面积的 38.8%。其他油茶林根据林龄结构划分为产前林、初产林、盛产林,产前林面积 12 平方千米,占总面积的 10.2%;初产林面积 8.7 平方千米,占总面积的 7.4%,盛产林面积 24.9 平方千米,占总面积的 21.2%。那坡县老油茶林面积占比大,良种油茶面积占比小,油茶籽产量较低,全县年产油茶籽 2 900~3 800 吨,年产值 7 000 万元~1.0 亿元。全县年均产油量达 700 吨,年产值 4 300 万元。

那坡全县 9 个乡(镇)均种植油茶,总面积已达 100 平方千米,其中新种良种油茶 60.2 平方千米,良种油茶盛产期亩产量可稳定在 25 千克,亩产值 1 500 元以上。

目前,主要是农户个人种植油茶,当地农民没有接受过系统的、专业的种植技术培训,油茶种植缺乏施肥、整形修剪、除草、病虫害防治等技术支持,油茶产量较低。

三、油茶产业发展采取的主要措施

1. 政策支持

那坡县委、县人民政府相继出台了《那坡县 2016 年油茶产业发展实施方案》《那坡县 2017 年脱贫攻坚产业发展实施方案》《那坡县 2018 年脱贫攻坚产业发展实施方案》等文件,成立了那坡县油茶产业发展工作领导小组、油茶产业办公室,具体负责油茶产业的指导和监管工作,加强对全县油茶产业发展的组织、协调和指导,促进全县油茶产业的发展。

2. 油茶产业奖励政策

2017 年,那坡县人民政府实行油茶产业发展奖励政策,对完成油茶种植农户给予补助每亩 1 000 元,完成低改农户给予补助 300 元,对列入造林示范园公司实体给予补助 1 000 元;2018 年出台《那坡县 2018 年脱贫攻坚油茶产业发展实施方案》实行油茶产业发展奖励政策,奖励政策的实施激发了农户种植油茶的热情。

3. 油茶生产技术培训

那坡县发放专家编写的适合那坡县油茶生产管理的资料,邀请广西大学及广西林科院有关专家开展油茶栽培技术培训等，让广大林农掌握先进管理技术并将其应用到生产中，提高了林农油茶经营管理水平。

4. 引进企业造林

目前，全县引进的发展油茶产业的公司有5家，建立了油茶种植示范园5个，示范园总面积突破3 000亩，切实带动那坡县油茶产业的发展。如广西文明农业科技有限公司于2016年在平孟镇那万村建立油茶种植示范园，种植面积500亩；那坡县宏发林业科技有限公司于2017年在德隆乡念头村建立油茶种植示范园，种植面积1 100亩，今年大部分植株开花挂果，预计亩产鲜果600斤；那坡县翠珠园林业科技有限公司于2017年在城厢镇口角村建立种植示范园，种植面积550亩，2019年该公司又在龙合乡惠布村建立油茶种植"双高"示范园，种植面积300亩，两个示范点的油茶长势喜人，大部分已开花结果；2020年，那坡县荣昌种养殖专业合作社在德隆乡文华村建立油茶种植示范园，种植面积1 000亩，油茶苗木长势良好，成活率达95%以上。

5. 建立良种繁育基地

2011年，那坡县木材公司在德隆乡建立了油茶良种苗木繁育基地，种植面积50亩，积极推广先进育苗技术，繁育抗逆性强、产量高的良种油茶苗。该基地年均产良种油茶苗300万株，充分满足了那坡县及周边县（区）群众的造林需求。

四、那坡县茶油产业存在的主要问题及原因分析

实践团经实地考察和问卷调查发现，个体户油茶产业主要存在种植不合理、茶树老化严重、油茶产量低、长期缺乏管理、病虫害严重、缺少专业种植技术人才、缺乏精炼工厂和销售渠道、缺乏劳动力等问题。

1. 种植不合理

那坡县油茶种植地主要分布在山地、丘陵。虽然这些地方适合油茶生长，但在种植过程中由于当地农民没有掌握油茶栽培技术，因此种植密度过大或过小。林分过密，植物透光性不好，影响植物光合作用，造成油茶林不长或者不结果；林分过稀，造成土地资源浪费。这些都会直接或间接地影响油茶的产量。甚至有的农户为了获取更多的收益，在油茶林下种植其他农作物，如八角，这会使油茶生存空间不足，增加了植物之间的竞争力，导致油茶植株长势弱或死亡。

2. 油茶林老化严重，油茶产量低

经调查发现，那坡县绝大多数农户的油茶林属于老龄林油茶，多为实生

苗，品种普遍较差，种植分散，树龄趋于老化，油茶植株的立地条件如地貌、光照、温度和土壤等因素也不理想，油茶长势颓萎，结果品质差，果小、产量少、出油率低。为满足油茶产业发展对良种苗木的需求，那坡县建立了油茶良种苗木繁育基地，已繁育出抗逆性强、产量高的良种油茶苗，但油茶良种使用率仍较低。

3. 长期缺乏管理，病虫害严重

油茶种植具有投资时间长、成本高和见效慢的特点。现在很多青年外出务工，农村严重缺少劳动力，油茶林长期处于粗放管理或者不管理的状态，油茶林地杂草、灌木丛生，油茶根系生长受阻，水分、阳光不足，严重影响了油茶树吸收营养物质。据调查，绝大多数农户很少对油茶植株进行合理施肥，也没有按时除草松土。有少部分农户会每年除草但次数并不多，最多一年除草一次，这也导致油茶产量低。

病虫害防治是农作物种植过程中很关键的环节，病虫害防治的好与坏直接影响油茶产量的高低。由于农户粗放型管理，不采取任何病虫害防治措施，因此油茶遭到各种病虫害，油茶树生长不良，油茶产量下降。据调查，当油茶植株遭受严重的病虫害时，当地大多数农户仅采用除草或剪枝的方式进行防治害虫，很少利用科学有效的方式防治害虫。有的农户甚至不予理会，任害虫侵害油茶植株。

4. 缺少专业种植技术人才

实践团通过问卷调查发现，受访者受教育程度普遍较低。虽然油茶种植受到政府的补贴和扶持，但是由于部分种植者的文化水平和自身素质不高，缺乏系统的、专业的种植技术培训，在油茶栽培、经营管理和宣传促销方面存在严重不足，造成未合理利用资源、产品无处可销、生产效益低的局面。

5. 缺乏精炼工厂和销售渠道

油茶精炼加工厂可以弥补种植板块收益低、周期长的不足，加快形成"农业生产—农产品加工—销售"完整的产业链条，有效提高油茶产品附加值，还可以通过加工业带动周边油茶种植业的发展，提高经济效益。但政府帮扶资金不足、交通运输欠发达、网络建设不完善、销售渠道单一等，导致那坡县油茶精炼工厂数量较少。

6. 青年人外出务工，农村务农劳动力减少

经调查，当地村民主要以农产品种植、畜牧养殖、经济林经营等为主要经济来源。这些工作劳动量大、收入低，导致大多数青年选择外出务工，农村农业种植的劳动力趋于老龄化（55岁以上占66%），青壮年劳动力减少。

因为老年人体力不支，很多农户将土地荒置，造成土地资源浪费，经济效益减少。

五、那坡县油茶产业发展的对策与建议

1. 转变传统一家一户一林造林模式，促进油茶种植规模化发展

（1）推广"企业＋合作社＋农户"发展模式，着力打造"从茶山到餐桌"的全产业链现代林业企业。鼓励规模经营，建立油茶生产基地，引导油茶林和油茶林地使用权的合理流转，建设高标准的油茶良种种植基地。

（2）鼓励各种市场主体通过承包、租赁、转让、股份合作经营等形式参与油茶基地建设，推进规模经营和标准化生产。积极争取中央、省市资金支持，建设一批产量稳定、品质较好、经营水平较高、有一定规模的油茶生产基地。

2. 加快种苗培育基地建设

良种是发展油茶的根本，建议根据那坡县油茶生长的区域和范围，筛选适合那坡县种植的优良品种，加快良种采穗圃建设，加强对地方油茶优良种苗资源的保护，严格执行种苗质量管理制度，确保种苗质量。

3. 把关茶油生产工艺与质量，建设新型现代化茶油加工厂

根据购买茶油群体的需求，采用不同的榨油工艺生产不同品质的茶油，增加茶油品类。引进区内外先进的榨油技术，通过集成再创新，建成有规模的先进的茶油加工厂，加大加工技术、加工设备的研发创新力度。

4. 摒弃传统"散养"的管护方式，科学养护油茶林

目前，那坡县村民种植油茶都采用不施肥、收成前除草的"散养"模式，油茶林管理粗放。建议那坡县引进油茶栽培技术和经验，开展油茶林管护技术培训，引导农民科学管护油茶林，提高油茶的产量及品质。

5. 改变现有的自产自销模式，建立多样化的经营、销售模式

（1）实施油茶产业商标品牌战略，推广"企业＋商标＋农民"的生产经营模式，推动油茶的产业化、规模化、市场化，提高油茶品质和市场竞争力，推动"商标富农"，促进农业增效、农民增收、农村发展，助推乡村振兴。

（2）建立多样化的销售模式

培育知名品牌，提高市场竞争力。引入"品牌＋订单＋期货"的销售方式，构建营销网络，通过品牌企业带动油茶种植，促进油茶产业规模化、集约化经营，形成和完善种植、加工、销售油茶产业链，最终形成地方特色鲜明和发达的油茶产业。

创建心联网社群服务网络，为消费者提供全方位精心服务，打造共享共

赢的服务平台，让会员得到优惠，吃到放心油；免费提供配送、茶山观光接待、健康咨询等全方位服务，解决销售难题，带动农副产品销售和其他产业发展，实现就业增收。

6. 加大油茶产业商标品牌宣传力度

据调查，那坡县油茶的知名度较低，建议政府把油茶产业作为特色支柱产业来抓，促使资源优势转化为经济优势，以品牌带动产业发展。尽快制定出台油茶产业实施商标品牌战略的细化意见，建立完善的油茶产业商标注册、使用，以及培育、发展、保护工作机制。主要可以从以下四个方面着手：

一是充分利用网络、电视、报纸等媒体，广泛宣传油茶产品、油茶产业，提升"那坡油茶"在全国的知名度；二是引导企业自觉运用商标品牌策略参与市场竞争，不断提升油茶产品商标知名度，打造油茶品牌，扩大市场占有率；三是开发建设集油茶文化、教学科研、休闲度假等为一体的油茶历史文化科技园，把那坡油茶产品与旅游相结合，由那坡县人民政府举办采摘节，扩大福安油茶知名度、影响力；四是加强宣传引导，引导农民把油茶当作"山上银行"，珍惜这棵"摇钱树"，舍得投入，精心养护。

7. 政府加强引导和扶持

（1）政府加大油茶种植扶持力度，落实油茶产业的扶持政策。首先，加大对现有老油茶林的改造力度。对于老油茶林的改造，政府部门应给予农民种苗费、复垦费等补贴。其次，建议各级政府和有关部门遵循"扶大、扶强、扶优"原则，认真落实扶持龙头企业发展的政策措施，培育一批竞争力强、带动面广的油茶龙头企业，促进油茶产业链的延伸。从机制创新入手，引导企业参与油茶原料林基地建设，推广"企业＋基地＋农户"经营模式，促进油茶生产、加工、市场的有机结合，使企业与农户成为利益共享、风险共担的经济利益共同体。最后，大力发展专业合作组织。运用多种形式调动农民群众自发兴办合作社的积极性，开展联户种植、技术推广、生产资料供应、产品营销等服务，努力提高生产组织化程度。

（2）充分发挥领导小组和工作小组职能，加强油茶产业发展工作的组织协调性，统一指挥，统一运作，大力支持、扶持油茶基地和油茶加工厂的建设，创建"那坡特色油茶"，将油茶产业做大做强。

（3）挖掘油茶产业的文化内涵，发展旅游观光业，促进油茶产业链的延伸。油茶种植历史悠久，民间形成了具有地方特色的民俗文化，为油茶产业发展带来了新的机遇。建议努力挖掘和包装油茶历史文化及相关民俗文化，设立民间油茶主题博物馆；利用油茶树四季常青、冬季开花等优势，发展

"农家乐"，发展林业观光旅游业。

8. 充分发挥企业优势

企业要充分发挥在技术、资金、市场方面的优势，提高产品质量，大力挖掘茶油及其副产品的市场潜力。增强品牌意识，努力打造体现各自特色的知名品牌，依靠品牌效应提高市场竞争力。

9. 依靠科技发展油茶产业

科技是第一生产力，建议与广西大学、广西壮族自治区林业科学研究院等区内外高校、科研院所合作，开展技术攻关和人才培训，为那坡县油茶产业发展提供技术支撑。

第八节 关于"青年JZ 聚力青年"——CZ市JZ区建设青年发展友好型区域的调查研究

2023年广西大学经济学院暑期社会实践调研团

党和国家的事业要发展，青年首先要发展。城市的发展更是如此，本报告旨在研究CZ市JZ区在建设青年发展友好型区域过程中所面临的挑战和机遇。团队通过设计调查问卷，构建JZ区青年发展友好型区域评价指标，结合实地调研和访谈内容，通过SPSS进行计量分析，分别对"宜学、宜业、宜居、宜育、宜乐"展开具体分析。调查结果显示，满足青年多样化的需求涉及教育、就业、住房、市场监管、青年参与度和工业园区等多方面的问题。本研究揭示了在当前环境下，JZ区目前可能面临教育体系建设不全、就业扶持力度不足、住房政策需要更新、市场监管不够全面、青年参与度低，以及工业园区存在短板等问题。针对这些问题，本报告提出了一系列对应的战略性方向建议。未来，CZ市JZ区的青年发展友好型区域建设不仅将迎来积极变革，而且通过政府政策的调整和社会的共同努力，区域有望成为一个充满创新活力、满足多样需求的城市，实现青年个人发展与城市长远可持续发展的有机融合。

一、引言

（一）研究背景和意义

习近平总书记在党的二十大报告中强调，全党要把青年工作作为战略性工作来抓，做青年朋友的知心人、青年工作的热心人、青年群众的引路人。

我国青年人口基数约为 4.33 亿，占全国总人口约 1/3，占流动人口过半。城市要发展，青年首先要发展。2017 年，中共中央国务院印发的《中长期青年发展规划（2016—2025 年）》（以下简称《规划》），是我国青年发展事业的重要顶层设计。2022 年，中央宣传部等 17 部门联合印发《关于开展青年发展型城市建设试点的意见》，建设试点工作在全国范围内广泛开展，这是新时代实现青年全面发展与城市高质量发展相融合的重要发展举措。

随后，全国各地开展了一系列落实青年发展规划的实践与探索工作。"十四五"时期将是迈向青年高质量发展新台阶的关键时期。当前，有关"儿童友好型城市"和"老年友好型城市"的理论研究和规划应用已相对成熟，但对于青年友好型城市的研究探讨却并不多见。现有研究以社会学视角为主，多围绕青年政策层面和指标体系展开探讨，核心脉络主要是对《规划》的解读或基于《规划》制定的具体实施行动方案，更偏政策导向，较少关注与青年发展密切相关的城市空间、公共服务设施等。此外，国内现有青年友好型区域研究和地方实践基本集中在经济较为发达的一二线城市，对于大都市周边青年发展难以突破的县级单元，"青年友好"这一概念很少被提及。基于此，本调研以建设青年发展友好型区域为探讨主线，以大都市周边县级单元 CZ 市 JZ 区为研究对象，旨在凝聚政府、企业、社会等多方共识，统筹青年发展相关的资源，以全新的理念和科学的策略谋划大都市周边县城的未来发展，促进城市与青年的共同成长、共同缔造。

本团队通过实地调研、座谈交流、查阅档案资料等方式，深入了解 JZ 区青年发展现状和需求，汇总梳理 JZ 区各行业青年存在的问题，发掘 JZ 区青年发展的特色和优势，探索研究助推青年成长和引导青年成才的路径、举措，并根据调研成果形成本调研报告，以期探索研究助推青年成长和引导青年成才的路径、举措，为 JZ 区政府提供关于青年发展友好型区域建设的科学决策依据，推动形成"宜学、宜业、宜居、宜育、宜乐"青年发展友好型区域。

（二）研究报告主题与目的

本报告主题为"青年 JZ，聚力青年"，旨在为 CZ 市 JZ 区聚力青年、构建青年发展友好型区域建设提供理论支撑。目前，我国青年发展友好型城市建设已经从理念阶段迈入试点推广阶段，积累了宝贵的实践经验，主要涵盖了以下三个方面：首先，政府在推进青年发展方面形成了积极的政治动力；其次，通过丰富内涵，探索了青年与城市相互促进的新模式；最后，以问题为导向，采取项目化推进的方式，解决了青年群体面临的紧迫问题。由于在试点推广阶段仍存在一些薄弱环节，因此有必要采取一些对策以更好地推进青年发展友好型城市建设。比如，可以发挥青年工作联席会议的作用，以促进各方协同合作；也可以构建青年发展友好型城市评价指标体系，以更客观的方式评估城市发展情况；还需要强化青年发展友好型城市建设政策的衔接，确保政策的连贯性和有效性。

"青年JZ，聚力青年"研究报告致力于打造青年发展友好型区域，在住房援助、空间规划、户籍制度、就业保护、创业支持、政务服务等方面推出普惠性、包容性、创新性的政策措施。研究报告不仅为城市赢得了战略性资源优势，又提供了解决城市宜居性和可持续发展的方案，促使城市发展理念逐步从经济至上转向以人为本，从关注精英向关注普惠青年转变，使得青年福利的普及和"青年优先发展"的观念逐渐深入人心，在青年、城市和时代之间构建了更加紧密、深刻和有意义的联系。研究报告对于解决城市青年服务的分散和碎片化问题，实现整体、协同、连贯的城市青年政策体系和工作机制具有积极的作用。

（三）研究方法和报告结构

1. 调查研究法

本调研报告采用实地调研、走访和问卷调查等形式，深入JZ区青年发展友好型区域建设的具体实践中。如表 5-2 所示，本次调研活动参考国内外青年发展友好型城市指标体系，构建 CZ 市 JZ 区青年发展友好型区域指标，对调查结果进行整理、分析，为青年发展友好型区域相关政策的制定提供参考与借鉴。

表5-2 国内外及本调研团队青年发展友好型城市指标体系表

名称	研制单位	主要内容	落实情况
青年发展友好型城市评价指标体系 美国求职/求学目的地排行榜 Emolyment Cloege Destination Index，EDCD	美国经济研究所	青年态度的6个核心特质，即链接、活力、开放、新奇、创造和好玩。3个维度20个二级指标122个三级指标的城市青年基础设施	2014—2016年该指标体系被3次运用于对全世界青春城市的评价排名。排名主要基于一个在线信息系统获得的二次数据，以及对全球30 000名青年的社会调查所获得的态度权重
"青春城市"（Youth cties）排行榜	加拿大解码公司	基于人口特征、生活质量和经济气候3个维度的9个指标	2016、2017年将美国分为大城市、中等城市、小城市、大学城镇等4种类型，对青年求职者和求学者的吸引力和友好性进行评价，形成由75个城市构成的青年发展友好型城市的推荐榜单
东盟青年发展指数	东盟秘书处	包括发展机会、社会参与度和社会接纳度等指标，将纳入性别公平、包容发展、代际公平等新指标	2017年8月，《东盟青年发展指数报告》（首次发布）
CZ市JZ区青年发展友好型区域评价指标	本调研团队	围绕经济社会基本情况和"宜学、宜业、宜居、宜育、宜乐"五个层面，设计了三级15个指标	2023年8月，《青年JZ，聚力青年》（首次发布）

（资料来源：徐振强等《基于智慧城市思维构建青年发展型城市评价体系》）

2. 文献分析法

通过查阅国内外青年发展友好型城市建设的相关文献，包括相关基础理论知识和发展现状，形成对JZ区青年发展友好型区域的理解与解释。

3. 报告结构

本报告由五部分构成：第一，研究背景与研究意义。一方面是关于青年发展友好型城市建设的研究，政府和学术界已展开多维的探索；另一方面介绍了 JZ 区青年发展友好型区域的发展情况，叙述了报告的整体框架，探讨了 JZ 区青年发展友好型区域建设与推广的意义，对 CZ 市 JZ 区社会、经济、文化等具有重要的意义。第二，对 JZ 区青年发展友好型区域建设的调研。本部分主要总结实地调研情况并通过计量软件 SPSS26.0 对收集的问卷进行分析，分析 JZ 区实践"青年 JZ，聚力青年"的具体做法和效果，以及 JZ 区青年对此的相关看法、观点。第三，道阻且长：JZ 区青年发展友好型区域建设的挑战。本部分从教育、就业、住房、市场、青年和工业六大方面分析了 JZ 区青年发展友好型区域建设过程中可能面临的挑战。第四，行稳致远：JZ 区青年发展友好型区域建设的建议。本部分对应 JZ 区青年发展友好型区域建设面临的六大挑战，提出了宏观上的建议，以期应对挑战，把握机遇。第五，结论与展望。通过总结研究，展望"青年 JZ，聚力青年"的未来。

二、JZ 区青年发展友好型区域建设的调研

（一）问卷的设计

1. 问卷设计的思路及问卷的构成

（1）问卷设计的基本思路

为了解当地居民对 JZ 区青年发展友好型区域建设的感知状况，此次调研在认真梳理有关青年发展友好型区域建设研究的文献成果的基础上，根据研究目标划分了"宜学""宜居""宜业""宜育""宜乐"五个方面，设计了调查问卷。为确保问卷调查结果的真实有效，调研团队从广西大学学生中抽选出 5 位籍贯为 CZ 市 JZ 区的学生作为样本进行预调研，在此基础上进行改进修订，形成问卷。

（2）问卷的构成

问卷共设计了 15 道题，分别属于三个部分。

第一部分是个人信息即人口学特征，设置为单选题，对调研对象的年龄、性别、薪资水平等基本要素进行调研。

第二部分是对调研对象对"宜学""宜居""宜业""宜育""宜乐"五个方面的认知进行调研。其中每一方面设置两道题，第一道题是情感题，设置为单选题，通过调研对象对于 JZ 区的教育、居住、就业、生育、娱乐环境进行"满意、较满意、一般、较不满意、不满意"五个维度的选择，了解居民

对环境的直观感受;第二道题是认知题,设置为多选题,主要是了解 JZ 区居民关于"宜学""宜居""宜业""宜育""宜乐"五个方面的问题或者建设建议。

第三部分是对 JZ 区整体社会经济即宏观经济进行调研。设置多选题,了解 JZ 区区域优势;设置单选题,了解当地居民生活水平。

2. 问卷的发放与处理

问卷发放时间为 2023 年 7 月 13 日至 16 日,发放地点选取了当地居民较多的夜宵摊、奶茶店、文化古镇。采用主观判断和随机抽样的方法选取样本。共发放调查问卷 250 份,收回 245 份,其中有效问卷 241 份,有效率为 98.37%。调研团对调查问卷的结果进行整理,并利用问卷星软件对调查问卷进行数据分析。

(二)问卷样本特征

调研团使用 SPSS26.0 对问卷样本的分布进行描述性统计分析,主要对性别、年龄、月收入、生活水平四个方面进行分析,为研究做准备。样本描述性统计特征见表 5-3。

表 5-3 问卷样本分布的描述性统计分析

	人口统计特征	频率	百分比
性别	男	119	49.4%
	女	122	50.6%
年龄	18 岁及以下	28	11.6%
	19 岁—23 岁	99	41.1%
	24 岁—28 岁	41	17%
	29 岁—34 岁	34	14.1%
	35 岁—44 岁	25	10.4%
	45 岁及以上	14	5.8%
月收入	0—1 500 元	62	25.7%
	1 500—3 000 元	73	30.3%
	3 000—4 500 元	77	32%
	4 500—6 000 元	26	10.8%
	6 000—10 000 元	3	1.2%

续　表

人口统计特征		频率	百分比
生活水平	完全达到小康水平	22	9.1%
	达到小康水平	35	14.5%
	基本达到小康水平	96	39.8%
	将近达到小康水平	37	15.4%
	未达到小康水平	51	21.2%

（数据来源：SPSS26.0）

由表 5-3 可知，在性别方面，样本总人数为 241 人，其中男性占 49.4%，女性占 50.6%，呈现出较为均衡的性别比例。

在年龄分布方面，样本涵盖了不同年龄段的人群。年龄在 19 岁至 23 岁之间的人数最多，占总人数的 41.1%，24 岁至 28 岁之间的人数占总人数的 17%，29 岁至 34 岁之间的人数占总人数的 14.1%，而 45 岁及以上的人数相对较少，仅占总人数的 5.8%。

在月收入方面，样本中的人群月收入呈现多样性，月收入在 1 500 元至 4 500 元之间的人数占总人数的 62.3%，其中月收入在 3 000 元至 4 500 元的人数最多，占 32%，而高于 6 000 元的高收入人群相对较少，仅占总人数的 1.2%。

在生活水平是否达到小康方面，样本中认为生活水平基本达到或未达到小康水平的人数较多，分别占总人数的 39.8% 和 21.2%，认为生活水平将近达到小康水平的占总人数的 15.4%。

（三）问卷的描述性分析

1. "宜学"主题调研情况

（1）教育环境满意度

根据单样本 T 检验（表 5-5），考察其显著性 $P<0.05$，表明表 5-4 中的均值与检验值存在显著差异。由于平均值高于 3 分，因此可得大多数 JZ 区受访者对教育环境的满意度较高。

表 5-4　教育环境满意度统计表

	个案数	平均值	标准偏差
教育环境满意度	241	3.41	0.954

（数据来源：SPSS26.0）

表 5-5　教育环境满意度比较均值单样本 T 检验（检验值＝3）

	t	自由度	Sig.（双尾）	平均值差值	差值 95% 置信区间 下限	上限
教育环境满意度	6.686	240	0.000	0.411	0.29	0.53

（数据来源：SPSS26.0）

（2）教育环境不足

本次调研设计了多选题，对教育环境不足的方面进行了统计，如表 5-6 所示，通过个案百分比对整体上各选项占所有选择的比例情况进行分析能够看到，"民办教育收费过高"和"太注重应试教育，缺乏素质教育和实践"是 JZ 区青年居民认为教育环境最大的不足，个案百分比分别为 39.4% 和 36.1%。其他不足依次是"学校教学或安全基础设施落后""学校管理机构不完善""有些教师素质低，能力有限"和"其他"。

表 5-6　教育环境不足统计

	响应 个案数（n）	响应率	个案百分比（n=241）
太注重应试教育，缺乏素质教育和实践	87	21.80%	36.10%
有些教师素质低，能力有限	64	16.04%	26.60%
学校管理机构不完善	66	16.54%	27.40%
民办教育收费过高	95	23.80%	39.40%
学校教学或安全基础设施落后	68	17.04%	28.20%
其他	19	4.76%	7.90%
总计	399	100.00%	165.60%

（数据来源：SPSS26.0）

2. "宜业"主题调研情况

根据单样本 T 检验（表 5-8），考察可得就业满意度的显著性 P＜0.05，表明表 5-7 中的均值与检验值存在显著差异，由于平均值低于 3 分，因此可得多数 JZ 区受访者对就业的满意度较低。而就业支持满意度的 P＞0.05，意味着均值与 3 分之间无显著差异，得出受访者对就业支持的满意度呈中立的结论。

表 5-7　就业满意度及就业支持力度统计表

	个案数	平均值	标准偏差
就业满意度	241	2.84	0.917
就业支持满意度	241	2.89	1.072

（数据来源：SPSS26.0）

表 5-8　就业满意度及就业支持力度比较均值单样本 T 检验（检验值＝3）

	t	自由度	Sig.（双尾）	平均值差值	差值95%置信区间下限	差值95%置信区间上限
就业满意度	−2.668	240	0.008	−0.158	−0.27	−0.04
就业支持满意度	−1.622	240	0.106	−0.112	−0.25	0.02

（数据来源：SPSS26.0）

3. "宜居"主题调研情况

（1）居住环境满意度

根据满意度比较均值单样本 T 检验（表 5-10），可知居住环境满意度的显著性 P<0.05，表明表 5-9 中的均值与检验值存在显著差异，由于平均值低于 3 分，因此可知半数以上 JZ 区受访者对居住环境的满意度较低。

表 5-9　居住环境满意度统计表

	个案数	平均值	标准偏差
居住环境满意度	241	2.43	0.783

（数据来源：SPSS26.0）

表 5-10　满意度比较均值单样本 T 检验（检验值＝3）

	t	自由度	Sig.（双尾）	平均值差值	差值95%置信区间下限	差值95%置信区间上限
居住环境满意度	−11.359	240	0.000	−0.573	−0.67	−0.47

（数据来源：SPSS26.0）

（2）居住环境特征

在本次研究中，针对居住环境特征，通过多选题对不同因素的重要性进行了统计，结果如表 5-11 所示。通过个案百分比对各选项占所有选择的比例进行分析，可以得出以下结论：交通便利性被认为是最重要的居住环境特征，占个案百分比的 62.2%；安全性和教育资源也是被认为比较重要的居住环境特征，分别占个案百分比的 53.1%和 52.7%；其次是就业机会和健康医疗设施，分别占个案百分比的 51.9%和 43.2%；住房价格和文化娱乐设施的重要性相对较低，分别占个案百分比的 30.7%和 26.1%；社区活动和其他因素，分别占个案百分比的 12.9%和 3.7%。

表 5-11　居住环境特征统计表

	响应 个案数（n）	响应 响应率	个案百分比（n＝241）
安全性	128	15.8%	53.1%
教育资源	127	15.7%	52.7%
就业机会	125	15.4%	51.9%
交通便利性	150	18.5%	62.2%
健康医疗设施	104	12.8%	43.2%
文化娱乐设施	63	7.8%	26.1%
住房价格	74	9.1%	30.7%
社区活动	31	3.8%	12.9%
其他	9	1.1%	3.7%
总计	811	100%	336.5%

（数据来源：SPSS26.0）

4."宜育"主题调研情况

（1）生育政策满意度

根据生育政策满意度比较均值单样本 T 检验（表 5-13），可知生育政策满意度的显著性 $P<0.05$，表明表 5-12 中的均值与检验值存在显著差异，由于平均值低于 3 分，因此可知多数 JZ 区受访者对生育政策的满意度较低。

表 5-12　生育政策满意度统计表

	个案数	平均值	标准偏差
生育政策满意度	241	1.59	0.748

（数据来源：SPSS26.0）

表 5-13　生育政策满意度比较均值单样本 T 检验（检验值＝3）

	t	自由度	Sig.（双尾）	平均值差值	差值95% 置信区间 下限	差值95% 置信区间 上限
生育政策满意度	−8.444	240	0.000	−0.407	−0.5	−0.31

（数据来源：SPSS26.0）

（2）生、养、教育政策支持

从总体看，保障女性权益得到了最多人的支持，个案百分比为 57.3%；其次是实行生育补贴制度或设立育儿津贴；购房放宽贷款额度，保障性公租房向多子女家庭倾斜；增加普惠托育、当前教育服务供给、降低费用等。

表 5-14　生育、养育、教育政策支持特征统计表

	响应 个案数（n）	响应 响应率	个案百分比（n=241）
实行生育补贴制度或设立育儿津贴	115	19.4%	47.7%
购房放宽贷款额度，保障性公租房向多子女家庭倾斜	112	18.9%	46.5%
增加或延迟男方女方产假育儿假，父亲分担育儿责任	103	17.4%	42.7%
增加普惠托育、学前教育服务供给，降低费用	108	18.2%	44.8%
加大女性在公平就业、生育假期待遇、生育保险等权益保障	138	23.3%	57.3%
其他	17	2.9%	7.1%
总计	593	100%	246.1%

（数据来源：SPSS26.0）

5."宜乐"主题调研情况

（1）文旅特色

根据问卷数据，被调查者认为在青年发展友好型区域建设中突出本地文化和旅游特色方面最需要提升的关注点主要集中在文化文创、民俗活动和特色美食。文化文创和民俗活动获得了同样的频率（82 次），分别占总样本的 34%。特色美食有 64 次的频率，占总样本的 26.6%。

表 5-15　文旅特色统计表

文旅活动	频率	百分比
文化文创	82	34%
民俗活动	82	34%
特色美食	64	26.6%
其他	13	5.4%
总计	241	100%

（数据来源：SPSS26.0）

（2）文旅产业劣势

由表 5-16 可知，文化旅游景区观光游览是被调查者普遍认为存在弊端的方面，有 84 次的频率，占总样本的 34.9%。这可能涉及游览体验、服务质量等问题。文化旅游景区交通住宿也受到了被调查者的关注，有 83 次的频率，占总样本的 34.4%。这表明一些被调查者认为在交通和住宿方面存在不足。文化旅游景区保护是被调查者认为存在弊端的一个重要方面，有 55 次的频率，占总样本的 22.8%。这表明一部分被调查者担忧文化旅游景区保护方面的问题，可能涉及自然环境、历史文化遗产等。

综上所述，根据问卷数据，可知被调查者认为 CZ 市 JZ 区文化旅游存在的弊端主要集中在文化旅游景区保护方面、景区观光游览方面及交通住宿方面。

表 5-16　文旅产业劣势统计表

文旅弊端	频率	百分比
文化旅游景区保护方面	55	22.8%
文化旅游景区观光游览方面	84	34.9%
文化旅游景区交通住宿方面	83	34.4%
其他	19	7.9%
总计	241	100%

（数据来源：SPSS26.0）

三、道阻且长：JZ 区青年发展友好型区域建设的挑战

CZ 市作为一个新兴城市，面临着许多挑战和机遇，其中关键的一点就是

如何建设成为青年发展友好型城市。青年人是国家和社会的未来，他们的发展对于城市的长远发展至关重要。然而，在实现青年发展友好型城市的过程中，道路并不平坦。青年人的需求和期望多种多样，涵盖教育、就业、住房、文化娱乐等方面，建设一个能够满足青年人各项需求的城市是一个巨大的挑战。本团队通过全面调研及实地考察，了解青年人的具体需求，探讨目前 JZ 区青年发展友好型区域建设所面临的挑战。

（一）教育体系建设不完善

教育是国家和社会发展的基石，也是青年人成长和发展的重要环节。调研团通过问卷调查及实地走访发现，JZ 区的居民对本地整体的教育环境较为满意，但仍存在较多问题，例如太注重应试教育、民办教育收费过高等，这影响了青年群体的宜学环境。JZ 区的教育领域还存在地区教育资源不均衡的现象。部分城镇学校配置了先进的教育设施，有高质量的教育资源，而偏远地区的学校则面临师资匮乏、教学设备落后等问题。这种不均衡导致青年学生获取优质教育机会的不均衡，影响了他们的学业发展，导致大部分青年在初高中时期就选择外出学习。

JZ 区共有 4 所高校，但职业教育体系相对不健全，无法实现教育与生产、生活的有机融合，较难满足青年人对于职业技能和就业需求的要求。许多青年毕业后就业困难，因为他们缺乏与市场需求匹配的职业技能和实践经验。部分学校教育内容单一化，重视应试教育而忽视了对学生的个性发展和创造力的培养。这使得青年在学习过程中缺乏主动性和创新能力，难以适应复杂多变的社会需求。

（二）就业扶持力度较小

调研团通过问卷调查发现，居民认为 JZ 区政府对青年就业的支持力度一般，一方面是政府就业扶持宣传不到位，一方面是就业扶持力度不大、涉及范围不广。

部分青年发展政策只关注少数高端人才，主要是重点产业急需的紧缺人才，或者是有较高文凭的高层次人才，广大普通青年享受的政策红利有限，比如人才补助、购房补贴、租房补贴等政策，政策力度不仅较广东、上海等发达地区有较大的差距，且对比周边兄弟县的吸引力也不突出。JZ 区政府缺乏针对青年人的有效的就业培训计划。青年人毕业后往往缺乏工作经验和实际技能，这使得他们在就业市场上竞争力不足。JZ 区政府在培训方面的投入有限，没有建立起完善的培训机构和项目，无法满足青年人多样化的职业需求。JZ区政府对于青年创业也缺乏相应的支持政策。政府在资金支持、减税优惠、创业孵化等方面的政策不够完善。

JZ区政府对青年就业扶持力度不大带来的影响是多方面的。首先，青年人难以找到满意的工作，失去了实现自身发展的机会；其次，青年人流失现象加剧，加重了人口老龄化的问题；最后，因为就业机会有限，青年人的创业意愿也受到了限制，影响了区域经济的发展。

（三）住房政策有待更新

在西部地区，由于经济条件相对较为落后，青年群体面临着更加严峻的住房困难问题。随着经济的发展和城市功能的提升，越来越多的年轻人涌入JZ区寻找就业机会和发展空间。然而，由于住房供给不足，青年群体的住房需求得不到满足。一方面，高房价意味着低收入青年难以实现购房目标。另一方面，租房也面临高额的房租负担。因此JZ区可以实施租购同权试点，通过不同形式的住房保障项目改善青年群体的居住状况。虽然JZ区实施了人才公寓、青年驿站等举措，但仅仅在有限的区域内实施，具有一定的局限性。

（四）市场监管不够全面

CZ市旅游业较为发达，能够在一定时间内吸引大量游客，这将会推动JZ区的经济发展。但在某些地区，街边店面摊主存在违法经营行为，例如定价不合理等。当前，针对街边店面摊主经营行为的监管规定相对模糊，增加了监管难度。市场监管部门在人员和资源上的投入不足，使得监管能力受限。这也导致对于街边店面摊主的监管不够全面，无法有效治理违法行为。

（五）青年群体参与度低

建设青年发展友好型城市的关键是倾听青年人的声音。JZ区在建设过程中青年人的参与度并不高，应该建立起一个开放的沟通渠道或构建青年参与的方式，打造青年参与的平台，例如，利用社交媒体和在线平台组织线上讨论会、调查问卷和投票活动，鼓励青年表达自己的意见，参与社会事务。政府还需要加强对青年的关怀和支持，包括提供心理健康服务、职业咨询和创业支持等方面的帮助，帮助他们克服困难，实现个人发展。

（六）工业园区存在短板

产城融合发展需要高素质的人才队伍的支撑。但是目前工业园区人才培养和引进机制存在不足，企业和城市在人才方面的需求与教育和就业政策之间的矛盾依然突出。工业园区的配套设施不完善，例如没有独立的医疗点、教育资源匮乏、无专车接送等，这些问题对青年是否会进入园区工作产生影响。园区对外资没有特别的政策优惠，且未建设园区专有的物流体系，这在一定限度上限制了园区的发展。

四、行稳致远：JZ 区青年发展友好型区域建设的建议

虽然任重道远，但 JZ 区未来一定会建设成一个完善的青年发展友好型区域，以下针对教育、就业、住房、市场监管、青年参与度和工业园区等方面的问题提出相应的战略性建议，满足青年人的各项需求，促进城市的可持续发展。

（一）优化教育体系

针对教育体系不健全的问题，JZ 区应该采取措施优化教育环境。政府可以增加对教育的投入，提升教育设施和教育资源的均衡性；加强职业教育体系建设，与企业合作，开设适应市场需求的职业课程，提高青年的就业竞争力；鼓励教育多样化，重视学生的个性发展和创造力，培养其主动性和创新能力，以适应未来社会的需求。

（二）完善就业创业政策

对于就业问题，政府可以制定更加全面的青年就业支持政策。扩大就业扶持的范围，不仅关注高端人才，还要关注普通青年的就业需求，为青年提供更多的培训机会，增加其实践经验；构建创业支持体系，制定资金支持、减税优惠等政策，鼓励青年人创业就业，为他们提供更多选择；加强与企业的合作，推动校企合作，让教育与实际就业需求更加贴合。

（三）创新住房政策

对于住房问题，政府可以继续推进住房保障项目，扩大人才公寓、青年驿站等住房项目的范围，以满足青年人的住房需求。探索租购同权试点模式，减轻青年租房负担，增加住房供给；鼓励房地产开发商开发适合青年的住房产品，为青年提供更多的选择。以下是武汉市大学生住房保障体系逻辑图，可供参考。

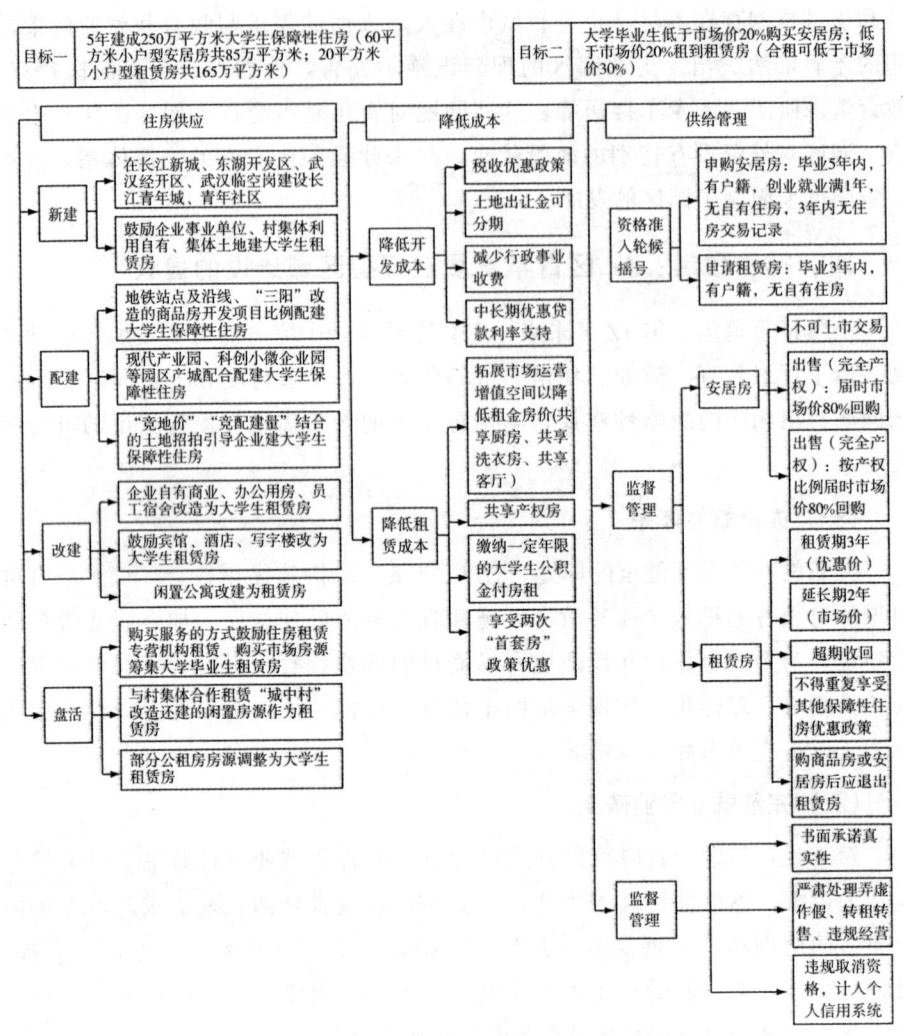

图 5-2 武汉市大学生住房保障体系逻辑图

(资料来源：朱峰《"新一线城市"青年友好型城市政策创新研究》)

(四) 提高市场监管能力

政府应该加大市场监管部门的人员和资源投入力度，加强对餐饮业、住宿业经营者的监管，规范市场秩序，保障消费者权益，完善监管规定，明确经营者的权责，加大执法力度，建立健全的市场监管体系，提升市场监管的效力。

(五) 关怀青年积极参与

为了提高青年参与度，政府可以建立开放的沟通渠道，鼓励青年人参与社会事务。通过社交媒体、在线平台等途径，组织线上讨论会、调查问卷、投票活动等，让青年人发表意见，参与决策；为青年提供心理健康服务、职业咨询和创业支持等，关心他们的发展和需求。

（六）经济结构转型升级

经济结构转型升级是适应新时代发展需求的需要。传统产业模式难以满足青年人日益增长的美好生活需要，培育新兴产业、发展绿色经济、推动科技创新，不仅能够提供更多的就业岗位，还能够提供更多的创业机会，满足青年的多样化发展需求。建议JZ区加大科技创新投入力度，支持科研项目，培育创新型企业，推动技术与产业融合，引领未来发展方向；推动清洁能源、生态农业等绿色产业发展，减少资源消耗和环境污染，提升区域可持续发展水平；设立人才培训基地，开展适应新产业需求的培训，为青年提供更多的职业选择和发展机会；建设创业孵化器和众创空间，提供创业辅导、资金支持等，鼓励青年投身创新创业领域；积极融入国际市场，吸引外资，引进技术，促进产业升级，提升区域影响力。

综上所述，CZ市JZ区要建设成为青年发展友好型的区域，需要政府、企业、社会各界的共同努力。通过优化教育、改善就业环境、创新住房政策、强化市场监管、提升青年参与度、推进经济结构转型升级等措施，可以逐步实现建设青年发展友好型城市的目标，为青年人提供更好的成长和发展空间，也为城市的可持续发展做出贡献。

五、结论与展望

（一）研究结论

青年发展友好型城市建设是城市建设赢得广大青年支持、实现广大青年个人价值的实践探索，不仅可以为青年全面发展提供社会空间载体，而且是转变城镇化发展方式的题中之义。此次调研以广西第一批"青年发展友好型区域建设"试点CZ市JZ区为目标对象，通过线下问卷调研、实地走访调研、专题座谈调研等多种实践形式，重点围绕青年"宜学、宜业、宜居、宜育、宜乐"五个层面，以JZ区各界青年人才为调研对象，共举办两场线下专题座谈会，回收241份有效调查问卷。对线下座谈内容及问卷结果进行分析，得出CZ市JZ区居民对建设青年发展友好型区域的感知。

1. 情感形象感知

在JZ区居民情感形象感知的研究中，调研团通过情感分析得出，JZ区居民对 JZ 区的情感感知主要是中性的、正面的评价，且中性评价居多，这些评价体现了 JZ 区政府在教育、就业及居住环境方面做出的努力，也反映了当地居民态度保守，对于所处环境感情平淡、认知不清晰的问题。政府相关部门应引起重视，主动作为，客观分析原因并积极加大宣传力度，提升当地居民对 JZ 区的认可度和亲近感，拓宽沟通渠道，鼓励青年人参与社会事务，通过当下流行的社交媒体开展活动，展现 JZ 区风貌。

2. 认知形象感知

在 JZ 区的认知形象的调查中，一半以上居民认为自己已达到小康水平。教育、居住、娱乐环境被提到的最多。教育环境方面，JZ 区居民对于目前的中小学体系评价中肯，认为已满足自家小孩现阶段的成长发展需求；认为职业教育体系相对不健全，无法实现教育与生产、生活的有机对接，较难满足青年人对于职业技能和就业需求的要求。居住环境方面，JZ 区居民对整体居住环境的评价较高，认为舒适程度适宜居住；青年居民更关注当地房价，目前 JZ 区房价均价仍处于当地大多数人的工资水平之上，使青年受访者对 JZ 区的居住适宜认知大打折扣。娱乐环境方面，文化文创、民俗活动等不能满足青年人的精神生活需求。生育政策及配套政策、经济贸易是当地居民提到较少的方面，因为居民一般不了解、不关心。总体而言，JZ 区居民对于教育、居住和娱乐等基本生活和精神需求的描述多是"还行""就那样""无聊"等，对于女性权益、社会整体经济发展等高级意识的认知欠缺。

3. 居民建设意见

对于进一步推动 JZ 区的发展，当地居民也提出了他们的建设意见，主要是注重素质教育和实践教育，管控民办教育收费，提高交通便利化程度，保障女性在公平就业、生育假期待遇、生育保险等方面的权益，增加文化旅游景区观光游览景点、规范化文化旅游景区交通住宿，通过政府政策扶持、面向东盟的区位优势发展特色产业等。

由此可见，当地青年对于 JZ 区青年发展友好型区域建设有自己的见解，应该凝聚政府、企业、社会等多方共识，统筹青年发展相关的各种资源，运用全新的理念和科学的策略进行谋划。

（二）研究不足与展望

本研究选取 JZ 区为研究目标，以当地居民为研究对象，对 CZ 市 JZ 区的调查问卷结果进行分析，浅析当地居民对建设青年发展友好型区域的感知。受理论水平和时间、方法的限制，本研究存在很多不足，主要表现在以下两个方面。

一是选取网络文本为样本,在提取、统计相关文本内容的基础上展开研究,一定程度上具有客观性、科学性,但本文只选取了百度、微信公众号和知网等平台公开内容,这些内容虽具有一定的代表性,但过于官方,缺乏数据支持,对试点建设措施了解有限,实施成效未知,因此应从范围和内容上突出强化综合性分析,提高研究结论的科学性。

二是本研究虽尽可能地从多学科角度选择研究方法,但主要的研究方法仍然是内容分析,且受研究时间限制,对深度访谈和投射形象没有进行深入分析,研究方法有待进一步完善。问卷的问题设计得不够深入,青年群体年龄筛选有限,如果能对研究对象进行归类并且设计出更有条理的调研问题应该能够更加深入地揭示JZ区居民对青年发展友好型区域建设成效的感知,对JZ区形象的分析也会更加全面,也能够为促进JZ区青年发展友好型区域建设提出更加科学的意见。

展望未来,CZ市JZ区青年发展友好型区域建设将迎来积极的变革和发展。解决了当前所面临的各种问题,JZ区将逐步走向繁荣、创新和活力的未来。

(1) 持续优化政策:调研结果将为政策制定提供重要参考,未来可以预期政府将进一步优化青年发展的相关政策,进一步提升发展友好型区域建设的成效。

(2) 全面发展平台:青年发展友好型区域建设将为广大青年提供更多的发展机遇,涵盖教育、职业、生活、家庭和娱乐等多个方面,进一步丰富了青年的社会空间载体。

(3) 城镇发展转变:以青年为核心的友好型区域建设有助于推动城镇化发展方式的变革,将城市建设从经济增长转变为更注重人的全面发展和社会可持续性。

(4) 社会凝聚力增强:青年发展友好型区域建设将为青年群体提供更多交流的机会,促进不同背景的青年之间的交流与合作,增强社会凝聚力,促进社会和谐发展。

(5) 创新创业氛围:青年发展友好型区域建设将打造更有利于创新和创业的环境,激发青年的创造力和创新能力,推动区域经济的多元发展。

综上所述,通过政府的努力和社会的支持,CZ市JZ区的青年发展友好型区域建设将不断取得成果,为青年人提供更好的发展机会和环境,实现个人价值和城市长远发展的双赢局面。通过各项政策的落实和社会各界的共同努力,CZ市JZ区有望成为一个充满活力、创新力和包容性的青年发展友好型区域。

参考文献

[1] 谢素军. 青年与城市高质量发展的实践路径探索 [J]. 北京青年研究, 2023 (2): 106-112.

[2] 付昱. 唐山市创建青年发展型城市主题公交线路让青年发展与城市发展双向奔赴 [J]. 人民公交, 2023 (3): 89.

[3] 朱峰. 中国式现代化进程中的青年发展型城市知识生产与政策实践 [J]. 青少年研究与实践, 2023 (1): 1.

[4] 朱峰, 卫甜甜. 我国青年优先发展主流化进程中的青年发展型省份: 理论范式与概念理解 [J]. 青少年研究与实践, 2023 (1): 14-28.

[5] 刘晓鹏. 城市友好 青年有为 奋力打造青年发展友好型城区典范的莲池样板 [J]. 中国共青团, 2022 (22): 16-17.

[6] 肖小平, 郑金铃. 青年发展型城市建设的现状及推进策略 [J]. 广西青年干部学院学报, 2022 (2): 80-86.

[7] 缇娜. 城市更友好 青年更有为 [J]. 走向世界, 2022 (24): 16-19.

[8] 邓希泉, 李伟娟. 目标评估与完善策略: 中国特色青年发展政策体系研究 [J]. 中国青年社会科学, 2022, 41 (3): 46-54.

[9] 闫臻. 青年友好型城市的理论内涵、功能特征及其指标体系建构 [J]. 中国青年研究, 2022 (5): 5-12.

[10] 廖琪, 张敏, 何格等. 促进青年发展的城市政策环境评价 [J]. 中国青年研究, 2022 (5): 13-20, 36.

[11] 李雯靓, 李淼. 省级层面推进"青年发展友好型"城市建设工作的难点与实施路径 [J]. 青少年学刊, 2022 (2): 55-63.

[12] 李华锡. 让青年在高质量发展中有更多获得感 [N]. 中国青年报, 2022-03-07 (5).

[13] 徐振强, 李有增, 董振国等. 基于智慧城市思维构建青年发展型城市评价体系 [J]. 中国名城, 2020 (8): 20-26.

[14] 朱峰, 章佳琪, 蚁伊妮. 发达国家青年友好型城市的兴起之因、评价之策及经验启示 [J]. 青年学报, 2019 (2): 71-80.

[15] 朱峰. 特别策划: 新时代城市文明与青年发展 [J]. 青年发展论坛, 2018 (4): 3-17.

[16] 朱峰. "新一线城市" 青年友好型城市政策创新研究 [J]. 中国青年研究, 2018 (6): 78-85.

［17］朱峰.青年发展型城市政策观察［J］.中国共青团，2018（2）：58-60.

［18］Tylee，Andre，Haller. Youth—Friendly Primary-Care Services：How are We doing and What More Needs to be done?［J］.The Lancet，2007，369（9572）：1565-1573.

［20］Merves M L I，Rodgers C R R，Silver E J，et al. Engaging and Sustaining Adolescents in Community-Based Participatory Research Structuring a Youth-Friendly Community-Based Participatory Research Environment［J］. Family & community health，2015，38（1）：22-32.

［21］Debra Flanders Cushing. Youth Master Plans as Potential Roadmaps to Creating Child-and Youth-Friendly Cities［J］. Planning Practice & Research，2016，31（2）：154-173.

［22］HeeJoo Kim，Jeong A Seo. A Case Study of Child · Youth Friendly Cities Development［J］. The Journal of the Korea Contents Association，2020，20（3）：584-599.

附录

共建JZ区青年发展友好型区域调查问卷

新时代青年，您好！我们是广西大学经济学院"青春筑城市未来"研究生调研团，此次问卷目的是深入了解您对JZ区青年发展友好型区域建设的看法，我们围绕JZ区经济情况和"宜学、宜业、宜居、宜育、宜乐"五个层面设置了以下问题，我们将对您填写的个人信息进行严格保密，且数据仅用作学术分析，非常感谢您的参与！

1. 您的年龄是？
A. 18岁及以下　　　　B. 19岁—23岁　　　　C. 24岁—28岁
D. 29岁—34岁　　　　E. 35岁—44岁　　　　F. 45岁及以上

2. 您的性别是？
A. 男　　　　　　　　B. 女

3. 您目前的月薪资水平是？
A. 0—1 500元　　　　B. 1 500—3 000元　　　C. 3 000—4 500元
D. 4 500—6 000元　　E. 6 000—10 000元　　　F. 10 000元以上

【宜学篇】

4. 您对JZ区整体教育环境的满意程度如何？

A. 非常不满意　B. 比较不满意　C. 一般　D. 比较满意　E. 非常满意

5. 您认为JZ区的教育尚存哪些问题？【可多选】

A. 太注重应试教育，缺乏素质教育和实践

B. 有些教师素质低，能力有限

C. 学校管理机构不完善

D. 民办教育收费过高

E. 学校教学或安全基础设施落后

F. 其他（请注明）

【宜业篇】

6. 您对CZ市JZ区就业情况的满意程度如何？

A. 非常满意　B. 满意　C. 一般　D. 不满意　E. 非常不满意

7. 您认为JZ区政府对青年就业的支持力度大吗？

A. 非常大　B. 较大　C. 一般　D. 不大　E. 不清楚

【宜居篇】

8. 你认为JZ区的整体居住环境如何？

A. 很好　B. 较好　C. 一般　D. 较差　E. 很差

9. 请你从以下因素中选择对你来说最重要的居住环境特征。【可多选】

A. 安全性　B. 教育资源　C. 就业机会　D. 交通便利性

E. 健康医疗设施　F. 文化娱乐设施　G. 住房价格　H. 社区活动

I. 其他（请注明）

【宜育篇】

10. 您是否了解CZ市JZ区目前的生育政策及配套支持措施，当前政策及措施对您的生育计划是否起到支持作用？

A. 不了解　B. 了解，但无作用　C. 了解，有作用

11. 对于生育养育教育方面，您希望CZ市JZ区政府在哪些方面加大政策支持力度？【可多选】

A. 实行生育补贴制度或设立育儿津贴

B. 购房放宽贷款额度，保障性公租房向多子女家庭倾斜

C. 增加或延迟男方女方产假育儿假，父亲分担育儿责任

G. 增加普惠托育、学前教育服务供给，降低费用

I. 保障女性的公平就业待遇、生育假期待遇、生育保险等权益

J. 其他（请注明）

【宜乐篇】

12. 您认为 CZ 市 JZ 区青年发展友好型区域建设中，突出本地文化和旅游特色方面最需要提升的一项是什么？

　　A. 文化文创　B. 民俗活动　C. 特色美食　D. 其他（请注明）

13. 您认为 CZ 市 JZ 区文化旅游的弊端在哪些方面？【可多选】

　　A. 文化旅游景区保护方面　　B. 文化旅游景区观光游览方面

　　C. 文化旅游景区交通住宿方面　D. 其他（请注明）

【经济篇】

14. 您认为 JZ 区发展边境贸易有哪些优势？【可多选】

　　A. 政府政策扶持　B. 以综合保税区为依托　C. 区位优势，面向东盟

　　D. "一带一路"倡议　E. 特色产业的优势　F. 其他（请注明）

15. 您觉得目前的家庭经济状况达到小康水平了吗？

　　A. 完全达到　B. 达到　C. 基本达到　D. 将近达到　E. 未达到

第九节　守护北海红树林，展现青春力量，助力蓝碳生态系统保护

——2023 年广西大学农学院暑期社会实践调研团

一、引言

（一）研究背景和意义

红树林是生长在热带、亚热带海岸潮间带，由红树植物为主体的常绿乔木或灌木组成的湿地木本植物群落，在净化海水、防风消浪、固碳储碳、维护生物多样性等方面发挥着重要作用，有"海岸卫士""海洋绿肺"美誉，也是珍稀濒危水禽的重要栖息地，鱼、虾、蟹、贝类生长繁殖的场所。红树林是科学研究、宣传教育、生态体验的理想场所，既具有极高的生态价值，又具有重要的文化价值。自 20 世纪 60 年代以来，在林木砍伐、围海养殖、填海造地等人类经济行为的影响下，广西红树林的面积急剧减少。近年来，中国红树林保护修复取得积极进展，初步扭转了红树林面积急剧减少的趋势，但红树林总面积偏小、生境退化、生物多样性降低、外来生物入侵等问题还

比较突出，区域整体保护协调不够，保护和监管能力还比较薄弱。

2017年，习近平总书记到金海湾红树林生态保护区考察时指出，保护珍稀植物是保护生态环境的重要内容，一定要尊重科学、落实责任，把红树林保护好。2023年4月，习近平总书记到广东湛江金牛岛红树林片区考察，再次对红树林保护工作提出要求，"要像爱护眼睛一样守护好"，可见国家对红树林保护工作的重视。2022年11月5日，习近平总书记以视频方式出席在武汉举行的《湿地公约》第十四届缔约方大会开幕式并发表致辞指出，中国将推动国际交流合作，保护4条途经中国的候鸟迁飞通道，在深圳建立"国际红树林中心"，支持举办全球滨海论坛会议。习近平总书记对红树林保护及生态环境保护的重要指示，为做好红树林保护及生态环境保护工作指明了方向。力争2030年前实现碳达峰、2060年前实现碳中和，这是中国做出的庄严承诺。红树林作为一个巨大的蓝碳生态系统，在固碳储碳、应对气候变化和维持生物多样性等方面发挥着重要作用，对实现碳达峰和碳中和事业具有重要意义。

（二）研究目的

为深入学习贯彻习近平新时代中国特色社会主义思想，贯彻落实党的二十大精神，认真落实党中央关于生态文明建设的决策部署，牢固树立"绿水青山就是金山银山"的理念，践行社会主义生态文明观，把所学专业理论知识与实践相结合，深入实地了解，亲身感受红树林在维护生态平衡、保护珍稀濒危物种等方面的重要作用；增强自然保护意识，提高科学素养，对北海的红树林湿地保育和管理工作，以及林木、生物等条件和资源进行调查和分析，为促进红树林保护区的保护工作提出建议；将习近平总书记对红树林保护及生态环境保护的重要指示精神贯彻落实到实际行动中，共同守护红树林，共筑美丽蓝碳家园，为中国生态文明建设贡献一份力量。

（三）研究方法

1. 文献阅读法

查阅国内外有关红树林研究及保护的文献，包括相关基础理论知识、研究及保护现状，以及法律法规，加深对红树林相关知识的理解。

2. 调查研究法

通过座谈交流、实地调研形式，深入红树林保护及相关研究的具体实践中，记录并分析调查结果，为红树林保护及生态环境保护提出建议。

（四）研究地点

研究地点是广西北海。

二、红树林的研究现状与挑战

(一)红树林的保护现状

一直以来,北海市高度重视红树林保护修复工作,践行习近平生态文明思想,通过多种举措维护红树林的生态功能和发展的可持续性。在法律层面上,北海市采取了一系列措施保护和修复红树林生态系统。首先,北海市人民政府颁布了一系列红树林保护规章与管理办法,比如《北海市关于加强红树林保护管理工作规定(试行)》《北海市红树林巡护检查制度》《北海市破坏红树林资源行为举报制度》等。其次,建立了红树林巡护检查制度和破坏红树林资源举报制度,加强了对红树林的监管,提升了保护工作的执行力和透明度。最后,将红树林资源保护工作纳入绩效考核和林长制,促使各级行政部门更加重视对红树林的保护工作。

在实践层面上,北海市通过多种途径保护与修复红树林。首先,通过红树林造林修复项目、义务植树活动等方式,新增和修复了大量红树林,2017年以来新造红树林1.27平方千米、修复红树林2.67平方千米,截至2021年底北海市红树林面积已达42.11平方千米。其次,建立了以北海山口生态国家级自然保护区为代表的红树林湿地自然保护区,共有12.71平方千米红树林纳入自然保护区管理,占红树林总面积的30.3%。最后,通过丰富的宣传教育活动,增强了公众保护红树林的意识。

(二)红树林的研究现状

北海红树林湿地(简称红树林湿地)是指分布有一定面积红树林的滨海湿地,主要生态单元包括红树林沼泽、红树林区的裸露泥滩、潮沟系统,是热带、亚热带海岸带生态系统的重要类型之一。作为陆海间的生态过渡带,红树林在生物多样性保育、防风消浪、水质净化等方面有着重要的生态价值,为海洋环境和人类提供了多种生态服务功能。随着人们对红树林生态价值认识的深入,退化的红树林湿地生态系统成为关注的热点,红树林湿地生态修复成为海岸带生态修复的重要内容。目前,国外对红树林湿地的生态修复研究主要集中在红树林生态结构修复、红树林侵蚀控制、通过水文修复促进红树林群落恢复等方面。国内对红树林湿地生态修复的研究大多集中在红树林育苗技术研究、红树林宜林地选择及种植方式研究、红树林生物多样性研究与恢复等方面。

红树林是世界上碳储量最大的栖息地之一,红树林吸收大气中大量的二氧化碳和其他温室气体，将其储存在富含碳的淹水土壤中达千年之久。研究发现，海岸红树林系统在地下储存的碳是热带森林系统的5倍多，活的红树林生物量对维持全世界的碳平衡非常重要。"虾塘红树林蓝碳生态农场"是近年来在红树林研究中发现的新形势之一，主要是保留现有池塘堤围和水门，构建适宜的潮沟和造林生境，实现造林、养殖与增殖、增汇有机结合，水体无污染交互的退塘还红树林合理利用方式。北海试验的80多亩"虾塘红树林生态农场"，探索修复红树林生态模式。2021年10月，该模式被作为中国及亚太地区红树林保护与可持续利用的成功案例，推荐给《生物多样性公约》第十五次缔约方大会。

（三）红树林修复面临的挑战

作为一个完整的生态系统，红树林湿地涉及滩涂、潮沟、红树植物、底栖生物、鱼类、鸟类等多个部分，各部分之间的相互作用都会影响红树林湿地生态系统的结构和功能。随着人类活动的加剧，广西北部湾红树林面临着非常多棘手甚至是生存的问题。造成当前红树林面积骤减，甚至影响其可持续发展的主要原因如下。

1. 红树林种植修复困难

2020年国家印发的《红树林保护修复专项行动计划（2020—2025）》规划到2025年，新营造红树林90.5平方千米，修复现有红树林97.5平方千米，合计188平方千米。到2025年营造红树林90.5平方千米，广东、海南、广西、福建和浙江分别为55、20、10、3.5和2平方千米，沿海虾塘首次被纳入红树林修复地。调查研究发现全国较适宜红树种植和修复的面积为60平方千米，红树林面临种植、修复面积大的挑战。红树林修复并非易事，红树种植的成本较高，每株红树的种植成本约为100元。自然环境中种植的红树临近海滩会受台风、浪潮、潮汐等影响，红树一旦出现伤口很容易出现失水的现象，很难存活。

2. 对红树林的过度开发

近年来，港口建设、旅游开发及滨海养殖业的迅速发展对红树林湿地造成了严重破坏，如围垦造塘的集约化养殖，使得红树林湿地景观单一化，污染严重，生物多样性下降，并由此导致海岸防护功能、滨海蓝碳功能等多种生态服务功能衰退，生态系统稳定性降低。研究发现，围塘养殖和防潮堤的建设是当前影响红树林生态系统的主要原因。在广西北部湾地区，绝大部分的养殖塘（虾塘、鱼塘等），都是通过对红树林湿地的围垦、深挖来获得经营场所。这些围垦活动几乎是通过毁林实现的。特别是近20年，在短期利益的驱动下，围塘养殖成为一种普遍现象，给红树林带来的破坏是毁灭性的。红树林湿地生物多样性极为丰富，在红树林湿地中挖取沙虫是广西北部湾地区沿海居民传统的海产经营方式，也是生活在红树林周围社区的居民主要的收入来源。这种挖掘活动对红树林植物的根系的破坏是致命的，会使红树林生长出现滞缓、矮化和稀疏化现象，甚至出现成片死亡的情况。

3. 沿海虾塘红树林修复与渔民养殖区域的冲突

沿海虾塘养殖是广西北部湾地区沿海居民传统的海产经营方式，也是生活在红树林周围社区的居民主要的收入来源。沿海虾塘首次被纳入红树林修复地，会影响沿海居民的生产生活等经济状况，出现沿海虾塘红树林修复与渔民养殖区冲突的问题。因此，对沿海虾塘进行红树林修复成了红树林修复的难点。

三、红树林与蓝碳生态系统的关系

为推进我国经济高质量发展和建设美丽中国，我国提出力争在2030年前实现碳达峰，2060年前实现碳中和的目标。为实现这一目标，可从减排和增汇两个方面努力。增汇的方式包括增加陆地碳汇和海洋碳汇，即增加"绿碳"和"蓝碳"。蓝碳是指被盐沼、海草床及红树林等海洋生态系统所固定的碳。蓝碳生态系统通过光合作用固定碳，从而形成蓝色碳汇。相较于以陆地森林为主的绿碳，蓝碳具有生态环境效益大、固碳速率高及固碳能力长期持续等优势。红树林具有多种重要生态功能和价值，不仅是天然的海上防护林，能抵御海潮、风浪、台风等自然灾害，而且可以净化海水和改善海滩涂的生态环境，是众多生物的栖息地，具有为人类提供食物、能源、原材料和旅游休闲场所等重要的经济价值。红树林的储碳固碳能力特别强，固碳效率是陆地森林固碳效率的7倍。由此可见，红树林是重要的碳汇资源。如湛江红树林造林项目的开发，为促进我国红树林修复项目碳增汇和其他生态价值的市场化提供了范本，使蓝碳资源优势转化为经济优势，对于吸引社会资金投入红树林保护修复、推动海洋碳汇经济发展、实现碳中和等具有积极意义。通过新造红树林和修复红树林推进对蓝碳生态系统的保护，发展蓝碳经济，对于减轻温室效应、助力我国实现碳达峰和碳中和的目标具有重大作用。

四、守护生态安全，筑牢国家安全屏障

生态安全是指一个国家赖以生存和发展的生态环境处于不受或少受破坏和威胁的状态，以及应对内外重大生态问题保障这一持续状态的能力。生态

安全是国家安全的重要组成部分,是经济社会持续健康发展的重要保障,是人类生存发展的基本条件。将生态安全纳入国家安全体系,是推进国家治理体系和治理能力现代化、实现国家长治久安的迫切要求,对于促进经济社会可持续发展、加快生态文明建设具有重要意义和深远影响。

习近平总书记指出,生态环境安全是国家安全的重要组成部分,是经济社会持续健康发展的重要保障。生态安全与政治安全、军事安全和经济安全一样,都是事关大局、对国家安全具有重大影响的安全领域。生态安全是其他安全的载体和基础,同时又受到其他安全的影响和制约。北海市作为我国生态旅游城市之一,具有丰富的海洋资源、红树林生态资源等,为守护国家安全,牢筑生态屏障起到了重要作用。习近平总书记强调,坚持节约优先、保护优先、自然恢复为主的方针,着力树立生态观念、完善生态制度、维护生态安全、优化生态环境。为此,国家要加快体制机制建设,以对人民高度负责的态度全力维护生态安全。国家应合理布局和利用海洋资源,重视海洋空间规划,从而促进海洋保护性开发,实现经济、社会和生态的可持续发展目标。

五、结论与建议

(一)结论

本文以北海红树林为例,探讨了红树林保护及研究现状、问题、策略等,旨在为红树林的研究、保护及修复提出建议。红树林具有很好的蓝碳效应,对维持和恢复海洋里的"蓝碳"有着非常重要的作用。在全球变化的大背景下,保护好广西北部湾地区的红树林,就是保护整个海岸带生态系统的碳汇,对整个中国东南沿海地区,甚至全球的碳汇系统都至关重要。

(二)建议

1. 加强对红树林的生态保护和修复

继续加强建设红树林亲水观光栈道、观鸟塔、监测站等生态保护设施,不断优化培育和种植技术,提高红树林修复治理的技术,加强对红树林保护和修复可持续且创新的发展空间规划,整治虾塘、污水排口及养殖场等,加强红树林湿地流域生态一体化修复。

2. 加强红树林相关基础研究

在政府引导下,依托科研单位,加强与自然资源部第四海洋研究所、广西红树林研究中心、高校相关研究领域的学者等的合作,深入开展红树林科研合作，推动红树林相关研究的开展，为科学保护红树林提供理论基础。

3. 推进红树林在"蓝碳"方面的研究，助力实现"双碳"目标

加强与企业的合作，拓宽投融资渠道，加大对红树林营造与修复的资金投入力度；加强对红树林及蓝碳生态系统的保护，完善蓝碳碳汇市场交易机制，挖掘蓝碳经济发展潜力，推动蓝碳经济的持续发展。

4. 红树林的生态旅游与科普宣传深度融合

北海是一座很受欢迎的旅游城市，是开展红树林科普、研学活动、外地游客到北海观赏红树林的首选之地。应加强对红树林保护的社会参与与监督，利用各种媒体渠道，广泛宣传红树林保护的重要性，鼓励广大市民和社会组织积极参与红树林的保护，形成全民关注、全民参与、全民保护的良好氛围，展示北海的城市形象，促进北海的经济发展和生态保护工作的开展。

5. 完善红树林生态保护的相关法律、法规与政策

目前，北海市采取了一系列措施保护和修复红树林生态系统并取得了积极成效。建议可在现有基础上完善标准体系，进一步明确目标和监测指标，提升管理能力，强化培训和监督。此外，加强对保护区域的红树林的管理，进一步完善红树林保护管理工作规定、巡护检查制度、破坏红树林资源行为举报制度等，为红树林撑起"保护伞"。

参考文献

[1] 罗亚萍. 对构建广西红树林法律保护制度的思考 [J]. 广西警察学院学报，2018（1）：7-12.

[2] 张姗. 广西红树林保护历程回顾与展望 [J]. 广西科学院学报，2021，37（3）：161-170.

[3] 黄海萍，陈克亮，王爱军等. 我国红树林的历史变化、主要问题及保护对策 [J]. 海洋开发与管理，2023，40（2）：125-132.

[4] 郭雨昕. 广西北部湾红树林生态经济价值评价 [J]. 黑龙江科学，2018（24）：42-45，49.

[5] 张颖，陈光程，钟才荣. 中国濒危红树植物研究与恢复现状 [J]. 应用海洋学学报，2021（1）：142-153.

[6] 伍淑婕. 广西红树林生态系统服务功能及其价值评估 [D]. 桂林：广西师范大学，2006.

[7] 黎遗业. 广西红树林湿地现状与生态保护的研究 [J]. 资源调查与环境，2008（1）：55-60.

[8] 崔振昂，侯月明，赵若思等. 海南临高海岸带典型生态环境问题与对策研究［J］. 海洋开发与管理，2023（7）：70-76.

[9] 郑秀亮. 蓝碳交易助力碳达峰、碳中和［J］. 环境. 2021（5）：22-24.

[10] 张偲，王淼. 海上丝绸之路沿线国家蓝碳合作机制研究［J］. 经济地理. 2018，38（12）：25-31，59.

[11] 胡剑波，张强. 低碳经济发展新思路：蓝色碳汇及中国对策［J］. 世界农业. 2015（8）：43-47.

[12] 吴逸然. 基于碳中和背景下蓝碳经济发展研究：以湛江红树林造林项目为例［J］. 科技与金融. 2022（3）：57-62.

附录　广西大学社会实践媒体报道摘编

广西大学组织中外大学生开展社会实践活动

日前，广西大学组织中外大学生赴桂林、柳州、南宁等地开展为期 6 天的社会实践活动。来自 10 个国家的 29 名中外大学生们组成"感知中国·壮美广西行"实践队，深入一线感受中国经济建设、生态文明建设、乡村振兴等方面取得的发展成就。

图附 - 1　实践队参观湘江战役纪念馆。广西大学供图

实践队先后赴桂林、柳州、南宁三市，参观了象鼻山公园、东西巷古历史风貌观景区、湘江战役纪念馆、全州县才湾镇毛竹山村、漓江杨堤码头、阳朔西街、广西柳工集团有限公司、广西螺霸王食品有限公司、广西民族博物馆。

在全州县，实践队一同参观了在乡村振兴中迎来蜕变的毛竹山村。曾经满是泥泞的贫困村，如今靠着特色葡萄种植产业成了远近闻名的乡村振兴示范村。大学生们在葡萄田间与果农们畅聊乡村发展近况。"毛竹山村真是个好地方！这里的村庄很美，村民们也很友善，让我感受到了乡村振兴的生机与

· 209 ·

实践育人探索
——广西大学社会实践育人纪实

活力!"来自老挝的王娜帊激动地说。

图附-2 实践队合影。广西大学供图

实践调研的过程中,大学生们有了更深入的思考。来自斯里兰卡的留学生卢米妮表示,这次活动让她认识了很多新朋友,来自不同国家的同学就像兄弟姐妹一样,未来她将继续努力学习,体验中国多样的民族文化。

据悉,广西大学"感知中国·壮美广西行"中外大学生社会实践由教育部国家留学基金委员会主办,广西大学承办。该活动还被纳入由共青团中央青年发展部、基层建设部、国际联络部共同发起的2023年"中外大学生社会实践周"广西"三下乡"特色团队中外大学生实践团专项活动之一。

(作者:王教仁 来源:人民网-广西频道,2023年9月4日)

基地动态｜广西大学：师生送培下乡　实地走访调研

为深入学习贯彻落实党的二十大"加大国家通用语言文字推广力度"精神，推动实施国家通用语言文字普及提升工程，日前，国家语言文字推广基地（广西大学）师生先后赴广西壮族自治区河池市巴马瑶族自治县、凤山县、东兰县，开展语言文字送培下乡活动及国家通用语言文字推广普及工作调研，提高乡村教师国家通用语言文字应用能力和教学水平。

在巴马瑶族自治县和凤山县，基地师生结合当地国家通用语言文字推广普及情况，以朗诵技巧、演讲与口才为主要内容进行集中授课，两县的中小学、幼儿园教师以及诵读演讲爱好者等170余人参加培训。培训采用讲练结合的模式，授课教师通过实际案例讲解理论知识，并让学员进行断句练习、经典诵读、事件复述和评述练习、辩论赛等实践，最后通过学员个人展示、小组展示的形式进行成果验收。

图附-3

实践育人探索
——广西大学社会实践育人纪实

图附 - 4

基地师生还到巴马县平林村和凤山县中亭乡中亭村展开实地调研。大家与当地干部、中小学校长就当地国家通用语言文字推广普及率和使用情况、在中小学的教学情况、当地民族语保存度、语言文字规范化示范村建设等问题进行座谈交流，并实地走访了解情况。

图附 - 5

在东兰县文联支持下，基地师生赴东兰县武篆、巴畴两乡，对壮族山歌传承发展情况开展实地考察,并与壮歌传唱人交流,了解国家通用语言文字的使用情况、壮歌的汉语转写情况等。

国家语言文字推广基地(广西大学)高度重视此次送培下乡和推普调研活动,与河池市教育局进行了多次沟通协商,制订详细的工作方案,选配专业师资。活动收效良好,有助于进一步加强国家通用语言文字在民族地区的推广普及,为铸牢中华民族共同体意识奠定良好基础。

[来源:国家语言文字推广基地(广西大学),2023年8月4日]

实践育人探索
——广西大学社会实践育人纪实

广西大学学子赴梧州开展红色文化学习与创新实践

7月20日至23日,广西大学电气工程学院和新闻与传播学院联合实践团前往梧州市开展红色文化学习与宣讲活动。本次红色文化学习与宣讲实践活动以"寻迹红色,学思践悟"为主题,积极响应国家实践育人和文化育人号召,旨在通过追随革命遗迹感受革命先辈们视死如归的民族气节、领略梧州丰厚的红色文化和历史底蕴,并发挥专业特长对梧州红色基因进行溯源,对红色文化资源进行发掘,以创新性的科学技术助力红色文化传承和革命老区振兴。

探访革命遗址　寻访时代成就

实践团来到中共梧州地委陈列馆、中共广西特委旧址、梧州博物馆、民主社区新时代文明实践站、中山纪念堂等地进行参观学习,去民主社区新时代文明实践站寻访伟大成就。每到一处,实践团师生都驻足仔细观看、认真听取讲解,重温光辉历史、回顾艰辛历程,接受思想洗礼、汲取奋进伟力。实践团成员在探访中学习革命知识,缅怀革命先烈,传播革命精神,推动专业知识运用于社会实践。

图附-6　实践团前往中共梧州地委陈列馆、中共广西特委旧址、梧州博物馆、民主社区新时代文明实践站、中山纪念堂进行参观学习

拜访党员前辈　涵养家国情怀

实践团拜访了老党员夫妻周海豪、杨翠莲。两位老党员对梧州的红色文化遗址与发展变迁了然于心,与师生们无话不谈。他们忠诚于党、关心大事、

热情生活、刻苦学习。实践团成员就党的二十大相关知识和梧州文化同他们进行了深刻交流，在听罢同学们对党的二十大的理解后，两位党员对同学们提出了殷切期望，希望同学们紧跟时代，初心向党。实践团成员樊鹏辉说："我感受到了一个老共产党员对于党、对于祖国的忠诚之心，这种心系祖国、心系家乡的热忱之情让我动容，我会更加努力朝着一名合格乃至优秀党员的目标而奋斗！"两位老党员永葆初心、与时俱进、永远跟党走的党员精神令实践团的成员们肃然起敬，十分钦佩。

图附-7 实践团成员聆听周海豪、杨翠莲两位老党员分享梧州红色地标建筑保护情况

创新引领学习　传承红色精神

实践团走进梧州市万秀区民主社区居委会，为梧州市工厂路小学的少先队员们介绍了团队自制的广西大学校史场馆虚拟仿真系统。该系统以广西大学校史馆为基础构建模型，将虚拟现实技术与广西大学校史馆相结合，使用者以第一人称视角浏览场馆，通过人机交互进行场景互动，让少先队员们感悟到科技赋能红色文化的别样魅力。此外，实践团队针对梧州当地红色地标场馆与建筑，制作了红色文化知识竞赛系统，通过开展知识问答提高学习成效。此次活动不仅让更多人了解了广西大学校史，还通过更具科技感的方式助力梧州红色文化的传播，也充分展示了虚拟现实技术在红色文旅上的应用和价值。

少先队员们对广西大学校史场馆虚拟仿真系统表现出极大的热情，认真聆听实践团成员的讲解，积极举手抢答相关问题。实践团的成员周子超感触很深，他表示，"少先队员和前辈们使用我们制作的系统，我感受到一种传承，我们的系统作为纽带传递了前辈们的精神和信念。我们把这种代代相传的红色精神与我们的系统结合,以一种创新的方式把这种精神继续传递下去,更好地传承革命精神,让革命精神荡涤少先队员们的精神世界。"

图附-8

图附-9 实践团成员讲解广西大学校史馆虚拟仿真系统,少先队员们认真听讲并踊跃回答问题

本次实践活动中,青年学生通过实地走访和问卷调查了解民情民意,探究梧州市红色文化宣传效果,深入学习红色文化,主动利用专业所学知识为红色文化宣传以及基层工作服务,把对祖国血浓于水、与人民同呼吸共命运

附录　广西大学社会实践媒体报道摘编

的情感贯穿实践全过程，更加坚定了青年学生们投身中国特色社会主义事业，为全面建设社会主义现代化国家奉献青春的初心和决心。

图附 - 10

实践育人探索
　　——广西大学社会实践育人纪实

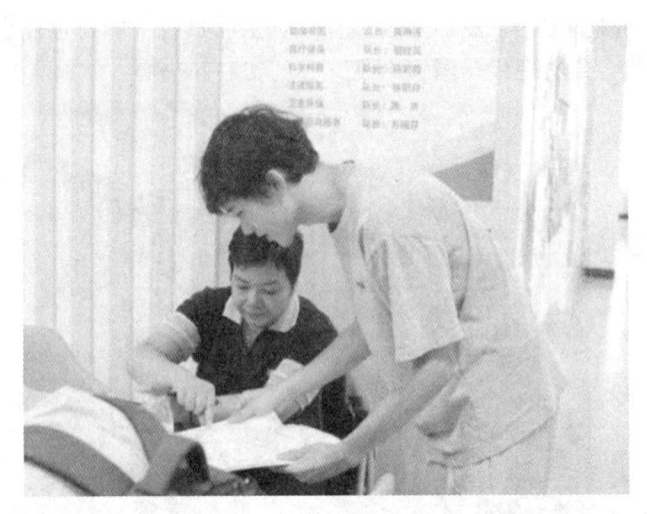

图附-11

　　据悉，此次社会实践是在广西大学老师的指导下，依托广西大学电气工程学院众创空间平台和大学生创新创业训练项目开展。实践团队由自动化、电气工程及其自动化、新闻学等多个专业的学生组成，团队成员结合电气工程学院、新闻与传播学院专业特点，躬行实践，学以致用，紧跟专业特色，以海报、问卷、软件系统、宣讲等多种形式进行创造，在进行活动的同时提升专业素养，展现学院的良好面貌，并全方位探索和发掘红色文化，转化党史学习成果，弘扬红色精神，引流红色文化潮流。

　　（作者：刘洧杰　李勇　涂子夕　来源：中国青年网，2023年8月2日）

广西大学：博士师生送"技"上门　小瓜苗长成大产业

"你看，前几天下大雨现在瓜田里积水比较多，一定要及时把积水排干，减轻涝害对佛手瓜苗生长的影响！"7月初，连续大雨导致广西南宁市马山县古寨瑶族乡古今村的佛手瓜苗"元气大伤"，佛手瓜苗种植户赶忙向广西大学农学院教师、广西乡村科技特派员唐小付求助，7月6日，唐小付立刻带领该院博士暑期社会实践团顶着烈日进村下地，为当地佛手瓜苗种植户送"技"上门，解决难题。

佛手瓜苗作为南宁人餐桌上的常客，其经济价值不言而喻。但南宁的夏季天气多变，常常暴雨过后又烈日当头，这给佛手瓜苗的种植带来不少难题。古今村近几年大力发展佛手瓜苗种植，大片的佛手瓜田青翠欲滴、长势喜人，是村民增收的主要保障。在这背后，离不开农户精品化种植，更与唐小付多年来坚持送"技"上门的努力密不可分。

古寨瑶族乡地处南宁市马山县东部大石山区，土地资源匮乏，土壤干旱贫瘠，常年来由于缺乏技术和人才，当地一直无法找到合适发展的农作物和种植产业，导致农民增收途径十分有限。

2020年起，以唐小付为主的广西大学农学院科技服务团开始到古寨瑶族乡进行帮扶，经过实地调查和研究后，团队认为佛手瓜苗是非常适合当地种植，也是能获得较高经济效益的作物。然而，古寨瑶族乡古今村的佛手瓜苗种植起步晚，2018年前后才开始种植，直至2019年左右全村也仅有6户人家种植佛手瓜苗，想要村民认同并加入这个产业，必须让他们看到实实在在的种植效益。

3年多来，不管刮风下雨、严寒酷暑，唐小付坚持到古寨瑶族乡推广佛手瓜苗种植、开展技术培训，在品种选择、水肥管理、病虫害防治，以及销售渠道等关键环节为村民提供全程技术服务。只要农户有需要，唐小付就会立即赶到当地，提供帮助。

除了让农技专家下乡，广西大学还通过产学研结合的方式帮助马山县佛手瓜苗产业的稳步发展。2022年，广西大学联合马山县英味种植专业合作社，向南宁市科学技术局申请了"古寨瑶族乡佛手瓜苗产业乡村振兴示范基地建设"项目。并获得南宁市科学技术局20万元的科技经费支持，项目不仅有利于解决马山县佛手瓜苗种植技术难题，也为佛手瓜苗产业的高速发展提供了资金支持。

广西大学农学院博士团暑期社会实践队此次下乡就是产学研结合的帮扶

活动之一。实践队成员王海说："这次社会实践使我对农业农村的发展有了更深层次的了解与认识，坚定了我扎根基层的信念，立志将所学的专业知识转化成为民服务的生动实践。"

目前，古今村村民自发种植佛手瓜面积达到 300 多亩，整村增收 60 多万元。目前仅古寨瑶族乡的佛手瓜种植面积达 2 000 多亩，辐射带动古零镇等乡镇种植佛手瓜近 1 000 亩，产品远销北京、上海、广州等地。

古今村村民蓝日禄表示，在唐小付的帮助下，古寨瑶族乡种植佛手瓜苗产业已形成规模，希望未来有更多的高校人才能够下到基层。

"我们通过科技助力马山佛手瓜苗产业的发展，在古寨瑶族乡建立 1 个 200 亩的佛手瓜苗标准化生产示范基地，佛手瓜苗新品种新技术示范推广 2 000 亩以上，亩产 2 250 千克以上，比常规管理增产 10% 以上。"唐小付说。

（通讯员：牛雯莉　贾琦艳　记者：周仕敏　来源：中国教育报，2023 年 8 月 1 日）

广西大学动物科学技术学院师生赴来宾市开展暑期社会实践活动

7月7—9日，广西大学动物科学技术学院实践团师生赴来宾市开展"厚植爱农情怀，助力乡村振兴"暑期社会实践活动。

7日下午，实践团师生走访了来宾市动物疫病预防控制中心，同来宾市动物疫病预防控制中心领导，以及各科室负责人、校友代表进行了座谈交流，详细了解了来宾市畜牧产业发展现状以及乡村振兴配套支持政策，并实地参观了生物安全二级实验室。

8日上午，实践团师生来到了广西农垦永新畜牧集团新黔牧业有限公司，通过图片展示、模型沙盘、监控视频等方式，全面了解了其发展历程、业务板块、疫病净化等情况，并就人才培养、产教融合、实习实践等方面与公司主要负责人以及校友代表进行了座谈交流。

图附-12 深入田间地头 通讯员 何佳璇 邱爽 摄

8日下午，实践团师生走进了象州县中平镇良山村，结合村风村貌特点与专业技能优势，在当地开展了实地调研、政策解读、技术指导、药品赠送、志愿服务等实践活动，用实际行动践行青春使命、助力乡村振兴，并切身感受乡村振兴建设成效。

实践育人探索
——广西大学社会实践育人纪实

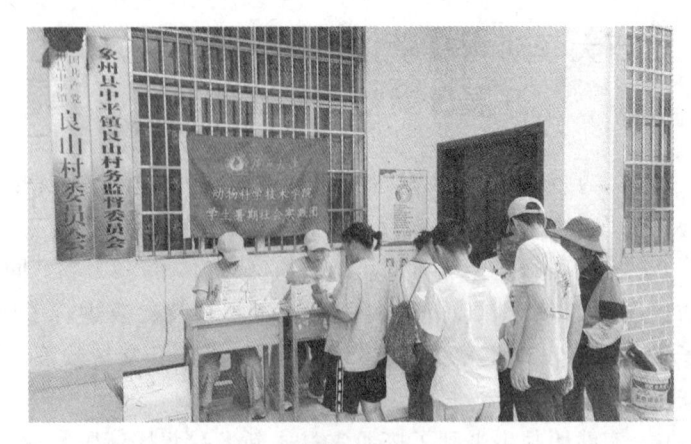

图附-13 实践团师生向养殖户赠送药物　通讯员　何佳璇　邱爽　摄

9日上午，实践团师生来到来宾新好农牧有限公司，深入了解了新希望六和集团打造的"全区域统筹、全产业布局、全生态发展"运营模式，并就智慧农业、生产成本、人才培养等方面进行了座谈交流。

图附-14 开展党史学习教育　通讯员　何佳璇　邱爽　摄

此外，实践团师生还前往了中共广西省工委机关（天马运输行）旧址暨广西机要交通革命传统教育基地开展党史学习教育。

用脚步丈量祖国大地，用眼睛发现中国精神，用耳朵倾听人民呼声，用内心感应时代脉搏。为期3天的社会实践活动，不仅使青年学生充分了解到畜牧兽医行业的发展变化，而且让大家在社会实践中深刻领会到为什么要推进乡村振兴、如何推进乡村振兴等系列重大理论和实践问题，进一步坚定了动科学子脚踏实地、自找苦吃，为加快推进农业农村现代化、全面建设社会主义现代化国家贡献青春力量的信心和决心。

（作者：刘诚　来源：广西日报-广西云客户端，2023年7月13日）

附录　广西大学社会实践媒体报道摘编

广西大学农学院博士团赴基层助力乡村产业振兴

8月23日至25日，由广西大学农学院专家教授、师生等20余人组成的广西大学"青春献礼二十大，科技支农助振兴"农学院博士团实践队，赴柳州市融安县、来宾市忻城县开展暑期社会实践活动，深入推进科技小院工作，实地考察当地农业产业现状，助推农业产业发展。

图附-15　博士团实践队合照　宋傲宇　摄

博士团实践队首先来到融安县长安镇红卫村，与融安金橘科技小院相关负责人展开面对面座谈，双方就进一步深化科技小院工作进行了深入探讨和交流。会上，融安县农业投资开发有限责任公司董事长韦勋海为队员们介绍了融安金橘近三百年的发展历程和未来发展规划。随后，队员们实地走访了融安县金橘苗木培育基地，在融安县农业农村局副局长韦健谋的带领下，参观了金橘苗圃和金橘古树。

在深入调研过程中，队员们了解到运用科技手段培育出的金橘新品种——脆蜜金橘，是目前市场售价较高且大部分农户愿意种植的金橘品种。融安金橘作为融安县重点发展的特色农业产业，除了鲜果销售外，还进行了产业链的延伸，将金橘加工制作成果脯、干片、果汁等深加工产品，极大地提升了产品附加值。

实践育人探索
——广西大学社会实践育人纪实

图附-16 融安县农业投资开发有限责任公司董事长韦勋海为队员们介绍融安金橘历史 李永强 摄

图附-17 融安县农业农村局副局长韦健谋带领实践队员参观金橘苗圃及金橘古树。李永强 摄

附录　广西大学社会实践媒体报道摘编

图附 - 18　博士团实践队员在查看金橘苗圃　陆宇诗　摄

在韦健谋带领下,博士团实践队前往融安县长安镇大巷村和河勒村开展产业调研。走访中,队员们了解到当地目前呈现少数农户规模化种植和多数农户零碎种植并存的现象,两者之间的种植技术、农业经营收入等情况存在着较大差异。对于当地金橘产业的发展现状,在调研中,农户总体反映出市场波动性大、初级市场价格低、病虫害防治技术不足等问题较为突出。队员们表示,应当运用所学专业知识,走进农村、走近农民,深入田间地头,解决农业生产实际问题,积极参与到乡村振兴的伟大事业中去。

图附 - 19　实践队员在融安县长安镇大巷村实地调研　李永强　摄

· 225 ·

实践育人探索
——广西大学社会实践育人纪实

为做好暑期关爱儿童志愿服务工作,博士团实践队到融安县融康社区青空间开展关爱留守儿童志愿服务活动,以丰富的游戏体验活动激发小朋友们的想象力、创造力,通过一节生动的"节约粮食,杜绝浪费"主题课堂,让当地留守儿童了解粮食的来之不易,引导他们树立节约意识。活动结束后,博士团实践队向小朋友们捐赠了学习用品,并送上真诚的祝愿,期望小朋友们茁壮成长、学习进步,成为一个有理想、有本领、有担当、有责任的新时代少年。

图附-20　实践队成员与小朋友游戏互动　陆宇诗　摄

25日上午,博士团实践队前往来宾市忻城县思练镇里伴村,向当地村民宣讲中央一号文件精神,讲解国家关于"三农"问题的政策和方针。通过对助农政策的宣传和讲解,让更多惠农政策在乡镇地区得到关注,促进政策红利落实到农户手中。

图附-21　实践队员为农户讲解惠农政策　李永强　摄

附录　广西大学社会实践媒体报道摘编

为深入挖掘农业特色品牌，推广忻城珍珠糯玉米，进一步提升忻城糯玉米的区域品牌影响力，博士团实践队来到了忻城县电子商务产业园，开展了一场别开生面的直播带货活动，助力推广糯玉米系列产品，为农产品电商销售贡献青春力量。

图附-22　实践队员为忻城县糯玉米直播带货　　李永强　摄

本次实践活动充分发挥广西大学农学院人才集聚优势，推动高校和乡村地区互动，深入开展乡村产业调研，提供技术指导和支教服务，以实践促真知，以历练促成长，鼓励农科学子立足社会现实，聚焦农业产业发展，专业赋能实践，以实际行动践行时代使命。

（来源：光明日报客户端，2022年8月27日）

实践育人探索
——广西大学社会实践育人纪实

广西大学学子：走进民族"大家庭"感悟社会"大课堂"

近日，广西大学组织民族团结调研团队到河池市开展调研。调研活动以生动的民族团结故事为"课本"，以秀美的民族山水为"课堂"，探寻"大思政课"的全新打开方式，让学生体悟民族团结进步。

图附-23 调研团队来到罗城仫佬族博物馆参观学习（图片由调研团队提供）

调研团队在思政课老师的带领下，先后走访了刘三姐故里、罗城仫佬族博物馆、罗城四把镇棉花村等地。在刘三姐故里队员们感受壮汉文化的交流交融，在仫佬族博物馆中探寻仫佬族繁衍生存、社会发展物证、文化遗珍等，在棉花村实地体悟仫佬族人民的生活环境、特色民族产业发展情况。

调研团队对罗城仫佬族自治县民族团结进步示范县建设的实践经验、工作优势等展开调研。罗城仫佬族自治县2020年被自治区命名为第四批自治区民族团结进步示范县。近年来，该自治县牢牢抓住政策优势、本地民族资源优势、生态优势，不断加大民生保障夯实民族团结进步根基，发展民族经济夯实民族团结物质基础，弘扬民族文化夯实民族团结的文化根基，创新思想宣传方式夯实民族团结的思想认同，推动中华民族共同体意识深入民心。

附录　广西大学社会实践媒体报道摘编

图附-24　调研团队实地了解仫佬族文化（图片由调研团队提供）

此次调研活动，是广西大学将思政课课堂教学延伸至社会课堂的有益探索，利用暑假期间，根据学生对课程的把握程度以及教学重难点情况制订相应的调研学习计划。这样的实地调研是把体现维护民族团结的现象、实践、成果"带进"课堂，立足于社会现实，让学生真切感知到维护民族团结的本质。无论是带有"人情味"的各族百姓话语还是体现"接地气"的建设措施，都能给学生带来全新的体验，将学生"带入"社会，让学生深切认识与学习到社会各界为实现"民族团结一家亲、共同富裕一起行"所付出的努力。

图附-25　调研团队在刘三姐故里体验民俗文化（图片由调研团队提供）

· 229 ·

调研团队队员、广西大学马克思主义学院 2021 级思想政治教育专业研究生陆敏庭同学表示："这次社会实践给我带来了很多理论上和实践上的启发，我们团队从文献梳理到实地考察、走访访谈，逐级深入，调研实践让我对罗城民族团结进步事业感兴趣、很认同、有收获。我会将这些维护民族团结的收获，通过宣讲分享给我的小伙伴们。"

(通讯员：夏姚 来源：光明日报客户端，2022 年 8 月 26 日)

广西大学研究生党员赴那坡县开展美丽乡村建设调研

7月17日,广西大学林学院组织园林研究生党支部12名师生走村入屯,赴百色市那坡县达腊村、口角村、者仲村和百林村开展了为期4天的暑期社会实践活动。

边陲那坡,是个历史悠久、民族资源丰富的小城。在那坡县团委和驻村第一书记带领下,实践团师生走进了那坡县边疆民族博物馆、烈士陵园陈列馆与那坡彝族生态博物馆。通过一幅幅图片、一件件实物,实践团师生了解到壮、苗、彝等不同民族的文化风俗,坚定了科技兴林助力乡村振兴的决心。

图附-26 实践团参观广西边疆民族博物馆

在细致深入的走访调研后,实践团师生征求了村干和村民的意见,基于"如何继承发扬传统民族文化"的思考,实践团成员提出要在村民生活上保持"乡土"本色,比如根据现状民居建筑情况进行小巷、庭院的绿化美化,通过美丽庭院、美丽街巷的建设,突出白彝民族特色,打造以生态文明为特点的美丽乡村。此外,实践团师生还提议打造彝族风情园,把那坡彝族生态博物馆门前的高危陡坎改造成台地彝族风情广场,采用文旅结合的方式宣传白彝文化,用旅游带动经济来直接提高村民收入,建立文化自信。

实践育人探索
——广西大学社会实践育人纪实

图附-27 实践团在现场勘测那坡彝族生态博物馆门前的高危陡坎

在为期 4 天的走访调研中,实践团师生先后对 4 个村进行了细致全面的现状调查和产业调研,并走访调研了各行各业的村民,他们有桑蚕养殖户、有肉牛养殖带头人、有村里的党员标兵、有外出务工刚回来的村民、有独居老人等,村民们友善热情,在得知实践团师生是来开展美丽乡村建设时,大家积极建言献策,提出很多实用的建议。

图附-28 实践团成员现场采访当地桑蚕养殖户

通过这次走村入屯地听民声察实情,实践团师生深刻认识到,要想乡村振兴接地气,就得让村民愿意回、回得来、留得下,就要从产业发展、社会保障、就业创业、社会安置等方面给村民解决实实在在的问题,只有为村民生活奠定坚实的生活保障，才能调动村民返乡创业的积极性，也只有村民返乡才能打开乡村振兴发展新局面。

图附-29　实践团师生与驻村第一书记开展座谈交流

口角村的红色文化、达腊村的民族特色、者仲村的牧草肉牛、百林村的达金谷……这次实践团师生深入田间地头、走进山林峡谷，深刻分析和了解了4个村的乡村建设与产业发展现状，计划通过文化与经济互促发展来改变人口单向流出的状况，以如何充分发挥各村"绿色青山"的天然优势和"丰富多彩"的文化优势为着力点，探索山顶种油茶、半山腰种草养牛、山脚种桑养蚕，圈地养猪的"3+1"产业发展新路子，在资源整合、项目聚合上下功夫，以看图说话、现状对比规划效果、上墙看规划等方式向村民展示美丽乡村建设的愿景，并结合实际为乡村振兴的全面发展谋思路、提点子。

这次实践活动让实践团师生深入田地，走进农户，切实为乡村振兴做出努力。在未来，期待更多的青年学子投身科技兴林的事业，把书本上的知识转化为社会实践的底气，把青年一代对祖国血浓于水、与人民同呼吸共命运的情感贯穿自身成长成才全过程中，努力成长为能堪大任的时代新人。

（通信员：李琼莹　欧丽幸　来源：光明日报客户端，2022年8月11日）

实践育人探索
——广西大学社会实践育人纪实

广西大学新传学子：赴红色圣地践行"四力"悟新闻真谛

"社会是个大课堂"。最热烈的盛夏，无数学子走进乡村，深入基层，在社会课堂中"受教育、长才干、做贡献"。7月17日，广西大学新闻与传播学院赴全州县融媒体中心暑期社会实践团的同学们，在该院党委书记唐兴带领下，从南宁前往全州，开启了为期半个月的学习、实践之旅。

高举旗帜：回溯历史悟精神

红军长征湘江战役纪念馆位于广西桂林市全州县才湾镇，是展示红军长征历史全貌的专题纪念馆。在阳光照耀下，纪念馆大门上的红色五角星尤为醒目。走进大门，恢宏的石雕墙上刻画的红军战士的脸庞，刚毅而稳重，让人仿佛就站在了红军强渡湘江、赢得战役胜利的场景前面。

图附-30 实践队成员参观红军长征湘江战役纪念馆

实践队成员们在讲解员的带领下参观了纪念馆，通过一张张老照片、一件件陈设物品、一个个模拟场景，感受到了湘江战役中红军的英勇奋战、不畏牺牲和忠心赤胆，红军踏遍山河险渡江的画面，浮现在脑海中。

随后，实践队来到了毛竹山。经过不断探索，同学们发现毛竹山不仅风景宜人、物产丰富，勤劳的毛竹山村民还不断创新销售模式，将传统收购与游客采摘、线下售卖与直播带货相结合，卖火了葡萄，也把其他桂林特产"卖出圈"。在脱贫、致富、振兴的道路上，毛竹山从"有女不嫁毛竹山"到"家家户户种葡萄"，发生了翻天覆地的变化，也展现了乡村产业振兴的阶段性成果。

立足当下：媒体赋能下乡忙

随着同学们在全州县融媒体中心的实习工作逐渐深入，他们在融媒体中心老师们带领下参与了2022年全州县"奋进新征程　建功新时代——喜迎党的二十大"集中下乡大采访活动。

第一小组成员邓棱方、姚艺洋深入庙头镇大碧头村。该村落三面环山，山下湘水东流，古建筑集中连片，占全村一半的建筑面积，虽年代久远却保存完好。她们为大碧头村拍摄的宣传短片发布在"全州融媒"视频号上，吸引了众多点赞。

图附 - 31　第一小组成员邓棱方、姚艺洋在大碧头村采访、拍摄

第二小组成员韦丹宇、文红翔、杨茜萍前往龙水镇、大西江镇、才湾镇开展采访，深入了解了各地利用特色产业、旅游资源实现脱贫致富的情况。龙水镇示范乡镇建设使5.2万人民群众的生活质量得到了极大的提升。大西江镇的旅游资源较为发达，作为景区得到了较好的开发。才湾镇脚山铺村是著名的湘江战役脚山铺阻击战遗址，是乡村振兴和红色文化融合发展的示范乡村。该组制作的两则短视频均被桂林广播电视台采用。

实践育人探索
——广西大学社会实践育人纪实

图附-32 第二小组成员在脚山铺村采访、拍摄

第三小组成员刘若琪、刘喜耀先后前往白宝乡、枧塘镇、凤凰镇、咸水镇、绍水镇开展了采访。白宝乡梅连金槐园与枧塘镇的富硒葡萄种植都闻名于全州，小组成员迅速对金槐产业以视频新闻、报纸文章、微信推文以及短视频的方式四管齐下进行宣传，取得了良好效果。

图附-33 第三小组成员刘若琪、刘喜耀在凤凰镇拍摄

第四小组成员陈俊朴、黄旖旎走访了两河镇和石塘镇。两河镇气候温润，从明清时期就形成了以种植果树为主的农耕文化，素有"桂北布朗李之乡"之称。成员们走访了鲁水桃李交易市场，"我们的记录或许能让更多人了解到两河镇的特色农产品，希望能为桃李销售做出一点点贡献。"黄旖旎说。

· 236 ·

图附-34　第四小组成员陈俊朴在田间拍摄

筑梦前行：求真传美亲身悟

7月19日，全州县融媒体中心召开了新闻宣传业务专题讲座，广西大学新闻与传播学院党委书记唐兴、教师张伟超主讲，帮助全州县宣传工作者提高业务能力与水平，为增强县级融媒体中心的传播力与影响力提出了意见和建议。

"到全州县融媒体中心开展专题培训和指派学生去实习，是部校共建建立'融媒实践基地'的重要举措；是学院开展暑期'发现美·传播美'社会实践活动的重要平台；是学生利用暑期开展新闻实践实训的重要途径。"唐兴说。

图附-35　全州县新闻宣传业务培训会现场

"纸上得来终觉浅，绝知此事要躬行"。在老师们的带领下，新传院学子们脚沾泥土、扎根基层，用"脚力"涉入"源头活水"，抵达生产生活一线；用"眼力"深刻洞察八桂大地发生的喜人变迁；用"脑力"理解和思考乡村从"脱贫"到"振兴"的关键与重点；用"笔力"谱写乡村振兴战略落到实地、国家发展与人民群众安居乐业的细腻文章。理论、技能与实践的结合，让新传学子们更能感悟伟大时代，凝聚起笔锋与架起摄影机的力量。

"天气炎热，山路难行，设备沉重，但是我们也没有烦躁或疲惫。"刘若琪说。实践队苦中作乐，从不同的视角体会新时代乡村的发展景象，感受淳朴的风土人情，沐浴着生机盎然的田园风光。宝贵的实习经历与人生体验，激励着新传学子们继续钻研专业技能与理论知识，同时也为即将开启的学习和工作实践积累经验，打牢基础。

(作者：韦丹宇　来源：光明日报客户端，2022年8月7日)

广西大学成立桥梁调研团、知识理论宣讲团开展暑期"三下乡"社会实践活动

7月18日,"沿着院士足迹、扎根八桂大地、建设壮美广西"广西大学桥梁调研团、桥梁知识理论宣讲团暑期"三下乡"社会实践活动出征仪式在土木建筑工程学院举行。自治区政协副主席、广西大学党委书记王乃学出席出征仪式并为实践队授旗。

图附-36 出征仪式现场

校党委常委、副校长罗廷荣主持出征仪式并讲话。他肯定了土木建筑工程学院、新闻与传播学院近年来在暑期社会实践工作取得的成绩以及为今年暑期社会实践工作所做出的努力,希望参与社会实践的青年学生磨炼意志,在实践中树理想;认识社会,在实践中长才干;敢于创新,在实践中做贡献,充分发扬"创新创造、奋勇争先、全面一流"的广西大学"双一流"精神,将广西大学和郑皆连院士的"拱桥故事"讲深、讲透,打造广西大学桥梁科普基地特色品牌,为建设土木工程世界一流学科和服务地方经济社会贡献青春力量,以优异的成绩迎接党的二十大胜利召开。

实践育人探索
——广西大学社会实践育人纪实

图附-37 为宣讲团授旗

实践团成员代表在发言中承诺，将在暑期社会实践中始终保持求真务实、驰而不息的实干作风，发扬广西大学"双一流"精神，传承与弘扬郑皆连院士勇于担当、精益求精的大国工匠精神，厚植实事求是的科学精神和心系民生的家国情怀。努力提升学习力、适应力和创造力，用奋斗的汗水和青春的足迹助力土木工程世界一流学科建设。

据悉，本次暑期社会实践由土木建筑工程学院、新闻与传播学院联合组建4支社会实践团队，分别前往南宁、河池、柳州、来宾等地对郑皆连院士修建的天峨龙滩特大桥、平南三桥、柳南高速马滩红水河大桥、梧州西江大桥等区内11座大桥展开实地调研、就地采访等活动，引导青年学生在社会实践中砥砺韧性、勤学善为、艰苦奋斗，为土木工程世界一流学科的建设贡献力量。

（通讯员：黄龙　廖善维　来源：广西日报-广西云客户端，2022年7月21日）

广西大学马克思主义学院赴湘开展暑期"三下乡"社会实践活动

为扎实推进党史学习教育，用红色资源引领团员青年赓续红色血脉，7月19日至21日，广西大学马克思主义学院师生一行14人前往湖南韶山、长沙等地开展"探寻星火发源之地"红色调研活动，参观走访毛泽东铜像广场、毛泽东同志故居。

图附-38

7月20日，在韶山毛泽东铜像广场，全体师生向毛主席铜像敬献花篮，行三鞠躬礼，表达对一代伟人的无限敬意和深切怀念。师生党员面向党旗，举起右手，重温入党誓词，教育党员同志不忘入党初心、坚定理想信念，以实际行动践行入党誓言，推进党史学习教育。

实践育人探索
——广西大学社会实践育人纪实

图附 - 39

图附 - 40

　　实践团李银乐同学进行主题宣讲，为大家讲述一代伟人毛泽东的故事，共同回顾毛泽东同志波澜壮阔的一生，深刻感受毛泽东同志为民族独立、人民解放、国家富强的不朽功勋。"东方红、太阳升、中国出了个毛泽东"，青年毛泽东从韶山冲出发，背着行囊，迎着曙光，走向山外的苍茫世界，在毛泽东的带领下，中国共产党历经挫折而初心不改，一个崭新的国家屹立东方，获得新生。

附录　广西大学社会实践媒体报道摘编

图附-41

图附-42

在瞻仰大道，同学们现场开展了一场别开生面的历史情景剧表演，演绎中共一大会议胜利闭幕的情境，齐声高唱《国际歌》。同学们紧握双拳，激动的心情溢于言表，表演得到了过往游客的认可和点赞。通过重温中国共产党诞生的光辉历史，大家接受了一次红色精神的洗礼。

实践育人探索
——广西大学社会实践育人纪实

图附 - 43

此次韶山之行走进伟人故里，不仅让大家增长了见识，为今后的专业学习和课题研究奠定了良好基础，还实现了心灵的净化、思想的升华。在返程前的研讨分享环节，同学们深入交流心得感悟，纷纷表示，要不忘初心跟党走，坚定信仰，传播真理，勇挑重担，苦干实干，在新时代新征程中留下许党报国的奋斗足迹。

图附 - 44

附录 广西大学社会实践媒体报道摘编

社会实践期间,师生们还前往岳麓书院、橘子洲等地学习调研。沿着习近平总书记考察岳麓书院的足迹,深入学习习近平总书记有关实事求是思想路线策源地的重要论述。在橘子洲头瞻仰青年毛泽东雕像,进行主题宣讲,近距离地感受一代伟人毛泽东心怀天下、忧国忧民的家国情怀,品味湖湘精神对中国革命和建设的贡献。

图附 - 45

广西大学马克思主义学院团委书记虞文茜表示,此次暑期"三下乡"社会实践活动,以庆祝中国共产党成立100周年为契机,依托湖湘地区的丰富红色资源开展革命教育,旨在引领学院师生深入学习贯彻习近平新时代中国特色社会主义思想,坚定理想信念,聚集笃行之力,激励团员青年以百年历史洪流中的马克思主义者为榜样,立大志、明大德、成大才、担大任,成长为新时代堪当民族复兴重任的"五有"领军型人才。

(来源:广西日报-广西云客户端,2021年8月3日)

实践育人探索
————广西大学社会实践育人纪实

广西大学新闻与传播学院暑期"三下乡"打卡红色圣地

7月7日,广西大学新闻与传播学院"寻红色记忆,传百年薪火"暑期"三下乡"社会实践活动队来到桂林市全州县大坪渡口。

图附 - 46

在这里,师生们举办了一场特殊的朗诵会,用诗词缅怀湘江战役,抒发内心对红军先烈的崇敬。师生们或激情昂扬,或深情诵读,一字一句都表达出真挚的情怀。朗诵会后,师生们齐诵《七律·长征》,并合唱经典红歌,尽情抒发心中的感悟。

师生交流时,薛强老师表示:"红军当时在那么艰苦的环境下都能取得伟大的胜利,现在我们遇到的困难都不算什么。只要我们团结一致、坚定信心,我们的中国梦一定能实现!"

附录 广西大学社会实践媒体报道摘编

图附 - 47

图附 - 48

许敏同学认为:"这次红色之行的意义,不仅是为了感受当时红军为国家和民族拼搏奋斗的历程,更是为了鼓励我们、激励我们。我们不仅要铭记红军烈士为国奉献的精神,还要弘扬艰苦奋斗的长征精神。青年人一定要站出来,坚定地走好我们这一代的长征之路。"

黄媛华同学说:"经过这几天的实地参观学习,无数革命先烈不畏牺牲、舍生忘死的精神令我十分感动。站在湘江渡口缅怀英烈,滚滚波涛诉不尽对英烈的无限敬佩。我们要继承和发扬革命先烈不畏艰险、勇于斗争的精神品质,在任何困难和挑战面前都要迎难而上。"

图附 - 49

"为有牺牲多壮志,敢教日月换新天。"唯有铭记历史,才能砥砺前行;唯有继承先烈的革命斗志,才能开创美好的未来。通过参与社会实践活动,实践队不仅对湘江战役的史实有了更充分的认识,还深切地感受到伟大的长征精神。师生们将继承先烈的伟大精神,做好红色文化的传播者,走好新时代新的长征路。

(来源:广西日报-广西云客户端,2021 年 7 月 14 日)

广西大学研究生党员团员代表赴梧州开展党史学习教育

中新网广西新闻 8 月 8 日电 8 月 2 日—4 日,广西大学轻工与食品学院研究生党员团员代表在党委书记许树沛的带领下,赴梧州开展主题为"回望百年征途,再访红色'梧'地"的党史学习教育暨暑期"三下乡"社会实践活动。

活动主要采取实地走访、现场教学、红色经典诵读、情境微党课、互动分享等形式,让活动团队里的每一名成员既是活动策划者也是活动参与者,充分调动每一名同学的实践学习主动性和积极性。学院党委副书记、辅导员及轻工与食品学院 24 名研究生参加了本次活动。

图附 - 50 活动现场。广西大学轻工与食品学院供图

8 月 2 日下午,活动团队一行怀着满腔的热血,赴革命烈士纪念碑,举行缅怀先烈悼念仪式。烈士墓前,松涛沉吟,柏树苍翠,守卫着长眠于地下的烈士们。队员们依次登上纪念碑基座,绕行一周,向革命先烈致以深深的敬意,感悟革命烈士英勇抗战的精神与品格。

实践育人探索
——广西大学社会实践育人纪实

图附-51　活动团队向革命先烈致敬。广西大学轻工与食品学院供图

随后，活动团队赴英领事属旧址。许树沛在"还我山河"碑前，声情并茂地为大家讲述着那段艰难的岁月——老一辈共产党人为争取民族独立、国家富强，与敌人誓死力战，激励年轻一代传承红色传统，坚定理想信念，铭记历史重任，勇于奉献担当。在马君武校长亲手题词的"大学公园"牌坊下，大家深刻领悟学校的初心与使命，了解了学校建校的艰难历程和在革命时期广西大学所取得的辉煌成就。

8月3日上午，活动团队赴中共梧州地委、广西特委旧址陈列馆参观学习，全体党员还重温了入党誓词。在广西大学梧州蝴蝶山旧址，团队实地了解建筑现状。在操场上，师生们高喊着"勤恳朴诚，厚学致新"的校训，斗志飞扬地跑操；在旧址楼前，师生们一同合唱了校歌，与当年的老师们学长学姐们来一场跨越时空的交流，将西大精神传承并发扬光大。

附录　广西大学社会实践媒体报道摘编

图附-52　在广西特委旧址陈列馆参观学习。广西大学轻工与食品学院供图

8月3日下午，活动团队一行来到中山纪念堂，并举行了红色主题诗词诵读活动。许树沛在诵读活动总结中强调，老一辈革命人的坚强斗志和一切为公的高尚品德是他们留给全国人民的宝贵财富，新时代的青年通过学习这种伟大的精神，树立人生大志，把自己锤炼成不怕困难，勇敢向前，自强不息的接班人。

8月4日上午，活动团队赴位于夏郢镇凤凰村的中共广西第一个农村党支部纪念馆参观学习，同时在纪念馆里举行了党史学习及实践活动分享会。

图附-53　参观中共广西第一个农村党支部纪念馆。广西大学轻工与食品学院供图

· 251 ·

同学们表示，通过此次活动，深刻感悟到革命先烈们对党无限忠诚、对革命事业无私奉献的崇高精神，以及老一辈无产阶级革命家清正廉洁、克己奉公、艰苦朴素、执政为民的优良革命传统，郑重表达了回首百年奋斗史，更加应以崇仰之情、敬畏之心认真学习党的历史，从中汲取新的智慧和力量，进一步提升党史学习的有效性和广泛性，形成知史爱党、知史爱国的浓厚氛围，努力把学习成果转化为科研实力，用自己的所学所研为国家复兴和人民幸福做贡献。

（来源：中新网广西，2021年8月8日）

广西大学：直播间里"椒"朋友　专业所学助振兴

人民网南宁 7 月 13 日电　"'椒'个朋友，加点味道！永靖九叶青花椒，椒麻鲜香，不要错过！"近日，在广西大学 6B 小广场举办的一场直播带货活动吸引了校内不少师生驻足围观。

图附 - 54　直播活动现场。广西大学新闻与传播学院供图

据悉，广西大学定点帮扶的广西百色市那坡县城厢镇永靖村种植的九叶青花椒今年喜获丰收，为帮助当地特色产业产品拓展销路，在学校相关部门的支持下，该校新闻与传播学院师生组建的创新创业团队策划了此次以"'椒'个朋友，加点味道"为主题的永靖村九叶青花椒线上直播推广及现场售卖活动。

走到视频直播镜头前的嘉宾，有广西大学派驻城厢镇永靖村的党组织第一书记范润华以及永靖村委会副主任李钊志。据他们介绍，永靖村有着"山即是地，地即是山"的独特地貌，当地海拔较高、昼夜温差大、年平均气温低，适合乔木作物生长。得益于这些自然气候条件，并通过农技专家们的精心指导和村民悉心养护，村里种植的九叶青花椒十分饱满、清香。

实践育人探索
　　——广西大学社会实践育人纪实

图附-55　九叶青花椒鲜果。广西大学新闻与传播学院供图

　　他们在直播中还提到，永靖村花椒产业自 2019 年启动以来，已经发展了 80 亩村集体经济和 60 亩农户承包种植，亩产量可达 200 斤。按今年的收成预计，除去成本可为村集体经济带来近 10 万元收益。该项产业的示范带动作用，也获得了那坡县的认可。

　　在当天的直播中，广西大学萃苑餐厅的烹饪团队还在现场以永靖花椒为主要辅料，烹饪了椒麻鸡翅尖、椒香鱼片等多道色香味俱全的美食，引来路过的师生纷纷品尝，并对永靖花椒赞不绝口。掌勺厨师还热情地向观众介绍青花椒在烹饪过程中所能发挥的作用，并传授了相关烹饪技巧。

图附-56　厨师利用永靖花椒现场烹制菜肴。广西大学新闻与传播学院供图

参与此次活动策划、筹备和组织工作的广西大学新闻与传播学院广告系副教授黄海珠表示，在学校部门和学院领导的支持下，该院新传专业学子以专业力量助力乡村振兴，服务地方经济发展。参与此次直播的学生团队成员，已多次走出校门参与多地的脱贫攻坚和乡村振兴特色产业产品直播行销活动。下一步，该院师生团队将继续紧扣乡村振兴战略和社会实际需求，发挥专业优势，为壮乡乡村的产业兴旺贡献力量。

（作者：吴明江　消语语　程博　来源：人民网-广西频道，2021年7月13日）

实践育人探索
——广西大学社会实践育人纪实

基层战"疫":青春力量在行动

人民网南宁2月25日电 自新型冠状病毒肺炎疫情发生以来,全国上下众志成城。在广西大学新闻与传播学院,大学生们不仅时刻关注着有关疫情的新闻,而且心系着家乡的疫情防控工作。

点滴之力,汇成"汪洋大海"

在广西大学新闻与传播学院的号召下,多名学生在其所在地积极参与基层疫情防控工作。他们有的测量体温、分派物资,有的宣传疫情、收集信息,尽己所能贡献个人的力量,用实际行动展现新闻学子的责任与担当。

在河北省保定市一社区内,刘梦禧一直为疫情防控志愿工作忙碌。她的主要工作是为社区单元楼楼道进行消毒、帮助社区防控工作人员收集和整理信息。这看起来是一件容易的工作,但是做起来却不简单。流动住户的信息需要及时收发,当天汇报,给社区志愿者们带来了不小的压力。

令刘梦禧感到欣慰的是,社区的住户们了解到她是一名主动参与到防疫工作中的大学生志愿者后,对她竖起大拇指,十分配合她的工作。"参与到防疫志愿活动中,我真正感受到一线防疫工作的重要性。我相信我们每个人献出的力量可以汇成汪洋大海,战胜这次困难。"刘梦禧说。

图附-57 刘梦禧正在给社区居民测量体温。受访者供图

勇于担当,践行党旗下的誓言

2月3日,广西大学新闻学院的硕士生韦守了解到家乡石龙镇群乐村的党支部正在组建党员先锋队、设置检查站。他意识到,在党和国家有需要的时刻,学生党员应该站出来,践行自己曾经在党旗前立下的誓言。于是,韦守马上联系村支书,主动请缨成为家乡战"疫"一线的成员。

附录　广西大学社会实践媒体报道摘编

群乐村村委将韦守编入党员先锋队，负责轮守村口检查站。通过岗前培训充分了解工作流程、注意事项后，韦守戴上口罩，穿上荧光服，来到检查站值班，对外来人员进行劝返。

图附-58　韦守负责轮守村口检查站。受访者供图

同为学生党员的金尘来自陕西省山阳县，为了响应战"疫"号召，他加入了家乡骆驼巷村组织的大学生志愿服务队，以手提音响沿路宣传的方式提高村民疫情防护意识，为村民讲解新冠肺炎的相关知识。他说："大学生党员虽然不能像医务人员一样奋斗在抗击疫情的第一线，但是我们依旧可以利用专业知识，引导身边的人正确认识疫情。"

图附-59　金尘加入大学生志愿服务队。受访者供图

实践育人探索
——广西大学社会实践育人纪实

不畏风雨,与疫情"战斗"到底

湖北省武汉市的邹玥滢是播音与主持艺术专业的一名大三学生。2月2日,邹玥滢成为一名青年志愿者,在武昌区团工委的号召下来到武昌区卫健局参与疫情防控物资的分发工作。当天下午突然下起大雨,邹玥滢与同行的志愿者们正在开展室外工作,但是他们并没有停止工作,所有人都不顾风雨,尽力以最高效率将手上的防控物资分发完毕。

志愿者们在疫情面前展现出的默契令邹玥滢印象深刻,邹玥滢说:"在这次疫情中有无数人在默默努力着,在所有一线医护人员和工作人员的共同努力下,我们一定能平安渡过这次难关。"

在黑龙江省齐齐哈尔市,陈平作为社区志愿者走出温暖舒适的家,在零摄氏度以下的天气坚持"战斗"。陈平所在的社区实行封闭式管理,需要通过扫描二维码进行联网登记。一些老年人不会用智能手机或没有智能手机,陈平和其他社区志愿者们帮助他们一一录入。

图附-60 陈平在社区防控疫情一线。受访者供图

当地天气十分寒冷,而每一个志愿者每天至少要值班3小时。为了做好社区防控疫情的"守门员",陈平和其他志愿者要套上两三件棉衣,浑身上下贴满暖贴。对此,陈平毫无怨言:"我不觉得辛苦也不后悔,面对疫情,我想贡献自己微薄的一份力量。"

(作者:朱晓玲 黄晓颖 实习生蒋淇庄 来源:人民网-广西频道,2020年2月25日)

附录　广西大学社会实践媒体报道摘编

广西大学学子积极参加家乡防控工作

图附-61　周玉盼加入疫情防控临时团支部。广西大学党委宣传部供图

人民网南宁2月25日电　连日来，在全民战"疫"中，广西大学加强组织领导，坚决贯彻落实中央决策部署，积极响应中宣部、中央文明办、团中央号召，大力发挥学生党团组织的组织力、宣传力、服务力、参与力、影响力，主动投身所在地抗"疫"之中。目前，已有200多名青年大学生不畏疫情，主动请缨，在所在地防控工作组织的统一领导下，以志愿者的身份加入家乡所在社区（村）疫情防控战线，他们在做好自身防护的同时，在不同地域用不同方式服务他人、奉献才智、砥砺品格，铸成西大战"疫"的一支青春的浩大力量。

"我是党员，如有需要，我愿意加入战斗队伍，为我村疫情防控工贡献一份力量。"2月3日，广西桂平市石龙镇群乐村的一位年轻党员的请战书发送到了村支书的微信上。这位年轻的党员就是广西大学新闻与传播学院2018级硕士研究生韦守。疫情的发展牵动着韦守的心，他时刻关注着家乡防控工作动态，当得知群乐村党支部正在组建党员先锋队、设置检查站时，他第一时间找到了村支书的微信，要求主动参战。

次日清晨，韦守早早来到群乐村党支部，向党组织报到。群乐村党支部将其编入党员先锋队，负责轮守村口检查站。在熟悉工作流程及注意事项后，

· 259 ·

他戴上口罩，穿上荧光服，开始了每天长达 10 小时的值班工作。在村口防控前线，韦守既要做好检查登记，又要进行行人劝返，工作压力日益增大，但他没有任何抱怨，而是全身心投入到疫情防控工作中，用日夜坚守和默默工作践行着自己入党时的誓言。

此外，广西大学的周玉盼、李庆超、石城宇等青年大学生，也在关键时刻敢亮身份、勇于负责，在家乡积极参与疫情防控工作，走街串巷、站岗值守。广西大学的学子用行动让青春在战"疫"前线闪亮，让青春在勇敢担当中绽放，奋战志愿战"疫"第一线，用青春之火驱散疫情"料峭春寒"，用青春之光点亮新学期"明媚春光"。

（作者：彭远贺 陈霄 刘娜利 来源：人民网-广西频道，2020 年 2 月 25 日）

广西大学师生助力脱贫攻坚　感受乡村发展新变化

图附-62　广西大学师生开展社会实践活动。沈清远　摄

人民网百色 11 月 14 日电　11 月 11 至 12 日，广西大学新闻与传播学院、农牧产业发展研究院、校党委组织部一行共 12 名师生，来到百色市那坡县城厢镇口角村，开展助力那坡县脱贫攻坚社会实践活动。

口角村是"十三五"深度贫困村，也是广西大学在那坡县定点帮扶的 6 个村之一。2015 年，广西大学保卫处干部冯显云被选派担任口角村党组织第一书记。他通过邀请专家实际调研，寻找适合口角村的农业产业模式，在口角村从无到有地发展起了桑蚕、油茶、生猪、杉木"3+1"特色产业。今年 9 月 16 日，47 岁的冯显云突发心梗，不幸逝世。

11 日，师生们走上口角村原第一书记冯显云引资修好的水泥产业路，参观建好的桑树园、公共蚕房、蚕道、水肥一体化灌溉池等桑蚕产业设施，以及 400 亩山茶树，聆听扶贫工作队员杨磊讲述冯显云的扶贫故事，感受乡村发展的新变化。

12 日上午，在口角村村委，广西大学农牧产业发展研究院王先裕教授进行了冬季蔬菜种植培训。针对口角村山坡地势、较为寒冷的地形气候特点，王先裕挑选出白菜、萝卜两种易掌握的蔬菜品种，从播种、养护等各方面对村民进行培训。授课结束后，王先裕还与村民们交流了种植经验。

来自广西大学农牧产业发展研究院桑蚕团队的 3 位专家，为村民们编写了养蚕顺口溜。专家告诉师生们，他们每个月都会花两周时间，专门下乡到学校对口帮扶村进行技术培训。

通过这次实践，广告181班的黄铃雁获益匪浅："作为大学生，我要用青春和智慧为社会多贡献一份力量。作为未来的新闻工作者，我会多从基层挖掘故事，讲好新时代的中国故事。"

广西大学新闻与传播学院自2014年部校共建以来，持续组织社会实践活动，每年师生们都会深入1—2个区内县市开展新闻报道、社会调查、网络视频直播、县域旅游形象设计、农产品品牌开发、直播带货等活动。

（作者：孙凌霄　来源：人民网，2020年11月14日）

广西大学:"两个课堂"培养学子"新闻四力"

踏上泥泞路,进村访贫苦。暑假期间,广西大学新闻与传播学院师生26人沿着"时代楷模"黄文秀的扶贫路,深入百色贫困山区采访调研,切身体验了"只有扎根泥土,才能懂得人民"的情怀。

而在课堂上,由学院院长郑保卫主讲的《马克思主义新闻观十二讲》学习辅导报告,激荡了千名新闻学子的脑和心。"很难想象往日深感晦涩的思想,在老师的实践经历中变得这般生动有趣。"2018级研究生曹欣桐如是感叹。

新闻专业培养什么样的人,如何培养人?面对这个时代课题,广西大学新闻与传播学院打破课堂壁垒,打通课外课内"两个课堂",将实践分层、分阶段、分内容,用沉浸式"立体教学"让理论落地,在广阔天地间用马克思主义新闻观成风化人。

为走出新闻理论教育"无学"困境,学院摒弃照本宣科、走马观花,让学生知晓、思考、践行并孵化成果。"我们竭力击碎理论教学'乏味'的标签,让教学从课堂走向广阔天地,在实际环境中思考理论价值和现实意义。"广西大学新闻与传播学院党委书记唐兴说,必须打破课堂壁垒和桎梏,让新闻教学更加立体。

记者随机走进一间新闻教学课堂,一场"读报评报"分享会正在进行,提问声、讨论声此起彼伏。这是学院实践型精品课程"开放式读书教学活动"的子活动,亦是广西大学每一位新闻学子的必经环节:报纸不仅要"读",还要"评"。读报、评报已经成为学生提升业务能力的主渠道。"读报不仅能让我们获取信息,也能让我们在新闻作品中理解如何在新闻工作中践行理论。"2018级研究生李榕彬说。

5年前,广西壮族自治区党委宣传部与广西大学共建新闻与传播学院。以此为契机,学院创新开展"开放式读书教学活动",通过"读书报告"评选、读书晚会等子活动,将读书和理论实践串联形成闭环,实现了循环教学,还衍生出微博话题分享"今天你读马克思了吗",以及读一本原著、写一篇调研报告、做一次志愿活动等令学子大呼有效又有趣的课外实践品牌。

培养"新闻四力",须由课内向课外延伸。学院充分结合地域特色,定期组织学生实践团前往边境地区、革命老区、贫困地区开展调研,在新闻实践中学思践悟。

今年暑假,学院组织的"延安红色新闻溯源之行"实践队伍踏上红色热土延安，跳出课堂，深入基层，感知家国责任与担当，其间分别在延安大学和延安新闻纪念馆设立了"马克思主义新闻观实践教学基地"。队员周子励感慨地说："仿佛自己也历经了那段波澜壮阔的峥嵘岁月，真切感受到信仰的力量。"

"实践是学以致用的最佳途径。教育不仅要在课堂育人，更要在广阔天地间育人，让学子学有所成，让教育遍地开花。"学院党委副书记银健告诉记者。近年来，学院以部校共建为契机，保障学生实战有器材、实践有平台，积极开展校媒协同，成立了广西新媒体实验室，致力于让理论与实践实现无缝对接。一批学生作品在全国竞赛中斩获大奖，一批学子走上新闻岗位即成为骨干，学院也因此入选2019年教育部"三全育人"综合改革试点院（系）。

（记者：周化兴　通讯员：唐婉婉　来源：光明日报，2019年9月19日）

附录　广西大学社会实践媒体报道摘编

重走黄文秀扶贫路　践行马克思主义新闻观

图附-63　社会实践队走进乐业县新化镇百坭村

图附-64　学院在百坭村举行学习黄文秀同志先进事迹座谈会

实践育人探索
——广西大学社会实践育人纪实

图附-65 师生们慰问黄文秀书记经常帮助的盲人奶奶

2019年7月17日，是"时代楷模"黄文秀同志不幸遇难满一个月的日子，广西大学新闻与传播学院"发现美传播美"暑期社会实践队一行26名师生，来到黄文秀生前担任驻村第一书记的百色市乐业县新化镇百坭村，开展"重走文秀扶贫路"活动，深入学习领会习近平总书记对黄文秀同志先进事迹作出的重要指示精神，探寻黄文秀扶贫故事，深入基层、服务群众，传播正能量，在实践中领悟马克思主义新闻观。

师生们与百坭村委一起召开学习黄文秀同志先进事迹座谈会，集体学习习近平总书记对黄文秀同志先进事迹作出的重要指示，了解这位百色市委宣传部干部投入脱贫攻坚一线的历程和取得的成果，听取村民们对黄文秀同志的评价。百坭村新任第一书记杨杰兴、驻村工作队员、村委会成员及贫困户代表分别追忆黄文秀同志生前的事迹。

"文秀经常是晚上饿着肚子去走访，夜晚回来往往都已经到十点钟了，常常忙到半夜一两点钟才能休息。生病了也自己扛着，不肯停下来。"百坭村妇女主任韦玉行是黄文秀在百坭村最好的朋友，两人经常一起结伴走访贫困户，在座谈会上回忆黄文秀时，她几度泛起泪花。

2018级新闻与传播专业硕士生毛浪涛同学作为光明日报社广西记者站实习生，在黄文秀同志牺牲之后随第一批中央驻桂、自治区主流媒体，进入百色市乐业县百坭村进行采访报道。"采访之前，我从朋友圈中看到过文秀书记的事迹，感到很惋惜，也感到很敬佩。我敬佩她不忘回报家乡的初心，惋惜她三十岁如花年华却不幸遇难。今天重走文秀扶贫路，我有了更深的感受。作为一位新闻学子，我有责任也有义务将文秀书记的先进事迹传播出去，让更多的人认识文秀书记。她的精神不仅激励在扶贫一线的工作人员,更值得我们新闻学子学习,学习文秀书记迎难而上,不怕苦、不喊累的精神。"

师生们参观了黄文秀同志生前在村委的住所,并沿着她踏过千百遍的小路一路探访;考察了她带领村民修建的基础设施;探望了她生前常去走访的盲人奶奶。在百坭村小道田间,村民们回忆黄文秀同志生前的点点滴滴,师生们切身感受黄文秀同志生前工作与生活的环境,了解她在扶贫工作中取得的成绩和生前的愿望。

学院党委书记唐兴认为,我们要宣传弘扬传承文秀书记的精神和品格,这样的精神是我们整个民族应该弘扬的正能量,让更多人知道文秀书记的先进事迹,我们应该为之做出更多努力。文秀书记在基层工作时就很好地运用了所学的思想政治教育和哲学的专业知识和方法,使理解群众、服务人民更有成效。

学院覃哲老师表示,黄文秀书记的日记中"只有扎根泥土,才能懂得人民"这句话最让人感动。我们的新闻学子应该学习她心中有党、心系群众,学习她扎根基层、奉献自我的品格,在新闻采编实践中,自觉树立起群众观,走群众路线,深入群众的生产生活,展现群众的精神风貌,为人民立言。

踏上文秀扶贫路,邵世威同学内心既激动又沉重,且充满敬佩。"来到这里,我才了解到文秀书记还有更多的感人事迹,仿佛她就在我们身边。"他表示,作为青年一代,未来的新闻工作者要以"时代楷模"黄文秀同志为学习榜样,不忘初心,牢记使命,勇于担当,甘于奉献,做好新闻人,发挥自身力量,在新时代的长征路上作出新的更大贡献。

广西大学新闻与传播学院自2014年部校共建以来,一直坚持开展马克思主义新闻观教育教学,不仅在课堂教学上掌握好马克思主义新闻观的基本知识,更强调全体师生通过社会实践、媒体实习、社会公益等活动自觉践行马克思主义新闻观,树立起以人民为中心的工作导向。学院持续组织"发现美传播美"暑期社会实践活动,每年师生们深入1—2个广西县市开展新闻报道、社会调查、网络视频直播、县域旅游形象设计、农产品品牌开发等活动,在深入基层、服务基层中,引导学生把人民群众作为报道主体和服务对象,发现人性之美,传递社会正能量。

(作者:谭珺　来源:人民网-传媒频道,2019年7月28日)

桂台两地大学生赴基层开展联合社会实践

中青在线讯（昌颖绚　中国青年报·中青在线记者　谢洋）主题为"九秩同庆，两岸同心"的桂台大学生联合社会实践活动日前在广西大学正式启动，来自广西大学和台湾大学的34名师生前往河池都安开展社会实践活动。

7月23日上午，桂台大学生联合实践团在都安瑶族自治县开展核桃管护活动。在核桃基地，师生们戴着斗笠，冒着小雨给核桃木除草、松土，沿着核桃树的滴水线周边挖环形沟，在劳动中了解环境保护、精准扶贫的有关知识。

两校师生还作为志愿者老师，在都安瑶族自治县澄江中学开展了为期一周的支教活动。和澄江中学的初中生们第一次见面，志愿者们便拿出了精心准备的教案。"相见欢"教案以小组比赛的方式进行游戏互动，"折纸与数学"教案则是小组合作完成一个正十二面体折纸，意在引导初中生们把数学与实际生活联系起来，提升动手能力，开阔思维与眼界。志愿者和小同学们在游戏和教学中了解和认识彼此，很快建立了友谊。之后的5天时间里，实践团的小老师们每天早上和下午都准时前往澄江中学授课，课堂内容既包括语数英等基本科目，又涵盖了伤害防治、动物认识等课外知识。

据悉，广西大学和台湾大学两校开展桂台联合大学生社会实践活动自2007年开始，今年已是第11个年头。海峡两岸300多名师生曾在广西和台湾的多地市开展了丰富、有意义的社会实践和服务活动，为加强两校青年学子联系交流，增强两岸青年了解互信，让台湾青年了解广西经济社会发展和民族民俗文化起到了积极作用。

（作者：谢洋　昌颖绚　来源：中青在线，2018年8月2日）

创新区校合作，凝聚青春力量助推地方发展
——2018年西乡塘区定向广西大学引进大学生挂职干部上岗仪式成功举办

4月3日，2018年西乡塘区定向广西大学引进大学生挂职干部上岗仪式在广西大学办公北楼成功举办。

图附-66

在仪式现场，共青团西乡塘区委员会和共青团广西大学委员会签订合作协议，西乡塘区党委副书记李东红、组织部长张军共同为2018年广西大学赴西乡塘区基层团组织挂职大学生干部颁发聘书。仪式结束后，来自广西大学的13名大学生骨干奔赴西乡塘区各基层团组织挂职上任，今后一年，他们将利用课余时间及寒暑假实地到岗，通过发挥自身特长、连接高校学生团队，重点帮扶地方加强未成年人思想道德建设、做好青少年事务社会工作等。

图附 - 67

"下基层挂职锻炼对我综合能力的培养以及学术研究将有很大帮助，我会非常珍惜在西乡塘区金陵镇挂职锻炼的这段宝贵经历。"23岁的何洪全说。何洪全是广西大学法学院宪法学与行政法学专业研究生，今后的挂职锻炼工作中，他将组建志愿服务团队，利用自己所学的专业知识，深入乡镇中小学广泛开展法制教育宣传，给农村地区的孩子带去新知识、新思想、新理念。

图附 - 68

本次引进大学生挂职干部赴基层锻炼，翻开了西乡塘区区校合作的新篇章。招募大学生赴基层团组织挂职锻炼，不仅为在校青年大学生实现人生出彩搭建了舞台，而且通过高校人才资源的合理利用，为基层服务队伍注入新鲜血液，有利于破解基层群团组织"四缺"难题，丰富辖区文化、充实服务职能，进一步推进基层和谐建设。

（来源：南宁市共青团西乡塘区委，2018年4月3日）

桂台学子社会实践活动开营仪式在广西大学举行

图附-69 桂台学子社会实践活动开营仪式现场。黄南 摄

广西新闻网南宁7月22日讯（记者黄新跃 实习生黄熙 韦宝华 通讯员欧阳雄姣）7月21日，2017年桂台两地大学生联合社会实践活动开营仪式在广西大学举行。广西大学校长赵跃宇、台湾大学校长（代理）张庆瑞等两校领导出席仪式，广西大学副校长罗廷荣主持仪式。同时，来自广西大学和台湾大学的参加联合实践的师生们共同参加了开营仪式。

开营仪式上，广西大学校长赵跃宇致辞，代表学校对台湾大学张庆瑞校长一行的到来表示热烈欢迎，向台湾大学的师生们介绍了广西的地理、资源等基本情况以及广西大学的历史和发展概况，并回顾了广西大学与台湾大学多年来的密切合作与深厚友谊。赵跃宇表示，已经开展了十年的桂台联合社会实践活动既是两岸青年相知相识互动交流的平台，也是两校间全方位开展互动合作的平台，希望两校学生在此次实践中开阔眼界、相互学习、深化交流、携手共进，为实现伟大复兴中国梦共同奉献青春智慧和力量。

图附 - 70　两校领导为两校学生代表授旗。黄南　摄

台湾大学校长（代理）张庆瑞也在仪式上致辞，表示台湾大学与广西大学的联系由来已久，源远流长。桂台联合社会实践为学生学有所用、回馈社会提供了很好的平台，希望同学们倍加珍惜，在服务社会的同时增进了解，建立友谊，并期望两校今后在优势学科专业领域有更广阔和深入的交流与合作。

参加实践活动的两校学生代表也做了发言，表达了对参加联合社会实践活动的热情和期待。仪式上，两校领导互赠礼物，并为实践营的两校学生代表授旗。

仪式结束后，两校领导和师生们共同合影留念。台湾大学领导、老师还分别前往广西大学相关学院参观交流。

据悉，此次联合社会实践活动主题为"两校两岸一手牵，同心同梦耀童年"，在接下来的一周时间里，来自两所大学的28名学生将分赴南宁市多所儿童之家进行关爱服务。台湾大学师生将在实践期间感受广西独特的风土人情、民族文化和经济社会发展新成就。

桂台联合社会实践活动是一项有着深厚的积累的活动，广西大学与台湾大学自2007年即开始互派学生进行文化交流，并联合开展社会实践。十年来，海峡两岸300余名师生参与了此项活动，两校大学生先后到广西的宁明花山、崇左扶绥、桂林恭城等地和台湾的台北、南投、新北市等地，开展了各式主题的暑期社会实践活动。十年前两校师生共同在广西大学行政办公楼前种下见证友谊的大榕树，如今树已成木，两校的交流与合作也取得了丰硕成果。

（作者：黄新跃　黄熙　韦宝华　欧阳雄姣　来源：广西新闻网，2017年7月22日）

实践育人探索
——广西大学社会实践育人纪实

广西大学新闻与传播学院社会实践团探访"干栏文化"

图附-71 茶江河上的瑶族风雨桥。广西新闻网通讯员 吴双伶 摄

图附-72 实践团全体成员走进恭城县红岩村。广西新闻网通讯员 吴双伶 摄

广西新闻网桂林7月18日讯（通讯员 吴双伶）日前，广西大学新闻与传播学院暑期社会实践团走进桂林市恭城县，开展以"干栏式建筑文化"为主题的实践调研活动。社会实践团先后在恭城县城以及莲花镇红岩村进行问卷发放，深入体验特色干栏式建筑文化。

· 274 ·

"干栏式建筑"指的是用木桩架构出高于地面的底架,并在此之上修建房屋的建筑类型,而架空的空间也被充分利用,用来堆放杂物和饲养牲畜。这类建筑多适用于南方潮湿多雨的气候环境,是广西少数民族祖先智慧的结晶。此次暑期社会实践活动旨在调研"干栏式文化"的深刻内涵和对干栏式建筑的保护措施,因此开展问卷调查和与当地人交流成了此行的主要任务。

在抵达恭城县城后,大学生们便开始了问卷发放的工作。原本计划以小组为单位,分区域随机进行问卷调查。可突然天降大雨,只好改变方案,进入店铺、学校等进行问卷的发放。

而在红岩村也采取了同样的问卷调查形式,但村里只有一百多户人家,且受访者多为老年人,给问卷调查增添了一些困难。大学生们发挥主观能动性,在和村民拉家常中,帮助村民完成问卷调查。虽然花费时间较多,但能保证问卷的质量。

在两天的社会实践中,大学生们讨论得最为热烈的是问卷发放过程中的沟通问题。实践团里的大多数人不会当地方言,没办法拉近与当地人的距离,问卷调查工作一度受阻。实践团成员何梦婷表示,在实践的过程中,逐渐听懂了当地方言,也学会运用不同的方法来应对不同的采访对象。通过这次活动,他们表示不仅学会了有效地发放问卷,获取调研数据,还加深了对干栏文化的了解,很幸运能参加这次实践活动。

(作者:吴双伶　来源:广西新闻网,2017年7月18日)

爱心家教帮孩子 "四点半"课堂帮家长

接过英语成绩单，初二学生潘政不禁喜笑颜开，在社区爱心家教的帮助下，他的英语成绩从60多分提升到了如今的90多分。来南宁带孙子的居民陆阿姨在志愿者的指导下，迷上了管弦乐……如今，南宁市的社区志愿服务工作开展得有声有色，各种特色志愿服务项目让社区居民的生活更舒心。

爱心家教助成长

6月23日周五，西乡塘区新阳街道万力社区正在举行爱心家教见面会，来自广西大学材料科学与工程学院的大学生志愿者们变身为家教老师，为社区里的中小学生开展二对一爱心家教志愿服务。

万力社区的爱心家教项目开始于2007年，一批又一批的大学生们自愿参与其中，延续着爱心之旅。"我们不仅仅是帮助学生提高成绩，更重要的是用心和他们沟通交流，成为他们的朋友。"大三学生王坤已经连续两年参加爱心家教活动，志愿者服务让他感触颇深。

截至今年6月，累计有600多名广西大学的大学生志愿者为该社区的416名学生进行了辅导。曾经沉迷网络的冼松林在知心大哥哥的开导下，渐渐改掉了不良的上网习惯；初二学生潘政牢记单词是攻克英语的关键，找到了学习技巧，英语成绩从原来的刚及格提升至90多分；原本腼腆内向的文婉苹遇到问题时有了倾吐对象，变得更加开朗自信……大学生志愿者们用爱心和耐心引导孩子们更好地成长。

特色服务暖人心

万力社区不仅有爱心家教让孩子们受益匪浅，还有针对空巢老人、残疾人、晚归族等群体开展的"结对上门""点单服务"等特色志愿服务，帮助更多的居民，使得邻里互助志愿服务形成了常态化。在南宁市各大社区，特色志愿服务在和谐社区的建设中发挥了重要作用。

青秀区津头街道南湖小区社区综合文化服务中心设置有妇女儿童之家、书画室、手工品展示区、图书室、文体健身室、红色讲堂等多个活动场所，最大限度地满足居民学习、健身、休闲、娱乐等方面的需求，尤其是"四点半"课堂受到家长们的一致好评。

每周三下午，只有一节课的孩子们早早放学，社区志愿者马瑞莲和同事就在"四点半"课堂里等着他们了。马瑞莲耐心地指导低龄的孩子用黏土捏各种可爱的小动物，年纪稍长的孩子则到图书室里看书。下午6点，下班回来的家长们陆续将孩子们接走。家长梁先生赞许地说："孩子放学早，家里没人照看,'四点半'课堂为他们提供了一个安全的活动空间,也为我们解决了'后顾之忧',非常感谢社区和志愿者们。"

志愿者传递正能量

社区的志愿者不仅贴心地服务居民的日常生活,还帮助他们丰富业余文化生活。南湖管弦乐团志愿服务队就让社区居民就近学音乐,在家门口就能欣赏高雅艺术,每到周六、周日,南湖边上便会传来阵阵优雅动听的管弦乐。

这个志愿文艺服务团队的乐团总监梁伟成是旅居新加坡的作曲家、指挥家、音乐教育家。回南宁定居后,梁伟成义务教居民各种乐理知识。在他和其他志愿者的共同努力下,音乐让社区居民的生活变得更加精彩。居民陆阿姨直言,自从参加管弦乐学习,感觉自己的心态都变年轻了。

据统计,目前南宁市实名认证的志愿者人数已超过42.7万人,志愿团体超过1 000个。广泛播放的南宁市志愿服务宣传片《能帮就帮 来了就做志愿者》如今已经深入南宁市民的心。志愿者们奉献温情与关怀,传播文明正能量,正如宣传片中的励志话语:"即使艰辛常伴左右,但请继续相信,就算黑暗会蔓延,光始终接续着光,直到每一次付出渐铸成信仰,这些四散在生活里的和善,就是我们所期待的正能量。"

(来源:中国青年网,2017年6月26日)